管理学通用教材

★ 教育部人文社会科学研究青年基金项目资助
★ 广东省自然科学基金博士启动项目资助

客户关系管理

CUSTOMER RELATIONSHIP MANAGEMENT

邬金涛 编著

武汉大学出版社

管理学通用教材

编委会

主　编

张新国

副主编

张建民　熊圣绪　陈池波

编　委

张相文　曹　亮　张建民　郭守亭　刘新燕
陈志浩　陈　敏　黄兰萍　胡　川　冯忠铨
赵琛徽　刘仁军　李莺莉　王益松　张开华

总　序

经济全球化、新技术革命及过度竞争不仅改变了21世纪企业的生存基础，而且也给中国高等教育带来了新的发展机遇和挑战。在我国现行教育状况下，专业范围和专业训练过于狭窄，使得学生在进行综合思考和知识创新方面存在局限。虽然职能化和专业化在企业业务决策和管理中具有十分重要的作用，然而，面对日益复杂的市场竞争环境以及职业发展的更高需要，通才才是最好的专才。为此，有必要摒弃业已陈旧的人才培养模式、狭窄的课程设置和落后的教学内容，对工商管理类各专业的培养目标、培养模式、课程设置、教学内容和教学手段等进行一系列重大改革，以宽口径、厚基础、高素质、重能力为原则，把培养面向现代化、面向世界、面向未来、基础扎实、知识面宽、综合素质高、富有创新意识和开拓精神以及良好职业道德的高层次管理人才作为我们办学的重要使命。

教材建设作为本科教学的一项基本任务，体现着教学改革和教学水平的主要方面。为了将学生培养成应用型、融通性、开放式的通才型专才，我们精心挑选"国际贸易理论与实务"、"商品流通概论"、"电子商务"、"战略管理"、"人力资源管理"、"物流管理概论"、"管理科学概论"、"中国农业与农村经济"及"旅游学"等专业基础课作为管理类各专业通修课程，期望通过这一举措将本科教学改革和教育水平推进到一个新高度。

这套系列教材的鲜明特色主要表现在以下四个方面：

1. 系统性。这些课程选自管理类专业的专业基础课，较为全面地反映了管理类专业的知识体系与课程精华。企业——作为一个有机整体，决策的基本单元是企业本身，至于企业内部各职能部门——作为企业整体的一个不可分割的组成部分，其决策必须符合企业整体的生存与发展需要。鉴于大多数工商管理类专业属于职能性专业，故其在课程设置及课时安排上各有自己的不同侧重,其结果将不利于学生在今后职业生涯中全面发展。本套教材针对的这些课程则在很大程度上弥补了各专业在课程设置及培养目标上存在的先天性局限。

2. 专业性。基于企业的基本现实及企业管理的基本需要,一次性地将管理各主要专业的主要基础课程对管理各专业进行通识教育,不仅开阔了学生的专业视野,而且还为学生进一步学好各专业课程奠定了厚实的知识基础。这意味着,随着各个学科课程共性的进一步提高,各专业的特殊性不仅没有削弱,反而还会变得更具纵深性,各专业间的学习交流与互动变得更加切实可行。

3. 先进性。这些课程的教材编写者都是相关专业的教学科研骨干,对所选课程的体系和内容都进行了系统性更新,吸收了国内外最新理论成果。培根说"知识就是力量",但德鲁克说得更好:"分享的知识才有力量。"在科技发展日新月异、知识更新不断加速的今天,对最新的理论知识进行系统性分享的有效途径之一就是将之编入新版教材,只有这样,才能确保新的知识能得到更大范围及更高程度的及时传播、学习、吸收与运用。

4. 成熟性。本系列教材按照国际上各专业教材的通行标准和体系,结合中国的具体实际,在结构上进行了很好的取舍和调整,使得教材体系变得更加清晰,特点也更加突出。

本系列教材适用于我国全日制本专科学生相关课程教学及理论研究。因时间紧促及能力所限,一定还存在着这样那样的漏洞和错误,故而诚心恳求各位读者批评指正。本系列教材在组稿及撰写过程中,参考了国内外同行大量的研究资料、数据、图表和理论观点,在此,向各位作者及作品出版单位表示诚挚的感谢。本套系列教材在组稿、编写及出版过程中,得到了武汉大学出版社范绪泉博士的大力支持与帮助,没有他的辛勤劳动与汗水,这套系列教材很难这么快地问世。在此,我代表作者对他的敬业精神表示最真诚的敬意与谢意。

张新国
2008 年 3 月于武汉

前　言

在教学、研究和咨询的过程中,经常有人向我提出这样或那样的疑惑:客户关系管理是什么?客户关系管理是不是昙花一现的管理新名词?是否有必要投入一大笔资金购买一套客户关系管理系统?你能给我推荐一个客户关系管理系统吗?客户关系管理能够给企业带来效益吗?客户到底该怎样分层管理?……从每个人提出的问题中,我大概可以判断他对客户关系管理认识的程度,也基本可以识别出他现阶段关心的主要问题是什么?一遍又一遍的解释、分析甚至争论,使我有了这样一个冲动:将客户关系管理的内容进行系统的整理,写一本能够帮助大家解决一些实际问题的教科书。希望大家在看过这本书之后,有些问题已经可以在书中找到答案;即便有争论,也可以在更高层次上进行探讨。

回顾客户关系管理的发展历程,短短十几年,却几经波澜,曲折前进,从最初的新奇、追捧到之后的彷徨、迷惑,再到今天的理性与感性的交融,业界人士逐渐形成这样的共识:面向客户、管理导向、流程导向的客户关系管理才是切实可行的发展方向。所以,本教材在吸收理论界和实业界最新研究成果的基础上,分离出客户关系管理的关键流程与支撑平台,始终将面向客户的管理活动贯穿于整个客户关系管理系统之中。其中,关于客户关系管理概念与内涵、客户关系管理战略流程构成、客户组合分析、客户贡献价值评估、客户分层管理、客户价值组合、客户接触界面、客户周期管理、客户经理制度等内容,都有许多创新而实用的模型、方法与工具可供借鉴。

本教材主要适用于营销管理领域的学生,是营销学科中的高级课程,在阅读本书时,读者需要具备一定的营销学、心理学、财务管理的基础知识。本书对企业中高层管理人员的决策也有帮助。

在本教材编写过程中,参阅了不少国内外相关文献,获得了很多启迪。中山大学岭南学院的吴键彬、陈升、何菲、易耀华等参与了本书第三章和第十一章的初稿编写工作。武汉大学出版社在整个教材编写中给予了大力支持和帮助,范绪泉副编审更是抽出大量时间全程跟进教材的编写工作,从大纲的修订到初稿的审核,花费了大量的精力与心血,提出了许多宝贵的意见。在此,一并表示感谢。

本教材中可能出现的不足和错误之处,敬请读者批评指正。

编　者
2008年1月2日于广州

目　录

第一章　客户关系管理概述 …………………………………………… 1
第一节　关系营销与客户关系管理 ……………………………… 1
　　一、关系营销产生的背景 …………………………………… 1
　　二、客户关系管理产生的背景 ……………………………… 7
第二节　客户关系管理的内涵 …………………………………… 10
　　一、客户关系的内涵 ………………………………………… 10
　　二、客户关系管理的定义 …………………………………… 18
第三节　客户关系管理在中国的发展 …………………………… 21
　　一、中国客户关系管理发展历程 …………………………… 21
　　二、存在的主要问题 ………………………………………… 23

第二章　客户关系管理流程 …………………………………………… 27
第一节　流程管理导向与运作框架 ……………………………… 27
　　一、流程管理的演进 ………………………………………… 27
　　二、关于客户关系管理流程的探讨 ………………………… 31
　　三、面向客户的战略流程框架 ……………………………… 35
第二节　关键流程 ………………………………………………… 36
　　一、客户组合分析 …………………………………………… 36
　　二、客户信息积累 …………………………………………… 38
　　三、客户价值设计 …………………………………………… 39
　　四、客户价值传递 …………………………………………… 40
　　五、客户周期管理 …………………………………………… 42
　　六、绩效评估 ………………………………………………… 42
第三节　支撑平台 ………………………………………………… 43
　　一、组织变革 ………………………………………………… 43
　　二、企业信息化 ……………………………………………… 47
　　三、流程优化 ………………………………………………… 48

第三章 客户关系管理技术 ………………………………………… 50
第一节 客户关系管理技术的演进与发展 ………………………… 50
一、客户关系管理技术的起源 ……………………………………… 51
二、软件系统 ………………………………………………………… 51
三、技术的发展趋势 ………………………………………………… 53
第二节 客户关系管理软件系统 …………………………………… 54
一、主要软件系统提供商 …………………………………………… 55
二、主要功能模块 …………………………………………………… 58
三、软件系统评价标准 ……………………………………………… 62
第三节 客户关系管理支持技术 …………………………………… 63
一、接触管理与应用平台技术 ……………………………………… 64
二、数据仓库技术 …………………………………………………… 68
三、数据挖掘技术 …………………………………………………… 69

第四章 客户组合分析 ……………………………………………… 72
第一节 客户识别 …………………………………………………… 72
一、确定目标市场 …………………………………………………… 72
二、搜寻潜在客户 …………………………………………………… 74
第二节 客户价值识别 ……………………………………………… 76
一、客户贡献价值的内涵 …………………………………………… 77
二、客户贡献价值的传统测算方法 ………………………………… 77
三、顾客终身价值的测算 …………………………………………… 81
第三节 客户组合战略 ……………………………………………… 85
一、客户分层 ………………………………………………………… 86
二、战略匹配 ………………………………………………………… 88

第五章 构建客户信息库 …………………………………………… 95
第一节 客户信息库概述 …………………………………………… 95
一、客户信息库的内涵 ……………………………………………… 96
二、客户信息库的作用 ……………………………………………… 97
第二节 客户信息库的构建 ………………………………………… 98
一、明确数据库的功能 ……………………………………………… 99
二、确定所需信息类型 ……………………………………………… 100
三、确定信息来源 …………………………………………………… 102
四、选择数据库技术和支持平台 …………………………………… 103

  五、建设和更新信息库……103
 第三节 客户信息库的运用……104
  一、在客户价值识别方面的对接……104
  二、在价值设计方面的对接……106
  三、在价值传递方面的对接……106
  四、在客户生命周期管理方面的对接……107
  五、在客户满意监测方面的对接……107

第六章 设计客户价值……108
 第一节 客户感知价值的内涵……108
  一、哲学中的价值一般……108
  二、政治经济学中的使用价值和价值……110
  三、企业管理学中的比较价值……111
  四、现代营销学中的顾客价值……112
  五、各种学科论述的启示……113
 第二节 客户价值创造的源泉……115
  一、顾客的基本需要……115
  二、顾客需要的新发展……119
 第三节 客户价值创造的途径……124
  一、价值设计的战略选择……124
  二、价值设计的原则……126
  三、价值组合工具……128

第七章 传递客户价值……136
 第一节 价值战略网的构建……136
  一、价值链与价值战略网……137
  二、组建价值战略网的动因……140
  三、组建价值战略网的基本步骤……141
 第二节 客户接触界面的构建……144
  一、客户接触方式的种类……144
  二、客户接触模式……146
  三、客户接触界面构建的步骤……149

第八章 客户周期管理……151
 第一节 客户获取管理……151

一、客户获取的定义 ……………………………………………… 151
　　二、客户获取战略规划 …………………………………………… 152
　　三、客户获取的途径 ……………………………………………… 157
　第二节　客户保持管理 ……………………………………………… 161
　　一、客户保持的界定 ……………………………………………… 161
　　二、客户保持的策略 ……………………………………………… 162
　　三、客户保持效果评估 …………………………………………… 167
　第三节　客户开发管理 ……………………………………………… 169
　　一、客户开发的界定 ……………………………………………… 169
　　二、客户开发的流程 ……………………………………………… 170
　　三、客户开发的方法与工具 ……………………………………… 173
　第四节　客户流失管理 ……………………………………………… 175
　　一、对待流失客户的决策误区 …………………………………… 175
　　二、流失客户管理步骤 …………………………………………… 176

第九章　评估客户满意 …………………………………………………… 178
　第一节　客户满意概述 ……………………………………………… 178
　　一、质量观与客户满意 …………………………………………… 178
　　二、客户满意界定 ………………………………………………… 180
　　三、研究客户满意的意义 ………………………………………… 182
　第二节　客户满意度评价 …………………………………………… 183
　　一、客户满意度评价指标体系的有关论述 ……………………… 184
　　二、CRM体系中的客户满意度评价指标体系 …………………… 188

第十章　客户经理管理 …………………………………………………… 190
　第一节　客户经理制 ………………………………………………… 190
　　一、客户经理制的基本含义 ……………………………………… 190
　　二、客户经理的层级架构 ………………………………………… 192
　　三、客户经理的工作任务 ………………………………………… 194
　　四、客户经理的工作流程 ………………………………………… 195
　第二节　选拔与培养 ………………………………………………… 201
　　一、客户经理的选拔 ……………………………………………… 201
　　二、客户经理的培养 ……………………………………………… 204
　第三节　授权与激励 ………………………………………………… 208
　　一、授权客户经理 ………………………………………………… 209

二、激励客户经理 211

第十一章 客户关系管理项目实施 217
第一节 组建项目小组 217
一、项目指导委员会 217
二、项目经理 218
三、业务组 220
四、技术组 220
五、培训组 221
六、项目监督组 222
第二节 确定实施规划与步骤 222
一、实施规划 222
二、实施步骤 227
第三节 选择合适的产品 229
一、CRM 产品类型 229
二、选择原则 230
三、选择流程 231
第四节 网络化的客户关系管理 232
一、CRM 网络化的必要性 232
二、CRM 的网络基础架构 233
三、网络化的关键业务流程 235
四、电子商务 238

参考书目 240

第一章 客户关系管理概述

"关系就是生产力",这个来自企业实践的论断在儒家文化环境中有着非常深厚的根基和含义。尽管大家对"关系"的解读可能大相径庭,但并不妨碍整个营销领域重点的转移。与顾客保持持续的盈利性关系,成为企业营销活动关注的焦点。通过本章的学习,你需要掌握关系营销与传统营销的区别和联系;关系营销、客户关系管理产生的背景以及彼此的联系;客户关系管理的基本内涵与构成;中国客户关系管理发展的现状与趋势。

第一节 关系营销与客户关系管理

马里奥特旅馆的总裁在接见其经理时说道:"无论理由如何不同,首先必须满足员工,如果他们热爱旅馆的工作和有自豪感,他们将会很好地为顾客服务,经常满足顾客会反过来满足马里奥特旅馆。如此反复的结果将会满足马里奥特旅馆股东对利润的要求。"

任天堂是日本一家电子游戏机公司,该公司的任天堂俱乐部吸引了200万名会员。会员一年付16美元会员费,可以每月得到一本任天堂威力杂志,先睹或回顾任天堂的游戏,赢的人有奖金。该俱乐部还设立了"游戏顾问"专线电话,孩子们可以打电话询问各种问题。

波音公司在设计飞机时与联合航空公司保持密切的合作关系,以保证波音公司的飞机全面满足联合公司的要求。

著名的药品批发商麦肯森公司在电子数据交换(EDI)方面投资了几百万美元,以帮助那些小药店管理其存货、订单处理和货架等。

密利肯公司向它的忠诚顾客提供运用软件程序、营销调研、销售培训和推销指导等服务。

种种迹象表明,关系营销的理念已经开始深入人心,并广泛应用到企业营销活动的实践中。

一、关系营销产生的背景

通过建立个性化的关系纽带来保持顾客的营销方式,其实并不是什么十分新鲜的事物。可以说大工业时代以前的商业运营基本上都沿用这种后来被称为"关系营销"的模式。那时,人们的交易空间狭窄,交易内容简单,交易的频率和数量较少,所以彼此间建立真诚、紧密的个人关系几乎成为了一种习惯。

大工业时代的到来冲淡了人们的关系纽带,突然喷涌出来的大量需求使得大工厂、大公司埋头于生产与供应,无心理会个别消费者的需求;人们活动空间扩大,交易内容变得复杂起来,彼此建立、维持固定的关系十分困难。只有一些小公司、小作坊依然沿用着原有的"关系营销"模式,这种模式成为它们在大工业浪潮中对抗工业巨人的有力武器。

与大工业时代相比,21世纪的市场格局发生了根本变化:买方市场出现。这种市场格局对市场竞争产生了极其深远的影响:竞争的主要表现从买方之间的竞争转向卖方之间和买方与卖方之间的竞争。

在卖方市场格局中,由于产品/服务的相对稀缺,消费的焦点放在了产品/服务的数量上,生产成为卖方的第一要务;由于受到生产力的约束,在与卖方的较量中,买方的市场势力微弱;买方之间为争夺产品/服务的较量远烈于卖方之间为争夺顾客的较量。随着生产力的发展,物质逐渐丰富起来,同一种需求可以由多种产品/服务来满足,选择权的拥有和扩大使得消费的焦点转向了产品/服务的质量,买方的市场地位逐步抬升,买方与卖方之间的公开竞争也开始变得激烈起来;买方的个性化需求也随着其市场地位的提高而逐步膨胀,卖方之间为争夺顾客和市场份额的较量愈演愈烈。

与此同时,潜在市场的开发难度逐渐增大。在美国西部淘金热的时代,面对广袤无垠的"处女地",起初,淘金者很容易就发掘出一座规模不小的金矿;随着越来越多的淘金者的加入,在当时的技术条件下,能够挖掘的金矿已基本曝光,淘金者很难再寻找出新的大金矿,毕竟矿产资源是有限的。同样,一定技术水平下的顾客资源也是稀缺的。现在已经不可能像大工业时代那样,非常轻松地寻找并进入到大片未开发的市场需求。卖方之间的激烈竞争使得潜在市场开发难度增大,而且多数已开发的市场已处于饱和状态,所以彼此之间争夺现有客户资源成为竞争的一个重点。

网络经济的快速渗透和全球经济一体化进程的加剧,更是推进了这些情势的发展。因此,摆在企业面前的一个客观事实是:重视、保持现有顾客成为企业生存和发展的关键。围绕客户保持这个焦点,当前营销领域出现了新的特点。

1. 工业企业和服务企业之间的界限逐渐变得模糊

服务对于制造商微不足道的时代已经一去不复返了,服务成为顾客消费的一个主要组成部分。为了留住顾客,许多工业企业开始重视服务,这些服务包括送货上门、产品和设备的安装与保养、顾客培训以及投诉处理等;有些传统意义上的制造商甚至推行服务先导的发展战略,开始向服务型的企业转变。IBM 在 20 世纪 80 年代末的收入约有 85% 来自硬件销售，而现在，它的收入 1/3 来自诸如管理咨询、为客户打理信息技术资产、提供新的软件系统等服务项目。在不到 5 年的时间里，这家当初人人都以为只卖大型机的企业变成了当今世界最大的服务机构之一。

2. 服务同质化趋势明显

然而，服务的导入不仅没有缓解竞争的压力，相反由于竞争领域的扩大（服务成为竞争的新战场），竞争更加激烈。服务的无形性，使得顾客对服务的期望出现普遍化延伸。一方面，竞争对手的服务创新会提升顾客的服务期望，顾客希望立即得到相同甚至更好的服务。另一方面，导致顾客期望增长的并非只有直接竞争对手，还包括所有那些顾客有购买体验的地方，如果有一个行业提供了某种服务，顾客接着就会希望其他行业也能这么做：那些经常坐飞机的顾客会把他们对服务的期望带到四面八方；如果顾客在进餐时不必排队等候，他们就会希望在旅馆及市场链的其他环节也能得到相同的服务。

顾客期望普遍化延伸的结果是服务同质化趋势明显，服务创新难度加大。服务的提供不仅没有成为企业保持客户的良方，相反，如何在服务领域里保持客户、培养企业的核心竞争力，成为急需研究的重要课题。

建立在交易概念和营销组合基础上的传统营销模式，越来越受到理论界和实业界的质疑。这种基于美国大众消费品市场的经验理论，由于着眼于短期的交易，在国际营销、组织营销和服务营销等领域里表现得软弱无力。一大批学者为改变这种状况，提出了新的营销模式：着眼于与顾客建立长远关系的关系营销理论。大公司也开始考虑能否如同小公司那样，与顾客建立真诚的关系。

关系营销理论最早由北欧学者在 20 世纪 70 年代提出，20 世纪 80 年代开始进入深入研究的时期，理论体系日臻完善。

1983 年，美国学者西奥多·李维特的一篇被誉为关系营销领域里程碑式的文章《销售结束之后》，拉开了工业市场关系营销研究的帷幕。在这篇文章里，李维特教授指出，"买卖双方的关系很少在一笔交易结束后终止，相反，交易结束后，这种关系得到加强，并影响买方决定下一次购买时的选择"；"重点应该在于怎样从推销转移到保证顾客在销售结束后持续地感到满意"。这篇文章在推销观念盛行的时期提出"仅仅做一名优秀的推销员是不够的，发展持久的关系才是公司最重要的一项资产"这样的观念，给后继者带来非常深远的影响。

同一时期，美国学者里昂纳多·贝里将关系营销的概念引入服务的范畴，并对关系营销进行了初步界定：关系营销就是吸引和保持客户以及加强客户关系。市场营销的观念是，吸引新顾客仅仅是营销过程的第一步。巩固关系、把一般顾客转化成忠诚顾客、像对待客户一样为顾客提供服务，这些都是市场营销。

后来，芬兰学者克里斯汀·格罗鲁斯在此基础上，对关系营销做出了一个更全面的界定。他认为，关系营销是建立、维持、加强、商业化顾客关系（不一定一直都是长期的关系），以保证各参与方的目标得以满足，这要通过相互交换和履行承诺来实现，彼此的信赖相当重要。对一个服务提供者来说，建立关系意味着给予承诺；维持关系意味着履行承诺；加强关系意味着在先前承诺履行的基础上给予新的承诺；商业化关系意味着从长期来看交易的成本—利润比是正相关的。

商业化概念的提出，使得关系营销的内涵变得丰富起来，它为关系营销实际运作的研究指明了方向。

在随后的深入研究中，一大批著名学者为关系营销理论体系的构建、完善与发展做出了卓越的贡献，并形成了相应的学派和分支。其中有代表性的学派有：英澳学派（Anglo-Australian School），以佩恩（Adrian Payne）、克里斯托夫（Martin Christopher）、鲍兰泰（David Ballantyne）等人为代表，以英国克兰菲尔德管理学院（Cranfield School of Management）为主要研究基地；北欧学派（Nordic School），以格罗鲁斯（Christian Grönroos）、古默森（Evert Gummesson）等人为代表，以芬兰瑞典经济管理学院（Swedish School of Economics and Business Administration in Finland）和斯德哥尔摩大学（Stockholm University）为主要研究基地；国际/工业营销与购买集团学派（IMP Group），以哈坎森（Hakan Hakansson）、坎贝尔（Nigel Campbell）等人为代表，以欧洲的 IMP 集团为主要研究基地；北美学派（North America School），以李维特（Theodore Levitt）、杰克逊（Barbara Bund Jackson）、贝里（Leonard L. Berry）、谢斯（Jagdish Sheth）等人为代表，以哈佛商学院、得克萨斯 A&M 大学和 Emory 大学为主要研究基地。每个学派在不同的领域都进行了长期、细致的研究分析。

在将关系营销理念转化为可操作的模型的过程中，欧洲的学者们做出了许多开创性的研究。其中以英澳学派的佩恩教授和北欧学派的古默森教授为代表。

1991 年，英国克兰菲尔德管理学院的佩恩教授提出了关系营销六大市场模型（见图 1-1），将所有影响企业与顾客之间关系的因素归入顾客市场（Customer Markets）、内部市场（Internal Markets）、推荐市场（Referral Markets）、影响市场（Influence Markets）、招聘市场（Recruitment Markets）和供应市场（Supplier Markets），企业在与顾客打交道时，要注意其他市场的作用，必须保证六个市场高度协调统一，因为这六个市场是成功的客户关系的舞台。

图 1-1　关系营销六大市场模型

佩恩教授提倡依托六大市场模型制定关系营销计划（见图1-2），它包括顾客开发计划、供应商开发计划、内部市场计划、影响计划、推荐计划、招聘计划，这些计划都为实现整体的客户保持目标而努力。

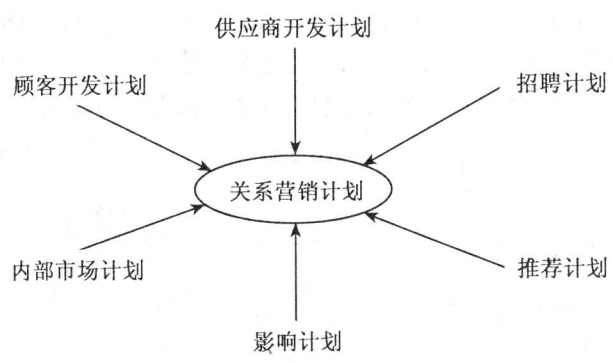

图 1-2　六大市场模型的关系营销计划

与此同时，斯德哥尔摩大学商学院的古默森教授提出了30R's的概念。他将企业面临的所有关系分为四大类30种。

第一类：典型市场关系（Classic Market Relationships），包括供应者—消费者关系、供应者—消费者—竞争者关系和实体分销网络关系等3种。

第二类：特殊市场关系（Special Market Relationships），包括全职营销者—顾客关系、兼职营销者—顾客关系、一线服务人员—顾客关系、组织购买团—组织供应团关系、与顾客的顾客的关系、紧密—疏远关系、垄断关系、顾客成员关系、电子关系、精神关系、非商业关系、绿色关系、法律关系、黑社会网络关系等14种。

第三类：宏观关系（Mega Relationships），包括人际和社会关系、大营销关系、改变市场运作机制的联盟关系、知识关系、改变营销基本环境的大联盟关系、大众传媒关系等6种。

第四类：微观关系（Nano Relationships），包括公司内部的市场关系、内部顾客关系、基于质量的部门关系（尤其是运作部门与营销部门的关系）、内部营销关系、组织结构关系、与外部营销服务提供者的关系、所有人—金融界关系等7种。

典型市场关系广泛存在于一般营销理论中，而特殊市场关系揭示着隐藏在典型市场关系背后的某些方面，比如服务接触中的互动关系、忠诚计划中的成员关系等。二者反映的都是直接参与市场活动的主体——供应者、消费者、竞争者和其他市场活动参与者——之间的相互关系，所以是一种市场关系（Market Relationships）。

宏观关系和微观关系反映的都是一种非市场关系（Non-market Relationships），

但是它们对市场关系的效率有着间接的影响。宏观关系存在于市场关系之上,它涉及一般的经济、社会关系,为市场关系的运作提供了平台。微观关系存在于市场关系之下,揭示着影响市场关系效率的最根本因素——企业组织因素。

在四个层次和30种关系的基础上,古默森教授提出了全面关系营销(Total Relationship Marketing)的概念(见图1-3)。他认为企业营销活动应该突破传统的市场范围,着眼于一个互动的关系网络,通过全面管理由组织、市场和社会交互织成的网络,实现企业、顾客和其他相关利益者之间长期的双赢局面。

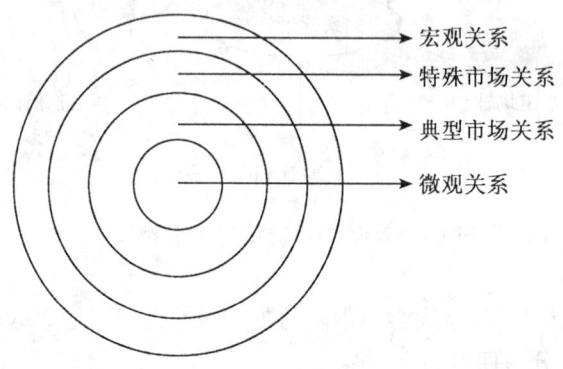

图1-3 全面关系营销模型

关系营销理论的提出,扩大了企业的营销视角和营销活动范围,使企业在新的营销领域有了着力点。一般地讲,关系营销主要在以下四个方面与传统营销区别开来(见表1-1):

1. 重视顾客保持

关系营销认为吸引一个新顾客的成本是保持一个现有顾客的成本的5到10倍,而新顾客的消费量远低于老顾客,加之企业集中于新顾客的做法必然造成行业的过度竞争,所以吸引新顾客只是营销活动进程的第一步,重要的是通过良好的服务和销售,稳固彼此的关系,将冷漠的顾客转变成忠诚的消费者,这些才是企业脱离困境的良方。

2. 延伸营销组合

关系营销认为传统的4P's营销工具并不能保证企业与其顾客建立、维持稳固的关系,必须在服务提供(Provision of Service)、人员(People)、流程(Process)等方面下工夫。

3. 全员营销

关系营销认为营销工作并不只是营销一个部门的事,全体员工都应该有营销意识,有全心全意服务顾客的意识,有抓住一切机会推广企业产品、树立企业形象的意识。营销计划的制定与实施也不应该只由营销一个部门来执行,企业要养成团队工作的习惯,从各部门抽调精英共同完成营销任务。

4. 全面关系营销

关系营销认为企业营销的对象不能仅仅局限于目标顾客市场,可以把顾客的内涵扩大,将所有的相关利益者都视为自己的顾客,这些相关利益者包括目标顾客市场、内部市场(如内部员工)、推荐市场(如中间商、传媒、金融机构等)、影响市场(如政府、消费团体、行业协会等)、招聘市场(如人才市场)和供应市场,企业应注意协调、最大化所有相关利益者的利益。

表 1-1　　　　　　　　　　　传统营销与关系营销的区别

	传统营销	关系营销
营销工作的重点	吸引新顾客	保持现有顾客
营销工具组合	4P's	7P's
营销执行部门	营销部门	跨部门、全员营销
营销对象	顾客市场	六大市场

二、客户关系管理产生的背景

企业作为一个利益主体,以追求最大利润或合理利润为目标,而利润的实现最终必须依靠企业与顾客的交易来实现。所以,在关系营销的六大市场中,顾客市场是整个关系营销理论体系的核心、出发点和归宿,所有关系都围绕着企业与顾客的关系展开,并最终落脚于企业与顾客的持续交易之上。

客户关系管理是关系营销全面实施的核心环节和驱动力量,而关系营销理论则是客户关系管理实施的智力源泉和指导方针,二者是包含与被包含、全局与局部、面与点、战略与实施手段的关系。不过,实际上目前关系营销的理论研究和实践探讨主要集中在客户关系的管理方面,甚至在很多学者的著作里和企业家的言语中,关系营销和客户关系营销是等同的概念。

"客户关系管理"一词出现于 20 世纪 90 年代中期的信息技术行业,当时还主要是用来描述一些"基于技术的顾客解决方案",如"销售自动化"(SFA)、客户服务系统(CSS),这可以说是客户关系管理的雏形阶段。随后,借助计算机电话集成技术(CTI),将 SFA 和 CSS 合并起来,并加入营销、现场服务等功能模块,形成集销售与服务于一体的呼叫中心(Call Center)。从 20 世纪 90 年代后期开始,在呼叫中心的基础上,进一步加强整个系统的数据管理能力和分析能力的同时,添加新功能模块,逐步形成了完善的客户关系管理系统。

现代客户关系管理一个突出的特点是关系营销理论与信息技术的融合。需求的拉动、信息技术的推动和营销管理理念的更新，极大促进了客户关系管理理论与实践的发展。

（一）营销管理理念的更新使得客户关系管理的发展成为必需

早期的企业面对的是一个需求巨大而生产供给不足的卖方市场，在这种情况下，企业的管理活动基本上是围绕着如何提高自己的生产能力而展开的，降低成本、提高产品质量自然成为经营管理的中心，所以萌发出来的主流经营哲学就是生产观念和产品观念。企业不断提高自己生产能力的结果是生产效率不断提升，产品数量迅速增长，争夺市场份额的竞争异常激烈。面对巨大的产能，企业面临的中心问题从如何提高产量、降低成本，转向如何将产品推销出去，以推销观念为代表的主流营销哲学应运而生。为了提高销售额，企业必须在内部采取严格的库存管理，在外部强化推销观念。激烈的竞争使产品推销的成本越来越高，虽然销售额节节攀升，但是利润率却在不断地下降，同时客户对推销的认同感越来越低，企业不得不把管理的重点放在以利润为中心的成本管理上。但是，成本并不是可以无限压缩的。很多企业，在一定质量的前提下，成本的压缩已经到了当前阶段的极限，而企业利润仍然无法达到股东的要求，如果再压缩成本，必然会带来产品质量的下降。多"节流"不如广"开源"。企业需要把经营管理的注意力从企业内部转移到企业外部，从运营成本的压缩转移到利润源泉的开拓，从以自我为中心、以产品为中心转移到以市场为中心、以客户为中心，围绕客户的需求展开企业的经营活动。

在企业确立了以客户为中心的经营理念之后，一个新的思维岔道就是：企业经营的出发点是吸引新客户和一次性交易，还是保持老客户和持续性交易。买方市场出现，使得"一切为了新客户"的观念用于营销是一种浪费。一家公司投入100万元的广告费来吸引新客户而得到的净收益，可能不如把75万元分别用于向新客户进行广告宣传、把额外服务项目直接邮寄给现在的客户和进行员工培训以提高服务质量等方面得到的收益大。保持有利的客户与吸引新客户一样可以为公司带来收益。

在基本确立顾客保持在企业经营管理中的核心地位之后，又一个思维岔道出现了：企业应该保持所有的客户，还是有选择性地保持客户？越来越多的学者已经开始意识到：并非所有的客户都是有价值的，企业应该根据顾客贡献价值的不同而区别对待。识别客户的价值、根据客户价值对关系进行细分、明确关系利润的大小，对不同的关系实施不同的营销战略和策略，是企业营销实践客观发展的需要。

（二）企业实践的迫切需求使得客户关系管理的发展成为必要

由于客户数量的增加，客户业务的复杂化、个性化，企业迫切希望营销活动能够朝自动化、科学化、精细化的方向发展，这推动着客户关系管理的内容不断深化和丰富。

大多数企业把现实的营销工作大致分为销售、市场和服务三个部门序列来进行，现在，各个部门都迫切需要构建一个通用的以客户为中心、共享客户知识的互动平台。

销售人员希望能动态识别客户的价值，并根据客户价值合理分配自己有限的时间、精力和企业资源；希望能共享潜在客户和现有客户的信息，在业务拓展和开发过程，及时、准确的掌握客户的动态；希望能合理规划客户拜访计划，避免拜访的盲目性和无规律；希望能够与客户保持紧密的联系，保证彼此之间快速、顺畅、多渠道的沟通，同时避免出现多个销售人员争抢同一客户的内耗现象。

市场人员希望能够确保营销推广活动的有效性，找到真正对企业产品感兴趣的群体，一一准确识别他们的需求、态度、习惯和行为模式；希望能够全面掌握市场动态，增强市场反应能力，及时制定各种营销计划和行动方案，及时了解营销活动的效果和顾客反馈。

服务人员希望能够减少过多的重复询问，引导客户通过多种渠道解决问题；希望能够预见性的帮助客户发现问题，消除隐患；希望能够有计划的主动与客户沟通，及时了解客户的需求、想法、意见和建议，为决策部门提供参考。

所有的营销活动都在从规模化、分散化向个性化、整合化转变，这种转变是客户关系管理应运而生的需求基础，是持续发展的动力源泉。

（三）现代信息技术的革新使得客户关系管理的发展成为可能

客户规模是制约营销活动从规模化、分散化向个性化、整合化转变的主要因素之一。庞大的客户信息量，一旦超出企业的信息搜集、处理和共享能力，就无法实现客户管理的精细化和个性化。但计算机、通讯技术、网络应用的飞速发展，使得营销部门的种种希望变成可能。

互联网络和电子商务，不仅提供了与客户交流、交易的新渠道，降低了服务成本，也为企业内部人员及时共享各种信息资源提供了便利。无论身处何时何地，销售人员都可以借助网络查看到储存在公司客户信息库中的客户资料，无线上网和掌上电脑的技术还可以实现及时查阅的功能。

数据仓库、商业智能等技术的发展，使得收集、整理、加工和利用客户信息的质量大大提高，市场人员可以在挖掘客户过往交易信息以及背景资料的基础上，开发新的服务项目和推广计划，实现定制化服务，并定点跟踪营销活动的效果。

呼叫中心的发展、网络与电话技术的结合，不仅降低了企业的通讯成本，也为与客户的沟通带来了新的变革。服务人员借助呼叫中心，实现与客户及时、快速、全天候的沟通；通过有计划的呼出活动，实现从被动服务向主动服务的转变；通过与客户数据库的连接，为客户提供更加亲切、周到、人性化的服务，提高了客户的满意度。

今天，在信息技术的支撑下，很多客户管理的活动都成为我们日常工作中不可缺少的部分：
- 企业的客户通过电话、传真、网络等访问企业，进行业务来往，而且他们的所有行为都存储在企业的知识系统中。
- 企业的客户能够得到个性化的识别，当他们和企业的任何人员通过任何方式接触时，都可以被直接叫出名字，识别出其独特偏好与行为。
- 任何与客户打交道的员工都能全面了解客户关系，根据客户需求进行交易，了解如何对客户进行升级销售和连带销售，记录自己获得的客户信息。
- 市场部门能够对市场活动进行规划、评估，对整个活动进行360度的透视；对各种销售活动进行追踪，分析市场潜力与发展方向，为销售活动提供指导。
- 系统用户可以不受地域限制，随时访问企业的业务处理系统，进行业务交易。
- 企业能够从不同角度提供成本、利润、生产率、风险等信息，并对客户、产品、职能部门和地理区域等进行多维分析。

第二节　客户关系管理的内涵

随着客户关系管理理论与实务的蓬勃发展，客户关系管理的内涵与外延不断丰富、扩大，出现了各种各样的定义与分类，给理解客户关系管理的本质带来了一定的困难。本节将从客户关系管理的基本概念出发，在借鉴和回顾有代表性的观念基础上，层层剖析客户关系管理的实质与内涵，希望给出一个比较完整的客户关系管理的定义。

一、客户关系的内涵

（一）客户是什么？

在我国，客户一词原本是对寄居本地而无田地房产的外来户的称谓，是"主户"的对称，柳芳《食货记》云："人逃役者多浮寄于闾里，县收其名，谓之客户"。[①] 随着西方经营管理思想在中国逐渐传播开来，"客户"才开始有了"顾客"、"购买者"的意思。一般来讲，客户、顾客、消费者、购买者、用户等这些名词之间并没有严格的界限，它们彼此存在着相互解释或替换的关系。但是，不同的学者、学派和学科出于不同的研究目的，对它们进行了较为严格的区分。

"消费者"是经济学中比较常见的一个概念。在20世纪60年代以前，一个普遍的观念是：凡是进行消费的人和单位，无论消费什么东西都应是消费者。随着消费者运动的兴起，"消费者"一词所包含的范围开始缩小，是指在一定社会条件下

---

① 于光远. 经济大辞典. 上海：上海辞书出版社，1992：1893.

为自身生产而消费各种生活资料和服务的个人，是指占有和使用生活消费品和生活服务品的个人和家庭，是生活资料市场营销学亦称消费品市场营销学的研究对象，是生活资料营销企业的主要服务对象。① 可见，早期的工业消费者（生产性消费）已经不包括在消费者之中了，同样，一切购买商品或服务，但不是以个人消费为目的的企业、单位、家庭或个人，也不是消费者。这种"狭义的消费者"的观念逐渐得到学术界的认可，并为一些国际组织和政府立法机构所采纳，将之写进具有指导性或约束力的条文中，如1979年国际标准组织（ISO）在其决议中对消费者含义的解释是：所谓消费者是指以个人消费为目的，具有购买、使用商品和服务的个体公众。我国国家标准局《消费品使用说明总则》规定，消费者是"为满足个人或家庭的生活需要而购买、使用商品或服务的个体社会成员"。1993年颁布的《中华人民共和国消费者权益保护法》也只保护"为生活消费需要购买、使用商品或者接受服务"的消费者。

当狭义"消费者"的概念延伸到管理学范畴后，又引发了新的争论：消费者指的是消费用品的购买决策者、购买者还是使用者呢？因为现实生活中，同一消费用品的购买决策者、购买者、使用者可能是同一个人，也可能是不同的人。从营销学的角度来看，由于产品的购买决策、实际购买、使用是一个统一的过程，所以处于上述过程任一阶段的人，都可以称为消费者。②

在消费者内涵缩小的同时，一个相对应的名词出现了，用以代称狭义消费者范畴之外的消费者，即"用户"。用户通常是指占有和使用生产资料或生产性服务品的集团购买者，亦即组织市场购买者，有时也指耐用消费品的个人购买者。

相对于"消费者"和"用户"而言，"顾客"是一个更广义的概念。"顾客"是相对于"侍主"而言的。侍主是为顾客提供产品或服务的单位和个人。顾客与侍主是一对共生概念。侍主与顾客之间构成交换关系。凡接受或可能接受任何单位、个人提供的产品或服务的单位或个人，都可以称为顾客。顾客既包括生活资料的购买者与使用者（消费者），又包括生产资料的购买者与使用者（即用户），就其购买行为而言，既包括购买商品的人，也包括不购买商品而只到商店浏览观光的人们。此外，寻求购买特殊职业服务的个人、家庭或企业，如去医院就诊的病员，到会计事务所、律师事务所求助的人，也都属于顾客。

随着关系营销理念的兴起，一些学者从"顾客"（Customer）的概念中发展出"客户"（Client）这一名词，并将二者严格地区分开来。认为"对于某个机构来说，顾客可以是没有名字的；而客户则不能没有名字。顾客是作为某个群体的一部分为之提供服务的；而客户则是以个人为基础的……顾客可以是公司的任何人为其

---

① 何济海. 当代中国经济大辞典. 北京：中国经济出版社，1993：239.
② 符国群. 消费者行为学. 武汉：武汉大学出版社，2000：2.

服务；而客户则是指定由专人服务的"。① 还有一些学者将顾客的内涵延伸、扩大，把企业的利益相关者都纳入到"顾客"的范畴，于是有了"内部顾客"与"外部顾客"之分。内部顾客一般是指企业内部的员工，通常可进一步细分为职级顾客（Post Scale Customer）、职能顾客（Function Customer）与工序顾客（Work Procedure Customer）。外部顾客是指企业外部的，与企业有产品、服务与货币交换关系的对象，通常包括消费顾客（Consume Customer）、中间顾客（Intermediate Customer）、资本顾客（Capital Customer）与公利顾客（Public Benefit Customer）四种。②

顾客内涵的泛化将企业营销的视角从"交易"拓展到"交换"的范畴，为全面关系营销的实施铺平了道路。但是，从运作研究的角度来看，现在还不具备"顾客泛化"的条件，理论发展和企业实践都没有达到"把所有关系的运作都纳入到一个框架之中"的程度，基本上还在各分支领域中分别研究，如顾客关系管理、内部营销、渠道关系管理、公共关系管理等。而且，各个领域的深入研究也有利于彼此之间更紧密、深入的融合，为全面关系营销时代的到来奠定更坚实的基础。基于以上考虑，本书对顾客和客户并不做严格区分，并将客户的内涵限制在外部顾客的范畴。当然，外部顾客的研究成果对其他类别顾客的关系运作必定具有借鉴作用。

（二）关系是什么？

关系是指事物之间相互作用、相互影响的状态。企业与客户之间的关系是双方在一定时间内通过一系列互动事件所积累的结果，这些事件比如信息咨询、商品交易、销售回访、投诉处理、公关活动等，都对企业与客户之间的关系产生影响。

关系的形成和发展存在一定的规律。罗伯特·德怀尔将关系演进的一般过程分为5个阶段：注意、熟悉、深入、信赖和解散。③

注意（Awareness）是关系发展的起始阶段，当企业或客户任何一方开始注意对方，并将对方视为可能的交换伙伴时，双方即进入关系的注意阶段。一方是有意识地接近另外一方，属于单边行为。在注意阶段双方不会产生互动。

当双边的互动行为开始发生时，关系就进入第二个阶段：熟悉（Exploration）。企业与客户双方开始考察彼此的实力与偏好，可能会发生一些测试性的交易行为。如果测试没有获得理想的效果，双方的关系可能就此终结，好在此时双方的关系涉入不深，所以因关系结束所付出的成本（包括货币成本和心理成本）并不高。熟

---

① 菲利普·科特勒. 营销管理. 梅汝和，等，译. 第8版. 上海：上海人民出版社，1997：73.

② 李蔚. 管理革命——CS管理. 北京：中国经济出版社，1998：58.

③ F. Robert Dwyer, Paul H. Schurr, Sejo Oh. Developing buyer-seller relationships. Journal of marketing, Apr 1987, 51 (2)：11-27.

悉阶段还可以再分为5个子过程：吸引、沟通和议价、确定交易地位、确立交易规范和形成预期。

当交易双方在熟悉阶段持续获得利益，相互依赖的程度不断增强时，二者的关系就进入了深入（Expansion）发展阶段。大量的交易在这个阶段产生，交易双方开始形成对对方的信任（Trust），对彼此交易动机、交易能力的怀疑与冲突开始减少。当然，信任的形成也意味着交易双方结束关系的障碍增强，无形和有形的转换成本都会因为双方关系投入的加深而逐渐提高。

信赖（Commitment）也可以看成是彼此对各自交易动机、交易能力以及发展长期合作关系意愿的一种承诺。交易双方在长期的交往中都逐渐认识到对方是不可或缺的，而且真心愿意尽最大努力与对方维持长期合作关系。信任、共同的价值观和彼此的倚重都有助于这种承诺的达成。在这个阶段，交易行为可能会是一种自动化的形式，交易双方由于非常熟悉各自的需求与要求，同时形成了稳固的信任关系，所以不需要对每次的交易行为进行严格的审查与复杂的谈判，许多日常的交易活动可以依照预先设定的条件和程序直接进行下去。

不是所有的关系都可以发展到信赖或承诺这个阶段，在此之前就可能会出现交易双方关系的解散（Dissolution）。关系的解散既可以是单方面的行为，也可以是双方通过协商达成的。解散的原因是多方面的，可能是买卖双方出现信任危机，对彼此的交易诚意产生严重的质疑，认为对方做出了损人利己的事情，交易动机不纯；或买方无法忍受卖方多次的交易失误和低效率的服务；或买方对产品有了新的需求，而卖方无法满足；或卖方觉得从买方获得的直接和间接利益都在急剧降低，关系的持续将会给企业带来更大的损失等。

阿德里安·佩恩运用关系阶梯模型（见图1-4）对企业与客户之间关系演进的过程进行了形象的描述。[①] 阶梯的底部是潜在顾客；经过企业的一系列营销活动，潜在顾客可能会成为企业实际的顾客，不过他们只与企业进行一次或者不定期的交易，处在关系交往的注意和熟悉阶段；通过有意识的关系运作，这些顾客可以成为与企业进行多次业务往来的客户，但是这些客户可能对企业的态度是中立甚至否定的；只有当企业把客户转化成支持者时，关系的力量才开始明朗起来，彼此的信任逐渐建立；他们愿意与企业联系，甚至积极主动地向别人宣传企业；到最后，顾客成为了企业的合作伙伴，达到信赖和承诺的状态，与企业一起进一步寻找促进"双赢"局面产生的办法。

本书所指的关系主要是指企业与顾客之间互动的伦理、情感、利益方面[②]的

---

① Adrian Payne, Martin Christopher, Moira Clark, Helen Peck. Relationship Marketing for Competitive Advantage. Butterworth-Heinemann 1995：63-74.

② 陈俊杰．关系资源与农民的非农化．中国社会科学出版社，1998.

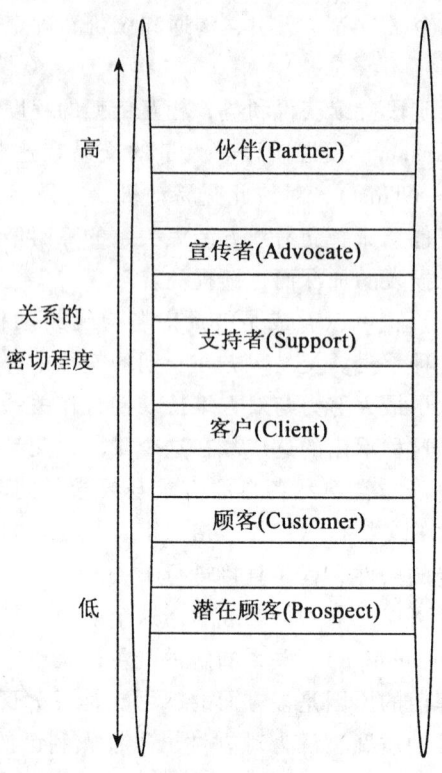

图 1-4 关系阶梯模型

联系,通过持续性的交往、交易,来寻求双方利益上的共赢。在这种互动联系中,企业主观能动性的发挥情况决定了关系的质量和时效。

(三) 为什么需要关系?

长期稳定的关系给交易双方带来的利益是十分明显的,这种利益不仅表现在直接的财务利益或效用,还会有正面的口传、忠诚、满足感和归属感等间接的利益。下面我们分别从企业和客户各自的角度来解释关系需求的动因。

1. 企业为什么需要和客户建立关系?

企业与客户建立关系最基本的动因还是在于经济利益的考虑。首先,关系有利于增强客户对企业的依赖,提高客户的转换成本,降低客户的流失率,日积月累,不仅使得企业的营销活动更加有效率,而且客户的总数量将会有显著的增加。如表1-2 所示,2000 年甲乙两个企业拥有同样的顾客数量,每年的新增顾客数也是一样的,但由于甲企业与客户保持着比较合理的关系,所以客户的流失率要比乙企业低5 个百分点,短短4 年之后,甲企业的顾客总数量比乙企业高出了19%。庞大的顾客基数也意味着更大的利润源泉和竞争优势。

表 1-2　　　　　　　　　顾客保持率对顾客基数的影响

年份	甲企业（流失率5%）			乙企业（流失率10%）		
	现存顾客数	新增顾客数	总顾客数	现存顾客数	新增顾客数	总顾客数
2000	1 000	100	1 100	1 000	100	1 100
2001	1 045	100	1 145	990	100	1 090
2002	1 088	100	1 188	981	100	1 081
2003	1 129	100	1 229	973	100	1 073
2004	1 168	100	1 268	966	100	1 066

其次，关系投入所获得的收益也是十分可观的。弗里德里克·莱赫尔在对一些行业进行细致的量化研究之后，发现客户保留或忠诚度每增加5%，利润的增长是巨大的，从35%到95%不等。见表1-3。

表 1-3　　　　　　客户保留增加5%带来的利润增长比例[①]

行业	利润增长率（%）
广告代理业	95%
银行储蓄存款	85%
出版业	85%
汽车家庭保险业	84%
汽车服务业	81%
信用卡	75%
配送业	45%
软件业	35%

企业与顾客的交易关系保持得越长久，就越能从顾客身上获取更多的利润（参见图1-5）。原因在于：

● 顾客保持时间越长，获取该顾客的成本在每期分摊的费用则越低。一般来讲，获取一个新顾客的费用是相对较高的，尤其当这位顾客是竞争对手的长期客户或高端客户时。而且，这种费用属于"沉淀成本"的范畴，一经付出，无法变现，

---

① Frederick E. Reichheld. Loyalty and the Renaissance of Marketing. Marketing Management, 1994, 2 (4): 15.

只能在顾客保持期间内进行摊销,通过顾客的交易来弥补。顾客保持的时间越长,则弥补的机会越多。顾客流失得越早,企业"沉淀成本"完全冲销的可能性就越小。

- 保持顾客能够有效地抵御行业竞争者、市场竞争者和潜在竞争者的进攻,保证市场份额稳步增长。
- 长期顾客更倾向于购买更多的产品和服务,同时还会对企业的新产品、附加产品和相关产品感兴趣。
- 长期顾客更倾向于习惯性交易,交易稳定、持续,所以交易成本更低,交换效率更高,而其管理和服务的成本却更低。
- 长期、满意的顾客更乐于为企业免费进行正面的口传(Word-of-mouth)和推荐,从而吸引更多的新顾客。
- 长期顾客对价格更缺乏敏感性,能够容忍较高的要价或价格上涨。

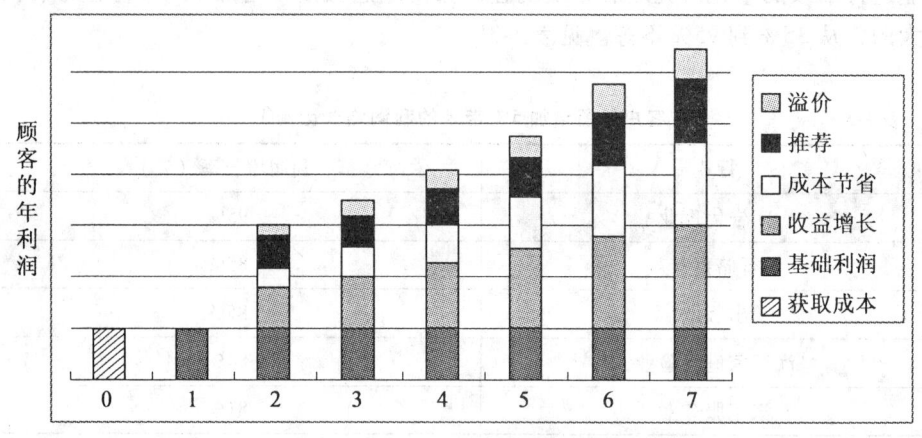

图1-5 关系投入的收益趋势图

2. 客户为什么需要和企业建立关系?

企业通过与客户发展关系而获得的利益十分明显,但这种利益并不是单方面的,无论是中间消费者还是最终消费者,也存在着与企业发展关系的客观需要。

在B-B商务环境下,对中间消费者而言:

- 供应商提供的产品越复杂,产品的使用越繁琐或艰深,对供应商的依赖性则越大,与之发展长期关系的愿望就越强烈。如甲骨文公司的E-Business全套软件包含营销、销售、服务、采购、项目、财务、人力资源等多个管理模块,为了帮助用户了解和熟练使用该系统,甲骨文公司往往需要成立项目小组进驻用户所在机构,根据实际需要对原先的标准化产品进行定制化调整,并对使用者进行至少半年以上的培训和辅导。用户一旦选择使用这套商务软件,可以想见其转换成本的高昂,对甲骨文公司的依赖程度随着系统与业务的融合而愈加强烈。

- 供应物的战略地位也决定着用户与供应商发展关系意愿的强烈程度。空调和冰箱中的压缩机、汽车的发动机、DVD播放器中的解码器等，对相关的生产厂商而言都是至关重要的核心部件，由于国内绝大多数制造商都不具备先进的研发与生产能力，只能靠国外少数几家上游供应商提供，因此它们必须与供应商建立长期稳固的合作关系，否则生产和生存都无法维系。另外如矿石、原油、煤炭等对钢铁厂、化工厂和能源企业的制约也是显而易见的，与上游供应商发展关系是获得稀缺资源的必要保证。供应物在生产经营中的战略地位越显著，用户与供应商发展关系的意愿就越强烈。

- 企业的经营方式有时候也会影响交易双方关系发展的意愿。企业或经营单位专业化分工越深，彼此之间的依赖程度越大，在面临激烈的市场竞争时，越愿意组建成不同的战略关系网络，企业之间的竞争演变为不同价值网络之间的竞争，网络内部的关系意愿也越强烈。如有些制造企业为了降低成本，减少库存，采取了外包和零库存的策略，把生产、销售或售后服务过程中的一些环节交给其他独立厂商完成，并与自己的相关流程紧密衔接，避免不必要的半成品或成品积压。为了努力朝"零库存"的方向迈进，企业必须与上下游厂商之间建立稳定的关系。

- 用户购买行为承担的财务风险越高，越希望与供应商保持长期、稳固、亲密的关系，从而有效缓解或规避财务风险。电信运营商和航空公司每次购买运营设备的支出都高达几十亿元、数百亿元，为了缓解巨额现金支出可能给企业变现能力带来的冲击，希望与设备供应商建立财务上的合作关系，采取分期付款、租赁、置换股权和股权出让等方式降低流动性风险。如果设备技术的更新速度加快，用户还希望能够提供免费或低成本升级服务，降低设备加速折旧带来的成本压力。

- 互惠互利的效应越强，用户越愿意与供应商发展关系。在任何一家麦当劳餐厅里，都会供应可口可乐公司的饮料，试想如果没有可口可乐，消费者是否还会毫不犹豫地光顾麦当劳餐厅呢？或毅然决然地选择肯德基餐厅呢？同样，许多会计师事务所、律师事务所和咨询公司之间希望建立紧密的联系，除了在业务上的合作之外，客户资源的共享和彼此的推荐都会给公司带来更多的发展空间。

在B-C商务环境下，对单个的消费者而言，主动与企业发展关系的动因可能在于：

- 希望能被企业识别。经常光顾广州百货商店香奈儿专柜的丽丽，每次靠近柜台时，服务小姐都会像久违了的好友一样笑脸相迎，并亲切的叫着："欢迎光临，丽丽小姐"，甚至好几次刚刚踏进百货公司的大门，熟识的服务人员就看到了她，向她招手示意。所以，广州百货商店是丽丽每次逛街必去地方，而且总是会带上一些刚刚结交的朋友。

- 能够被企业更加了解其个性化的需求。王教授每天早上都会去湘楚人家喝早茶，因为那里几乎所有的堂倌都知道他喜欢坐在靠窗的位置上，泡一壶功夫茶，边吃虾饺边看城市早报，他讨厌虾饺里面放玉米，喜欢配上一碟香醋和辣椒圈。他也尝试着去别的酒家喝早茶，但经常因为玉米和靠窗位置的事情发火，只有湘楚人家让他感觉最惬意舒适。

● 更清楚地了解企业从而在交易中占据主动。10月份李萍看到Lee品牌在地铁站的巨幅促销广告，部分产品6.5折，但她并不心动，因为根据她多年观察了解Lee品牌的销售活动，这次促销活动的折扣力度并不大，仅仅两个月之后，大部分产品都会有5折优惠，到时候再去挑几件今年的最新流行款式。

● 降低交易成本和风险。赵女士喜欢在莎莎连锁店购买全套雅丝蓝黛美容护肤品，由于她长期消费累积的积分已经达到VIP客户的层级，可以享受8.5折的优惠；不需要支付现金，可以放心的刷卡消费；而且这些产品从来没有让她的皮肤出现不良反应，她也相信莎莎绝对不会出售假冒伪劣的产品。

● 能提升社会地位。由于业务大幅度提升，与客户的沟通交流也变得频繁起来，钱先生因此成为中国移动全球通俱乐部的会员，可以参加各种社交活动、自驾旅行和商务培训课程，结识不少商界和政界的朋友；而且每次出差，都可以直接通过机场的全球通俱乐部会员通道快速办理登记手续，坐在商务舱位里，听着播音员专门针对全球通俱乐部会员的欢迎词，心里无比的舒畅。

● 归属感。杰克等了两年时间终于购得他钟爱的哈雷机车，同时花了150美金成为哈雷机车俱乐部的会员。在一次聚会中，杰克告诉大家哈雷机车是他最亲密的"恋人"，并分享了从"暗恋"、"追求"、"等待"到"成功"的艰辛历程，但是他发现很多人都有过同样的经历，而且每个人的故事都很精彩，他很愿意和这些人呆在一起探讨各自"恋情"的最新进展。

二、客户关系管理的定义

关于客户关系管理的英文缩写CRM还有一种诠释，即持续关系营销（Continuous Relationship Marketing）。客户关系管理与关系营销的紧密联系由此可见一斑。但是，客户关系管理到底是什么？目前学术界和企业界都没有统一的定义，各种说法，林林总总，五花八门。

有的学者从技术和策略的角度将客户关系管理定义为"一种电子商务的技术应用方案"①，是"基于数据分析的营销活动"②。

---

① Sunil Khanna. Measuring the CRM ROI: Show them benefits [OL]. 2001. http://www.crm-forum.com.

② Steve Kutner, Cripps John. Managing the customer portfolio of healthcare enterprises. The Healthcare Forum Journal, Sep.-Oct. 1997, 4: 52-54.

有的学者从系统运作的角度出发,认为客户关系管理"是一种以客户为中心的经营策略,它以信息技术为手段,对相关业务功能进行重新设计,并对相关工作流程进行重组,以达到留住老客户、吸引新客户、提高客户利润贡献的目的。"[①]"通过人、过程与技术的有效整合,将经营中所有与顾客发生接触的领域如营销、销售、顾客服务和职能支持等整合在一起的一套综合的方法。""客户关系管理是协调公司战略、组织结构和文化以及顾客信息的技术,用以有效地管理顾客接触,实现顾客长期的满意度,为企业创造利润。"[②]

有的学者从企业经营观念的角度对客户关系管理进行诠释,他们认为客户关系管理"是企业处理其经营业务及顾客关系的一种态度、倾向和价值观。""它要求企业全面地认识顾客,最大程度地发展顾客与本企业的关系,实现顾客价值的最大化。"[③]

有的学者从战略管理的角度出发,认为客户关系管理是"一个互动的过程,用于实现企业投入与顾客需求满足之间的最佳平衡,从而使企业的利润最大化。""通过这个过程,企业最大化地掌握和利用顾客信息,以增加顾客的忠诚度,实现顾客的终生挽留。"[④]

有的学者从战略执行的角度出发,认为客户关系管理是"通过向企业的销售、市场和服务等部门与人员提供全面、个性化的客户资料,并强化跟踪服务、信息分析能力,使之能够协同建立和维护一系列与客户以及生意伙伴之间卓有成效的'一对一关系',从而使企业得以提供更快捷和周到的优质服务,提高客户满意度,吸引和保持更多的客户。"[⑤]"它强调与客户的沟通,一方面获取客户信息,经过整理、加工、分析和研究提取与客户关系有关的知识;另一方面运用这些知识,产生正确的决策,并开展有效的行动。"[⑥]

总结以上各种定义,从狭隘的、策略性的界定到宽泛的、战略性的描述,实际上可以看成是一个连续的统一体(如图1-6所示),在这个连续体集合中,有三个基本的视角:单一技术方案、整合技术方案和客户导向的管理方法。各种论述基本可以归集在三个视角的左右。

---

① 孟凡强,王玉荣. CRM 行动手册. 机械工业出版社,2002:41.
② Emma Chablo. The importance of marketing data intelligence in delivering successful CRM. DM Review,2000.
③ 杨永恒等. 客户关系管理的内涵、驱动因素及成长维度. 南开管理评论. 2002,2.
④ SAS Institute Inc,http://www.sas.com.
⑤ 陈志宏. CRM:顾客关系管理. 经济管理. 2001,9.
⑥ 吴泗宗等. 认识 CRM——企业实施 CRM 的一个战略问题. 中国流通经济. 2002,2.

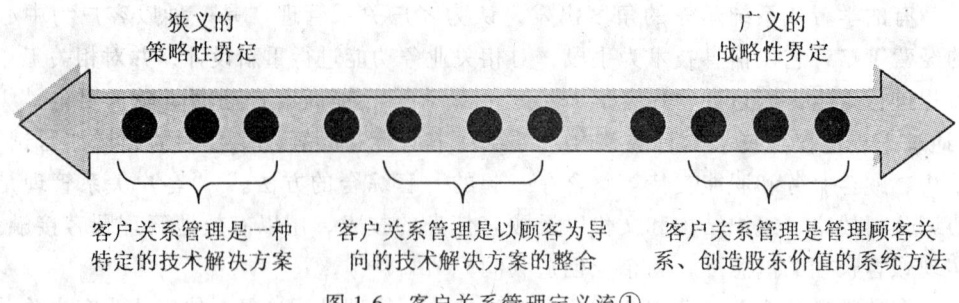

图1-6 客户关系管理定义流①

结合前面所界定的有关客户和关系的内涵，我们倾向于第三个视角，给予"客户关系管理"的界定是：

客户关系管理是运用现代信息技术挖掘和积累客户信息，有针对性地为客户提供有价值的产品和服务，发展和管理企业与客户之间伦理、情感和/或利益上的关系，培养客户长期的忠诚度，以实现顾客价值最大化和企业收益最大化之间的平衡。

这个界定倾向于运作性和实战性，它包括以下几个维度：

客户关系管理是一种倡导以客户为中心的企业经营管理思想。它并不是一种简单的概念或方案，而是贯穿于企业每个部门和经营环节的企业战略。客户关系管理涉及战略、流程、组织和技术等各方面的变革。

客户关系管理是一个系统的管理过程。它始于对顾客行为与特性的深入分析，以取得对顾客及其偏好、愿望和需求的完整认识，然后应用这些知识去制定营销战略、编制营销计划和发起营销活动，并对整个环节进行有效的评估和控制。

企业信息化是客户关系管理的基石。尽管不依靠网络、电子等信息技术，企业也可以进行一定的客户关系管理活动，但是信息技术的引进以及在整个企业范围内的推广，无疑会极大地提高企业客户关系管理的效率和效果，企业与顾客之间的沟通、顾客知识的挖掘、经营管理活动的自动化等都会因此发生翻天覆地的变化。

客户关系管理的目的是实现顾客价值最大化与企业收益最大化之间的平衡。"商业化"的理念同样需要贯彻到客户关系管理活动中。企业实施客户关系管理并不是一味地去迎合客户的各种要求，甚至是不合理的要求，而应该识别客户给企业所带来的价值有多少（当然应该是在客户的关系周期的维度内进行考虑，即客户的生命周期价值），根据客户利润贡献的大小来确定价值传递的形式与内容，并结合企业的能力和资源状况，核算价值传递的成本，从而确定关系的层次与类型，最

---

① Adrian Payne, Pennie Frow. A strategic framework for customer relationship management. Journal of Marketing, October 2005, 69: 167-176.

终实现客户与企业的"双赢"。

第三节　客户关系管理在中国的发展

尽管关系营销的理论在20世纪70年代就开始萌芽，但真正结合信息技术进行客户关系管理的实践到20世纪后期才开始出现并逐步蔚然成风，迅速传入中国。

有报告预测，全球客户关系管理服务行业（包括企业内部的服务，如咨询、培训和技术支持，和外包服务，如客户呼叫中心）到2007年收入将达到1 010亿美元，年增长率将达到11.3%[①]。2006年全球CRM软件总收入增加了13.7%，2008年预计将达到114亿美元。亚太区（除日本外）[②] CRM应用的市场收入将有望从2003年的2.241亿美元增长到2008年的4.155亿美元，其中澳大利亚继续处于主导地位，2003年市场规模为9 740万美元，预测2008年其有望增至1.452亿美元，未来5年的年复合增长率将达到8%；中国以2 580万美元的CRM应用市场收入居其次，2006年第4季度总体市场规模达到0.81亿人民币，季度增长率达到4.2%[③]，2008年市场收入将达1.086亿美元，未来5年的年复合增长率为33%，中国CRM产品市场体现了稳健增长的趋势。

一、中国客户关系管理发展历程

回顾中国客户关系管理的发展历程[④]，从初露端倪到稳健增长，大致经历了以下几个阶段：

（一）推广阶段

由于客户关系管理的概念起源于信息技术行业，软件开发商和系统提供商在最初的推广阶段中占据了主导地位。它们在介绍关系营销理念的同时，更多的突出了现代信息技术将会给企业经营管理带来的变革，从而刺激中国企业用户对客户关系管理软件及系统的需求。其中有代表性的事件包括：1999年8月6日朗讯科技（中国）公司商业通讯系统部在北京举办以"营造完美电信呼叫中心"为主题的研讨会，介绍其全新的客户关系管理解决方案，强调指出商业部门必须着眼于客户关系，提供独具特色的个性化服务，才能在网络经济时代立于不败之地。实施CRM

---

① http://www.chinabyte.com/20030408/1662186.shtml.
② IDC.2004-2008年亚太区（日本除外）CRM应用市场预测［R/OL］.2004. http://news.chinabyte.com.
③ 易观国际.2006年第4季度中国CRM市场季度监测［R/OL］.2007. http://www.analysys.com.cn.
④ 乌跃良.客户关系管理在中国的发展现状分析.东北财经大学学报，2006，6.

方案，要求企业对客户关系数据进行深入、细致的收集和分类，并采用数据仓库领域的分析技术获得对用户行为更深入和准确的了解。同年9月份，甲骨文公司开始在中国信息技术行业具有广泛影响力的媒体《计算机世界报》上连载 ORACLE 细说客户关系管理的系列文章；半年之后首次在全国举办电子商务大巡展活动，覆盖中国各个区域的主要城市，重点介绍了基于 INTERNET 平台的 ORACLE 8i 套件，包括客户关系管理系统（CRM）、企业资源规划管理系统（ERP）、供应链管理系统（SCM）、战略性企业管理系统（SEM）和 Portal-To-Go 在内的全面集成的电子商务解决方案，以及典型的成功应用案例[1]。此次活动全方位展示了甲骨文公司包括平台、应用和服务在内的电子商务策略，拉开了在中国全面推广客户关系管理理念和技术的序幕。另外，一些由技术专业人士组成的网络社区也陆续开通，如上海的企业资源管理研究中心（www.amteam.org）和北京的 CTI 论坛（www.ctiforum.com），在用户和软件提供商之间搭建起畅通的沟通平台，有效的促进了计算机电话集成、呼叫中心和 CRM 在中国的普及与推广。

（二）应用阶段

在强大的宣传攻势下，新的理念和新的管理技术给大家带来了耳目一新的感觉，许多商业用户表现出浓厚的兴趣，都将 CRM 看成了无所不能的法宝，以为有了 CRM 就有了一切，可以让企业起死回生，可以为企业带来源源不断的客户与利润。用户的热情也极大地刺激了众多软件供应商纷纷进入 CRM 行列，在 2001 年的时候，国内短短三年多的时间投身 CRM 领域的企业从原来三五家猛增到 500 家。2000 年中圣信息公司自行开发的 CRM 产品——SellWell2000 经过国家版权局的审核测试，成为中国第一套国内注册的商品化产品，先后被北京东区邮电局和上海惠氏制药公司采用。上海通用汽车公司也在同年启用了由 Siebel 公司提供、IBM 公司全球客户部集成与实施的 CRM 系统。联成互动公司和 IBM 公司也开始关注中小企业客户关系解决方案。期间中国客户关系管理网（www.crmchina.com.cn）正式开通，中国营销传播网（www.emkt.com.cn）和计算机世界网（www.ccw.com.cn）也专门开辟了 CRM 专栏，并联合一些国内外知名的软件开发商、咨询公司到各地开展巡回专题讲座，就 CRM 在企业中的实施与应用进行深入的探讨。

（三）融合阶段

然而，CRM 系统并不如起初看上去的那么美好。Gartner 集团在 2003 年的报告中指出：将近 70% 的客户关系管理项目都没有给公司绩效带来起色，甚至是亏损[2]。一些金融、通讯等服务领域的企业将实施客户关系管理的工作提上议事日

---

[1] 田同生. 客户关系管理的中国之路. 北京：机械工业出版社, 2001: 289-290.
[2] Gartner Group. CRM success is in strategy and implementation [OL]. Not software, 2003 [March 3, 2003]. http://www.garter.com.

程,但实际运行并没有取得预期的理想效果。花费几百万或上千万的软件系统不仅没有为企业带来巨额利润,相反成为了企业运行的沉重负担。在严酷的现实面前,企业用户逐渐从"技术痴迷"状态回归到管理的现实层面,注意现代信息技术与管理理念的融合、外国先进技术与国内实际情况的融合。客户关系管理软件的价格进一步下滑,越来越多的系统供应商开始关注中低端用户市场,TurboCRM 在 2006年推出万元级的小型 CRM 软件;同年,北京起点公司宣布将原价 9 800 元的低端 SynleadCRM 软件直接降到 3 800 元;而微软公司为了避免与 SAP、Siebel 等竞争对手的正面冲突,将产品直接定位在中低端市场。也有一些公司开展 CRM 系统的租赁业务,用户无需一次买断使用权,可以采取租赁、托管的形式,根据需要按月支付费用。更有甚者,以 SugarCRM 为代表的公司开始尝试开放源代码的 CRM 软件,提供收费的商业版软件和免费的开源软件,进一步降低客户关系管理应用的技术门槛和资金门槛。同时关系营销理论与客户体验、客户价值、客户资产管理理论不断兴起,促进了技术与管理的融合。由 GCCRM(www.gccrm.com)和 CRMGuru(世界上最大的 CRM 社团,美国)共同举办的中国客户管理论坛,自 2003 年举办以来,每年在上海召开的年会云集了世界顶级的客户管理管理专家学者,融合全球 CRM 理念与中国区域实际,并评选出年度客户管理大奖。2006 年,法国航空公司、贝塔斯曼直接集团营销服务部、中国平安(大中华区)、武汉多普达通讯有限公司(中国大陆)被认为在客户体验领域表现突出,中宏人寿保险有限公司获得人员大奖,上海大众汽车有限公司获得流程大奖,新华人寿保险股份有限公司获得策略大奖。

二、存在的主要问题

回顾过去几年中国客户关系管理实践的历程,尽管发展非常迅猛,前景也十分广阔,但的确存在着许多重大误区与缺陷(也是急需解决的几个问题):

(一)问题一:CRM 软件 = CRM

一些企业以为开发、安装了 CRM 系统软件,就实现了对顾客进行客户化、关系化的管理,对关系营销的精髓存在严重误解。

开发 CRM 软件是实施客户关系管理的基本前提。优良的 CRM 软件能够帮助企业更好地收集、分析顾客的信息,挖掘顾客个性化的价值,审视自身的业务流程,提高决策的信息含量和可行性。成功实施客户关系管理的企业都有一个高效、安全、简洁、友好的 CRM 软件系统。但是 CRM 软件系统并不是客户关系管理的全部,它只是企业实施客户关系管理必不可少的一个工具而已。客户关系管理的目的是通过为顾客持续提供有价值的产品/服务,建立顾客满意,保持顾客与企业之间的良好关系。单凭 CRM 软件系统的运转,是无法实现客户关系管理的目的的,关键还在于被关系营销思想武装起来的全体员工。

将 CRM 软件等同于 CRM 的结果是 CRM 软件形同虚设，许多管理人员（尤其是中下层管理人员）将其束之高阁，依旧使用他熟悉的管理方法。

（二）问题二：CRM 信息系统与营销策划脱节

CRM 中的客户信息系统是为企业营销策划服务的。由于客户信息系统中不仅记载了客户的特征信息，而且还完整保留了客户的交易信息，这些都为企业提供个性化的服务奠定了良好的基础。企业可以依托信息系统中已有的信息对客户进行市场细分、设计、传递符合客户个性化需求的价值，监测客户需求偏好的变化等。力图在网上交易竞争中保持领先地位的海通证券公司充分利用客户的交易信息、特征信息为客户提供个性化的"个人主页"。在这个个人主页上，用户能够看到自己喜欢的页面布局和色调、有关个人账户的信息、所持股票的技术图表、与所持股票相关联的资讯信息与投资参考以及适合自己水平的操作技巧知识，此外还可以下单交易。

然而，许多企业的管理者并未将 CRM 信息系统与企业的营销策略紧密地结合起来，现实生活中存在着严重浪费客户信息资源的现象。对这一个问题的忽略，导致许多企业 CRM 系统内客户信息不真实、不健全或信息编制不科学，策划人员无法从中发掘客户价值，也不知道客户到底需要什么服务，只能穷于价格战或坐等市场变化。

（三）问题三：缺乏商业化的理念

多数企业在实行客户关系管理运作的过程中，忽视了商业化的理念，即成本—效益的理念。这表现在：

1. 不估算客户的价值，造成服务支出与回报不对等。客户关系管理的一个基本目标是平衡来自顾客的价值及给予顾客的价值。也就是说企业并不是一味地满足所有顾客的所有需求，而应该区分他们的价值到底有多大，然后根据其价值的大小来提供相应的服务，这样才能保证企业在满足顾客需要的同时有利可图。一些企业已经意识到商业化的重要性，而且有所行动。譬如，一些银行建议顾客进行小额存取款时，尽量使用自动柜员机，不必寻求"柜台"服务；存款期低于一定年限或存款低于一定金额的，要缴纳一定的手续费和资金管理费；而对盈利性顾客，申请消费信贷可以减少抵押以及担保数额，并给予贷款利率上的优惠，免费提供相应的保单、一定数额的电话费、上网费以及电子汇款手续费等。如果不估算客户的价值，则将导致企业在提供服务的过程中支出与回报不对等，高价值客户的差异化感受不明显。

2. "最惠户待遇"普遍化，在提供服务时不严格区分客户。有些企业迫于竞争的压力，加强了客户服务的创新，吸引了不少竞争对手的客户和潜在客户。服务创新可能在短期内带来显著效果，这就刺激了企业不断地进行服务创新。有些企业意识到在推行服务创新中差别对待不同价值客户的必要性，对高价值客户提供如国际贸易中最惠国待遇似的"最惠户"待遇。然而,很多企业由于害怕"等级化"、"差别化"策略会引起在人数上占据优势的低端客户的不满,而将这种"最惠户"待遇普遍化,甚至在价格战中对低端客户的待遇还远远高于高端客户。这种在客户关系处理中本末倒置的行为,将极大地侵蚀企业的利润基础。

3. 扭曲个性化服务,尽可能地为客户提供其所需的所有服务,甚至包括本职服务以外的需求。一些企业对个性化服务存在一定的误解。它们要求客户经理们尽一切可能满足客户的各种要求,所以经常听到一些令人啼笑皆非的故事:一个全球通大客户给他的客户经理打电话说,他正在开一个紧急会议,无法去集贸市场买菜和到幼儿园接小孩,请客户经理务必代劳。客户经理拿不定主意,就请示他的上司。上司听后,大喜过望,认为这是与客户拉近距离的绝佳时机,立即要求该客户经理遵旨行事。有了这个先例以后,越来越多的客户提出了移动通讯服务以外的服务要求,客户经理们不得不打断正常的工作日程或牺牲自己的私人时间。其实真正的客户关系应该是一种有价值的商业关系,这种商业关系是建立在企业主营业务基础之上的,而不是盲目地讨好客户。也只有企业的主营业务与服务才能真正给客户带来价值,才能真正留住客户。扭曲的个性化服务不仅增加了企业的运作成本,也损坏了忠诚客户、大客户和内部员工的利益,损坏了企业的形象。

(四) 问题四:CRM 与 BPR 的脱节

客户关系管理如果没有进入到流程整合的阶段,那就只能是一个花架子,没有多大实际意义。许多企业为了推行 CRM,专门成立了客户服务部门,建立了客户经理制度。于是,客户关系管理就只是客户服务部门和客户经理的事,其他部门照旧运行,组织架构和业务流程都没有做相应的调整,各职能部门依然分立,服务接触界面不完善,后台支撑不到位,服务质量控制缺失。

有这样一个事例:一个客户投诉说:"我打电话给营业厅的前台小姐,告诉她们我这个月并没有到本市以外的地方使用手机通话,为什么话费单里出现了漫游的费用。她们在查看了我的话费单后,支吾地告诉我,她们也不知道具体原因,希望我能打电话到市场部去查询。我立即拨通了市场部的电话,但接电话的那位先生也无法解释。在得知我有客户经理后,他建议我向客户经理进行咨询。在接下来的一段时间里,我的客户经理帮我询问了公司账务中心的主任、网络部的经理,然后告诉我一个听不明白的名词'边界漫游',并告诉我下个月底才能退回多缴的话费。"由此可见,CRM 与 BPR(业务流程再造)的脱节严重影响了企业服务的质量与效率。

(五) 问题五:客户经理管理的忽视

这集中体现为对客户经理的选拔、培训、激励和约束机制不健全,企业无法建立起服务客户的企业文化。

1. 客户经理的素质不高。一些企业的管理者认为客户经理的工作内容就是跑跑腿、拉拉关系、服务有了缺陷就出面给客户赔个礼，所以对客户经理的选拔不够重视，通常安排一些企业的富余人员或从社会上招募一些能言善辩者充当客户经理；对客户经理的业务知识培训和职业技能培训非常少，客户经理的素质因而无法提高。低素质的客户经理当然无法为客户提供高质量的服务。一些素质低下的客户经理甚至成为企业形象的致命杀手。

2. 客户经理的地位低下。对客户经理的作用不够重视，客户经理本身的素质不高，导致客户经理在整个企业组织结构中的地位低下，有的甚至比一般销售人员还低。客户经理地位低下的状况给客户服务工作带来不少不必要的烦恼。一位通讯公司的客户经理无奈地诉说到，他每次去他所负责的集团客户那里拜访、服务时，集团客户办公室的负责人总是说他们集团是处级单位，派一个小小的客户经理来，未免太不重视他们集团了。所以，遇到重要的业务问题时，这位客户经理不得不将分公司的总经理叫上。

3. 客户经理的职责混乱。客户经理的主要职责是为大客户提供业务服务，了解客户的需求及需求的满足情况，与客户建立良好的业务关系。然而，现实情况并非如此。很多客户经理除了以上职责外，还要承担业务发展、回收应收账款等任务。这种"几位一体"的模式使客户经理成了"救火队员"，哪里出现紧急情况，他们就冲向哪里。这不仅混淆了企业的内部分工，增加了管理的难度，而且混淆了客户经理工作职责的主次地位，削弱了客户服务的功能。他们整天忙忙碌碌，但往往没有一点成就感。

4. 客户经理的激励机制不科学。在"几位一体"模式下，企业对每一项职责都有相应的奖惩规定。这种激励制度最终的结果是，引导客户经理总是做最有利可图的而不是最应该做的工作。比如有的移动电信运营商规定，客户经理每卖出一张SIM卡，可以获得10~30元不等的代办费；欠费回收率达到97%，奖励100~500元，每提高一个百分点，另外奖励200~500元。这种规定有利于缓解移动电信运营商当前面临的困境，但是它最终导致客户经理经常压缩访问客户时间，而且一见到客户总是离不开两件事：鼓励客户再多买一张SIM卡和追讨欠费。

在网络经济和全球经济的冲击下，基于关系营销的思想实施客户关系管理战略，对广大企业而言，已经成为一个刻不容缓的重大课题。然而，多数实施客户关系管理的企业却并未如期地出现显著的绩效改善和能力提升，客户关系管理也是虚有其表，并无实质内容，顶多只是企业追赶时髦、便利对外宣传的一个幌子，直接对关系营销理论、客户关系管理工具的推广运用造成了十分不利的影响，甚至危及整个相关咨询行业和软件开发行业的繁荣；企业在具体运作客户关系管理时也经常出现诸如以上的误解与缺陷，甚至出现严重的偏离，给企业和社会造成巨大的损失和浪费。尽管并非所有的企业在推行CRM的过程中都出现过上述问题，但它们确实存在，而且极容易发生。我们提出来，希望能够引起大家足够重视。

第二章 客户关系管理流程

前面我们已经看到学者们从三个不同视角对客户关系管理的内涵进行界定,进而衍生出不同的应用方向:战略层面、操作层面和分析层面。然而,不管遵循哪种观点,实施客户关系管理必须有完善的流程。通过本章的学习,你需要掌握系统整合的客户关系管理战略流程观念,客户关系管理价值链的概念、核心流程与支撑平台,以及彼此之间的联系。

第一节 流程管理导向与运作框架

在关系营销和顾客价值理论深入研究的基础上,在电子网络技术的推动下,客户关系管理进入了实际运作的阶段,由于对客户关系管理存在不同的认识,企业应用分化为三个迥异的层面。分析型 CRM 侧重运用数据仓库和挖掘技术来共同提升企业与客户的价值;操作型 CRM 强调客户接触活动的规范化、条理化,努力实现营销规划、销售活动与顾客服务的自动化,从而提高顾客服务的效率与效果;战略型 CRM 则重视发展客户导向的企业文化,通过关注工作细节和培养员工习惯逐步实现公司整体战略的转变。我们觉得这三种应用并不是截然分开或对立的,可以通过发展科学系统的管理流程将它们整合起来,融入到一个完整的客户关系管理运作框架中,实现相关利益者的共赢。

一、流程管理的演进

现代企业组织的演化可以追溯到两个历史渊源:工业革命和法律演变。发端于 18 世纪 70 年代英格兰的工业革命不仅实现了动力机制或生产力方面的巨大转变,以机械动力代替人力,而且促成工商组织内部的管理机制(也是生产关系的一种)发生质的突破,工厂体制使得工商业发展到从前无法达到的规模。另外,以"承担有限责任的法人"为代表的公司法的出现,直接导致了职业经理阶层的兴起,所有权与经营权分离,企业内部管理机制因此而变得更加复杂起来。实践的发展需要理论界对企业内部的工作组织方式进行细致、科学、缜密的剖析与研究。

早期的研究主要集中在以泰勒(Fredrick Taylor)为代表的科学管理学派(Scientific Management)。他们将研究的重点放在正式组织的结构方面。以劳动分工、职能、结构和控制幅度为支柱的科学管理学派很大程度上体现着 X 理论的思想,把工人作为机械来对待,按照最优原则布置其在流程中需要的地方。科学管理学派对整个工作的机械流程研究得非常透彻。

不过,随着社会关系的深入发展,这种机械的观念受到了随后出现的强调人与社会因素的方法的挑战。从工业心理学和社会心理学理论中吸取了大量内容的行为学派(Behavior School)信奉 Y 理论,认为人的因素同样重要,死板的工作流程、枯燥单一的工作内容会极大地挫伤工人的积极性,导致工作效率低下。所以,如何领导、激励员工成为这个学派研究的重点。

受行为学派思想的影响,在很长一段时间里,企业管理的理论家们对人的研究重于对流程的研究。学术界里弥漫着领导才能、企业家素质、员工激励机制、企业文化等论题。然而,网络经济的急速蔓延和渗透以及全球经济一体化进程的加剧,打破了这种倾斜的局面。在新的市场环境里,企业需要的是灵活、速度和反应,而这一切都有赖于企业内部管理流程的革新与提炼,流程优化和业务流程再造(BPR)成为管理领域最时尚的话题之一,不禁让人有重回"泰勒时代"的感觉。

在全面质量管理、BPR 等理论基础之上,流程管理领域出现了最新的理论体系:6σ 管理法。

6σ 管理法在 20 世纪 80 年代晚期出现于摩托罗拉。当时,由于日本竞争对手的猛烈攻击,摩托罗拉的市场份额不断下滑,公司的领导人也承认产品的质量不如日本竞争对手。1987 年,摩托罗拉通信部门的负责人费希尔(George Fisher),后来成为柯达的 CEO,发明了一种革新性的质量改进方法,即 6σ 管理法。6σ 管理法给予摩托罗拉的是一种对顾客需求满足情况进行简单而持续的跟踪和比较的方法,以及对产品实际使用质量所期望目标的不懈追求。在公司主席高尔文(Bob Galvin)的大力支持下,6σ 管理法在整个摩托罗拉公司范围内得到广泛推广,并取得了意想不到的显著成绩。实施 6σ 管理法仅仅两年,摩托罗拉就获得了鲍德里奇(Malcolm Baldrige)国家质量奖;实施 6σ 管理法 10 年后,摩托罗拉的销售额增长了 5 倍,利润每年增加 20%,累计节约 140 亿美元。彻底将摩托罗拉从失败的边缘拉回到正常的发展轨道上来。随后,摩托罗拉 6σ 管理法的咨询人员将它推广到了通用电气(GE)和联合信号公司(AiliedSignal,后合并为 Honeywell),帮助它们在不到 4 年的时间里获得了数十亿美元的收益。6σ 管理法的巨大成功开始吸引着越来越多的追随者,从金融服务行业、运输行业到高科技行业,都有许多公司加入到实施 6σ 管理法的行列中来,如杜邦、道化学、联邦快递、强生、柯达、宝丽来、索尼、东芝等。一时之间,6σ 管理法成为质量改进和流程优化的新宠。

在统计学中,小写的希腊字母"σ"(Sigma)代表着"标准差"的意思,用来衡量任意一组数据偏离平均水平的程度。管理学者们借用这个概念来表示工作流程中实际出现差错或缺陷的频率。如果流程中每 100 万次缺陷机会中实际发生

690 000次缺陷，即是1σ；实际发生308 000次缺陷，即是2σ；依此类推，6σ表示流程中每100万次缺陷机会（DPMO）中实际发生的缺陷次数为3.4次，此时的成功率为99.9997%。简单的σ转换表见表2-1。

表2-1　　　　　　　　　　　σ转换表

正品率（%）	DPMO值	σ值
30.9	690 000	1
69.2	308 000	2
93.3	66 800	3
99.4	6 210	4
99.98	320	5
99.9997	3.4	6

很明显，6σ的目标（即流程中每100万次缺陷机会中实际发生的缺陷次数仅为3.4次）是很难达到的，但6σ管理法的始作俑者的真实目的并不在此，他们提出这么一个尽乎完美的目标，只是希望企业能够持续不断地优化企业的运作流程，不断地减少缺陷的发生，力争尽善尽美。99.9997%是激励企业不断改进的动力。

与旧式的全面质量管理和业务流程再造相比，6σ管理法的革新之处在于：

1. 真正从顾客需求出发

最好的6σ管理法方案不是从企业内部开始的，而是从企业外部出发的。6σ管理法首先要求企业对自己所服务顾客的需求有一个清晰的认识，以此来确定哪些东西是重要的，哪些东西是次要的。另外，整个流程的运作绩效和改进程度都是以顾客的满意程度和顾客感知价值的大小为标准来测量的。总之，在6σ管理法确定的闭环系统中，不仅出发点和回归点都是顾客需求，而且对它的关注贯穿着整个系统的运作过程，真正体现了"营销观念"的思想。

2. 注重数据和事实

6σ管理法拒绝"拍脑袋"式的决策方式，主张依靠数据和事实来进行各项管理。在6σ管理法的运用中，统计数据、流程图表和各种分析方法是必备的，每一步行动的开展和推进都是基于对关键变量与最优目标的分解。

3. 关注流程

6σ管理法不仅强调对单一业务流程的分解与把握，同时要求企业管理层具有流程全局观念，对本部门和本企业的整个流程有一个总体认识。在6σ管理法里，业务流程就是采取行动的地方。不管是设计产品和服务、评估绩效，还是提高效率和顾客满意度，甚至是运作整个业务，6σ管理法都把业务流程作为成功的关键

4. 主动管理

6σ管理法要求管理者必须确立远大的目标并且经常检查；必须确立各项业务的优先次序、轻重缓急；注重预防而不是忙于救火；经常关注业务运作的细节；经常质疑做事的目的而不是盲目询问如何做。

5. "无界限"合作

6σ管理法通过在整个公司范围内的流程整合，打破公司内部部门之间和上下级之间的隔阂与障碍，促进组织内部横向和纵向的合作，创造团结合作的管理结构和文化氛围。6σ管理法认为，成功的流程改造和优化必须有组织结构优化的配合。

6. 追求完美，容忍失败

执行新方法、贯彻新理念，必然有风险。一味地追求完美而不能容忍失败，只会导致畏手畏脚，永远不敢进行新的尝试。6σ管理法既鼓励公司向着更好的方向持续努力，同时也愿意接受并控制偶然发生的挫折。

在以上革新思想的指导下，6σ管理法具体的实施可以分为五个大的步骤：

1. 辨别核心流程和关键顾客

首先对组织中最为关键的一些跨部门活动及其与外部顾客之间的联系界面进行清晰、全面的整体了解，重点弄清：公司的核心流程或价值附加流程是什么（规模限制在1~2个流程）；公司给顾客提供什么产品和服务；公司的流程是怎样"流"的。

2. 定义顾客需要

在对公司的基本情况有一个大致了解之后，接下来要做的是了解你的顾客到底需要什么？你需要通过各种途径收集顾客需求方面的信息，建立顾客信息系统；从信息系统中剥离、归总出独立的需求属性；对各个需求属性进行排序，从而确定不同的顾客细分市场。

3. 评估公司当前绩效

在明确了顾客的需求之后，接下来就可以根据可定义的顾客需求对每个工作流程的绩效进行精确的评估，从而建立起评估关键产出或服务特征的评估体系。这种评估有对当前流程绩效的历史纵向评估，也有对各个流程之间的横向绩效比较，通过评估确定每个流程的σ数。

4. 辨别优先次序，分析和实施改进

在对各个流程进行了缜密分析和精细评估的基础上，你可以按照每个流程在整个企业运行过程影响的大小和对它实施改进的可行性进行排序，从而确立改进的优先项目。同时，你还需要确定流程优化的方式：是温和、连续的流程改进还是革命、激进的流程再造。前者是对现有流程进行修补和完善，后者则是完全废弃原有流程，按照新的需要创立新的流程。

5. 扩展并整合 6σ 管理法系统

仅仅通过短期的改进方案是无法达到真正的"6σ 管理法绩效"的，企业需要紧紧围绕 6σ 管理法的主题和方法，实行持续的业务流程改进活动，最终使 6σ 管理法的主题和工具成为企业日常业务环境中的一部分，从而形成"6σ 管理文化"。

我们可以看出 6σ 管理法能够围绕着顾客的需求对企业业务流程进行正确、高效、持续的优化，从而不断提高企业的市场反应速度和运营绩效，而这一点正是任何一个实施客户关系管理（CRM）战略的企业必须具备的要求和素质。在 6σ 管理法指导下的业务流程改进或再造是 CRM 实施和推进的基本保障。脱离了业务流程的改进和支撑，CRM 只会成为企业追赶时髦的花瓶。

二、关于客户关系管理流程的探讨

在借鉴流程管理理论的基础上，理论学者和实业人士都纷纷对客户关系管理的流程进行了深入的研究探讨。

1993 年莫伊拉·克拉克等人在古拉克（1980）商业体系理论和波特（1985）价值链理论的思想上，提出了关系管理链的模式。其核心观念是：在价值链上自始至终创造和维持互惠互利的优越关系，最终实现客户价值的增加。

具体来说，首先，它将六大市场简化为内部和外部两大市场，关系链的管理是在两大市场协调运作的框架下进行的，而关系链管理也必须保证内部市场与外部市场不断融合；同时，内部市场与外部市场的分类，将员工的满意度提高到了非常重要的地位。

在两大市场整合计划的支撑下，整个关系链管理流程分为五个步骤：

确定价值内涵；市场细分、目标和定位；确定运作和交付系统；对已交付的价值进行分析、评价；控制与反馈。

第一步：确定价值内涵

企业首先需要明确的，是顾客需要企业提供哪些价值以及企业能够为顾客提供哪些价值。解决这两个问题，需要企业对顾客、企业自身以及竞争者有比较深入的研究。

在服务领域里，为了明确顾客的价值内涵，企业需要做的工作包括：

1. 确定关键的服务要素

首先，企业需要明确顾客如何衡量服务与 4P 之间的重要性；相对于 4P 而言，他们赋予服务的权重是多大？

其次，顾客对服务单个要素的重要性又做如何评价？

2. 测量服务偏好

运用替换技术（Trade-off）测量出顾客对服务中每个元素的偏好程度。

3. 竞争标杆测量

明确顾客如何评价公司和竞争者在重要服务要素方面的表现。

第二步：市场细分、目标和定位

在对顾客、公司和竞争者分析的基础上，可以按照顾客的价值需求对顾客进行归类；对每个群体进行盈利性分析；完善顾客档案；为不同的群体确定不同的关系战略和服务战略。

第三步：确定运作和交付系统

明确了顾客价值需求和公司的发展战略后，接下来就是如何以最小的成本将优质的服务交付给顾客，实现顾客价值最大化。

达到这一目的的途径是：大规模定制化、服务交付的细分、与供应商的伙伴关系、流程改造与提升。

第四步：对已交付的价值进行分析、评价

服务交付之后，企业需要对已交付的价值做一番分析和评价，大致估算出顾客所获取的净价值。净价值＝服务价值＋产品价值＋人员价值＋形象价值－货币价格－时间成本－精力成本－体力成本。

第五步：控制与反馈

监控整个服务流程，研究员工的满意度和顾客的满意度，作为以后战略制定的基础。

莫伊拉·克拉克等人按照管理的一般流程（分析、计划、执行、控制）对关系管理链的运作做了一个比较清晰的描述，基本勾勒出关系营销实践运用的框架。但是，有些地方还存在着逻辑混乱、遗漏和重复的弊病。比如，数据库营销的内容应该归在运作体系中，而不是细分与定位的部分；缺少关系营销策略（尤其是关系定价）的内容；第四步的内容实际上也是顾客满意度研究的范畴。

基于这些问题，佩恩教授1995年再次谈及关系管理链时，对它进行了调整，见图2-1。

1. 在模型中明确提出了顾客价值链的概念，避免了以前将服务与其他4P过分分割的狭隘视角，因为顾客的价值是靠服务与其他营销工具一起创造而得的，而不单单只是服务的功劳。

2. 强调以顾客价值为细分基础而不仅仅是服务偏好。

3. 将对已交付的价值进行的分析归入评价和反馈部分，使得流程更清晰、简单。

4. 另外，也提到了企业需要将客户关系管理制度化的问题，其中一个非常重要的话题就是"关系经理"的出现以及对他们的授权、激励与监督。这个话题的出现，表明关系营销的运作研究已经直接楔入企业的微观层面，开始与企业在具体运作中出现的问题直接结合起来。

在关系管理链理论的基础上，巴特尔（2004）和邬金涛（2002）沿用波特的

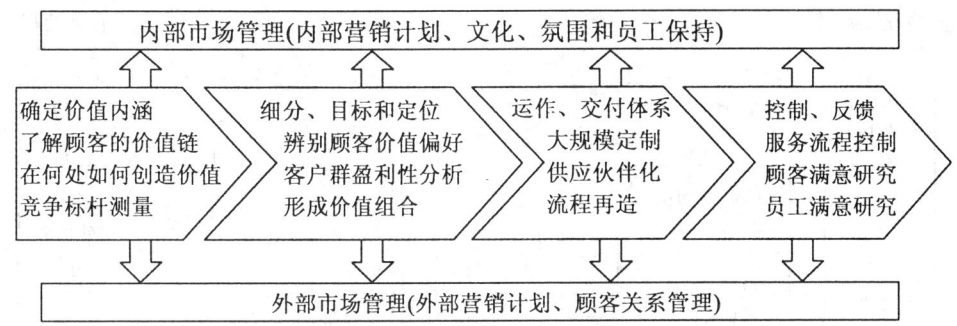

图 2-1 关系管理链

资料来源：Adrian Payne, Martin Christopher, Moira Clark, Helen Peck. Relationship Marketing For Competitive Advantage. Butterworth-Heinemann, 1995.

价值链理论将客户关系管理流程分解为核心流程与支撑平台，核心流程基本遵循客户关系管理的一般顺序：从客户价值识别、设计、传递到评估；支撑平台明确为信息技术、组织变革与流程优化等。

瑞纳茨（2004）等人根据企业与顾客关系发展的规律将客户关系管理流程分为起始、维系和终结 3 个阶段和 9 个构念（起始阶段顾客评估、顾客获取管理、顾客恢复管理、维持阶段顾客评估、顾客维持管理、销售提升与交叉销售管理、推荐管理、终止阶段顾客评估、顾客退出管理），并提出每个阶段工作的重点[1]。但这些构想遭到了佩恩（2005）等学者的批判，他们觉得客户关系管理的流程应该与战略紧密相关，在确定和选择 CRM 流程时，应该遵循 6 个标准：有助于组织目标实现、对价值创造过程有贡献、战略性、结构清晰、打破部门或职能的界限和有助于实践者理解和开发 CRM 战略活动，并在广泛定性研究的基础上提出客户关系管理的 5 个通用流程：战略开发、价值创造、多渠道整合、信息管理和绩效评估（如图 2-2 所示），并区分了不同规模公司在选取通用流程时的差异[2]。

与此同时，实业界也表现出对客户关系管理流程的极大关注。最早提出 CRM 概念的 Gartner Group 强调企业的战略、业务流程、战术、技能与技术等 5 个领域对实现 CRM 的企业来讲同样重要，5 个环节相互联系、相互促进。CRM 是一个循环往复的过程，是一个螺旋式提升的过程。企业通过对这 5 个领域的协同工作以及

---

[1] Reinartz Werner, Krafft Manfred, & Wayne D. Hoyer. The customer relationship management process: its measurement and impact on performance, Journal of Marketing Research, august 2004: 293-305.

[2] Adrian Payne & Pennie Frow. A strategic framework for customer relationship management, Journal of Marketing, October 2005, 69: 167-176.

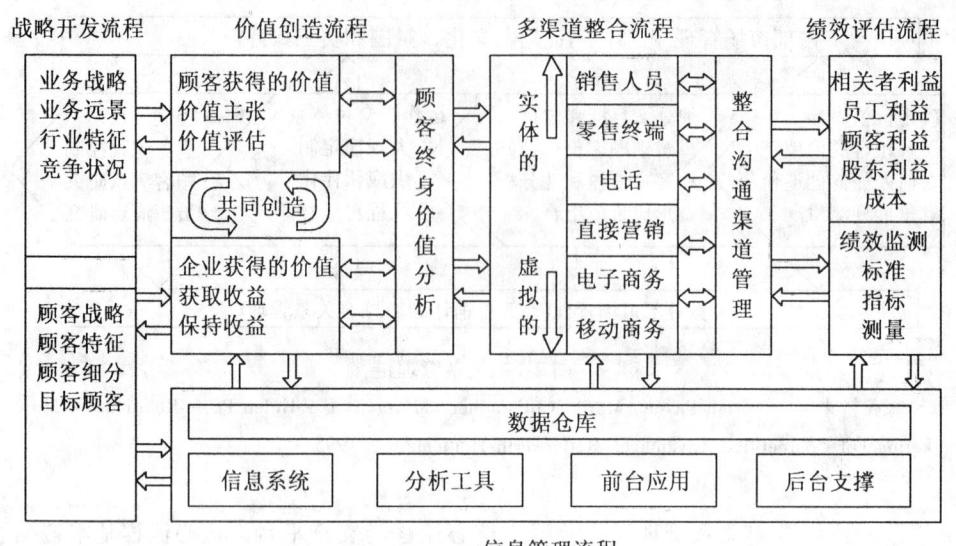

图 2-2 客户关系管理战略流程图

互相驱动,使企业的 CRM 进入到一个良性循环的轨道。为了成功实施 CRM,首先要领导挂帅,从高层开始建立一个实施客户关系管理的领导小组,授权推动文化的认同和整个项目;其次要对内部的业务流程进行改变,培训和教育员工去适应以客户为中心的理念和要求;最后还要对企业外部的环境进行监控。

甲骨文公司认为所谓的客户关系管理就是为企业提供全方位的管理视角,赋予企业更完善的客户交流能力,使客户收益率最大化。它包括一对一和交互式的客户服务,大规模的客户化定制服务,客户关怀和亲密接触服务,最大化客户价值,简化业务处理流程以及加强客户交流等。和企业资源规划(ERP)应用系统一样,客户关系管理解决方案着重于业务活动的自动化和改进流程,尤其是在销售、市场营销、客户服务和支持等与客户直接打交道的前台领域。

SAP 公司认为成功实施 CRM 的条件为:确立合理、可行的项目实施目标;高层管理者对 CRM 项目的理解和支持;CRM 项目的正确定位;有效地控制变更管理;项目实施组织结构的建立;明确项目参与人员的考核及奖惩制度;选择软件产品供应商及实施伙伴。

NCR 公司认为实施客户关系管理,主要是企业的组织、流程以及文化方面的变革。企业实施 CRM 的重点在于:寻找正确的客户;提供正确的产品和服务;在正确的时间与客户接触;利用正确的渠道为客户提供服务。

IBM 公司把客户关系管理分为三类:关系管理、流程管理、接入管理。它认为企业实施 CRM 需要考虑的四个方面为:是否为客户与企业的沟通提供了不同的渠道；是否有计划地为客户提供了个性化的服务和内容；不断收集有关客户的各种信息；提供一致性的服务内容和水准。IBM 帮助上海通用汽车公司实施 CRM 的四个步骤是：集中客户信息；提高协同工作的效率；开拓新的渠道；客户细分。

惠普公司认为一个企业的 CRM 流程应当由 4 个阶段组成：信息管理阶段；客户价值衡量阶段；活动管理阶段；实施管理阶段。4 个流程构成企业 CRM 闭环的流程。企业实施 CRM 可以分为 6 个阶段：定义企业的战略目标；定义 CRM 实施的目标；与客户一起制定 CRM 的进程；和客户一起讨论商业模型和组织结构的状况；根据需求来定义需要什么样的 CRM 产品；与客户一起回顾 CRM 项目的全过程。

中国客户关系管理资深的实战人士田同生（2001）认为 CRM 的重心应该放在过程管理、客户状态管理、客户满意度管理以及客户成本管理等方面。他认为做好客户关系管理必须要有一套完整的运作流程，这包括搜集资料；分类与建立模型；规划与设计市场营销活动；进行活动测试、执行与整合；实行绩效的分析与考核等内容。

三、面向客户的战略流程框架

在吸收借鉴国内外学者与专家的观念、思想和方法的基础上，我们觉得客户关系管理的运作框架应该至少具备以下三个特征：

1. 面向顾客。客户关系管理的运作首先从了解客户的价值链开始，包括顾客的价值、偏好和期望；其次开发让客户感觉有价值的服务内容；然后以最小的成本将这些服务"有质量"地传递给客户；再将以上的行为程式化，持续为客户提供有价值的服务；最后监控以上进程的运作与变化。整个客户关系管理的流程应该面向客户，以客户为中心。

2. 战略性。客户关系管理活动作为企业经营活动的重要组成部分，首先应该与企业的战略保持一致，必须有助于企业战略目标的实现。其次在整个客户关系管理活动中也应该具有全局观和战略性视角，要兼顾企业与顾客的长远利益，将顾客关系作为一种资产来经营，基于顾客的终身价值发展与顾客的关系，进行顾客关系的周期性管理。

3. 整合性。客户关系管理不应该只是营销部门的责任，需要跨越部门与职责的界限，在企业内部与外部之间形成通畅的沟通，所以要求企业在组织结构、企业文化、业务流程、经营策略与信息化程度等方面进行"面向客户"的变革，实施全员营销，将所有的资源整合在一起，为客户关系管理的关键活动提供支撑，共同实现企业价值最大化和客户价值最大化的平衡。

在以上原则的指导下，我们依然借鉴波特的价值链理论，将面向客户的客户关系管理流程分为两个部分：核心流程与支撑平台。核心流程包括：客户组合分析、客户信息积累、客户价值设计、客户价值传递、客户周期管理和绩效评估。核心流程运行的质量有赖于企业信息化程度、内部组织变革和流程优化等基础性工作。通过核心流程与支撑平台的整合,企业为客户提供持续的效用和满意等价值,并因此而获得利润和忠诚。见图2-3。

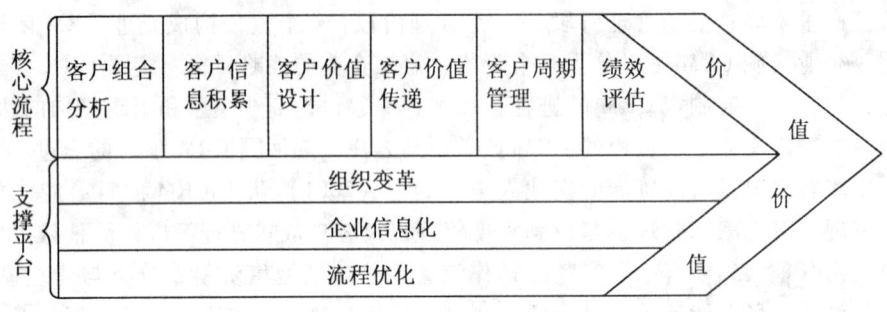

图2-3 客户关系管理运作框架

第二节 关键流程

面向客户的客户关系管理流程包括6个核心环节,从分析、计划、执行到控制,构成一个闭环的管理过程。我们后面将逐一详细探讨,这里先简要介绍一下各自的主要内容以及彼此之间的联系,帮助大家对整个客户关系管理的核心内容有一个初步的认识和了解。

一、客户组合分析

客户组合分析是成功运作客户关系管理(商业化)的前提。为了提高营销活动的效率和效果,企业需要改变以往大规模营销的模式,实施精细化管理,有选择的为客户提供服务。这种选择至少存在三个层次:

(一)寻找目标客户

对于掌握有限资源的企业而言,不可能满足所有客户的所有需求,也不能如以往那样推行标准化、大规模的营销模式,必须按照一定的标准对潜在的顾客群体进行细分,根据竞争格局和自身情况从中选择合适的目标顾客群体,作为今后服务的对象。寻找目标客户的行为往往可以带给企业意想不到的效果。当全球航空公司在热火朝天的进行价格倾轧时,斯堪的那维亚联合航空公司(SAS)对目标市场进行了重新定义:集中发展欧洲民航运输产业中的一个特定市场——经理阶层,即产品——民航运输、需求——商务旅行、客户——经理、地域——欧洲。这一客户群体的特定需要是:在陆上和空中的准点、安全、个性化和舒适。为此,SAS开发了许多服务项目来适应，例如，为实现在陆上提供舒适服务的目标，SAS 保证在欧洲和美洲城市的 SAS 宾馆可以直接订座；SAS 拥有一支供租用的车队，由豪华轿车、直升飞机和普通轿车组成，用于接送旅客；在一些城市 SAS 还提供一种将旅客的行李从办公室或 SAS 宾馆运送到机场的特殊服务；在机场备有适当装饰、供旅客使用的特殊房间；更换了服务人员的旧制服；职员重现培训，以改进服务水平和提高处理突发事件的能力。简言之，即向目标顾客提供门对门的服务。与此同时，SAS 减少了对其他市场领域的注意，包括飞机租赁、经济舱座位的提供、货运、旅游航班、低关税航运市场部门等。西南航空公司（SWA）选择了完全不同的目标群体作为服务的对象：自费外出旅游者和小公司的商务旅行者，满足他们轻松活泼但费用低廉的短途旅行需求，取消电话定票服务，简化登机程序，取消头等舱，不提供行李转机服务，不提供餐饮服务等。目标顾客的正确选择使得西南航空公司获得了降低成本、提高效率的收益：办理登机时间比别的航空公司快 2/3，飞机在机场一个起落只需 25 分钟（其他航空公司要 40 分钟）；去掉头等舱（3 排×3 个 = 9 个座位），增加 24 个座位（4 排×6 个）；取消餐饮服务后服务人员从标准配置的 4 个减少到 2 个（每人年薪为 4 万 4 千美元，且工资占公司用于员工成本费用的 1/4 或 1/5）；取消机上餐饮设备，增加了 6 个座位；不提供餐饮服务，原着陆后 15 分钟的清洁时间也不必要了；增加了航班量（一般航空公司为 6 趟，SWA 是 8 趟）；机票售价只要 60～80 美元，大大低于其他航空公司的 180～200 美元。西南航空公司成为世界上盈利能力最强的航空公司之一。

（二）寻找有价值的客户

不是所有的客户都是有价值的客户，企业在确定目标顾客群体之后，需要对客户的直接和间接的贡献价值进行评估，从中选择有价值的客户，为之提供服务。联想集团综合运用客户终身价值、心理因素和使用频率等细分变量将客户分为四层：铂金客户、黄金客户、钢铁客户和重铅客户，并设立大客户市场部，由熟悉相关行业与领域的专业服务人员组成客户服务小组，向铂金客户和黄金客户等大客户提供最优质的服务，提高客户的满意度[1]。2007 年 4 月，国内白酒业巨头茅台宣布对普通终端销售量削减 20%，将每年仅有的 1 万吨产量更多的用于给国内 500 强企业、政府及军队等特殊渠道的特供酒。茅台之所以要削减普通终端的供应量，拓展特供酒的比例，主要考虑要与这些特供渠道的优质客户建立良好关系，培育品牌忠诚度，同时也可以通过这些国内最优秀的企业和备受关注的机构来宣传体现茅台"国酒"的品牌地位[2]，兼顾客户的直接价值和间接价值。

---

[1] 郑方华. 客户服务技能案例训练手册. 北京：机械工业出版社，2006：258.
[2] 伍静妍. 普通终端销售量削减两成，茅台抢占高端特供资源. 第一财经日报，2007-04-10：C3 版.

选择有价值的客户,还要兼顾客户的当前价值和未来价值,或者说应该从顾客终身价值的角度来评价顾客价值的大小。招商银行信用卡业务部一直把高校在校大学生作为业务推广的重点对象之一,尽管他们当前的消费能力有限,信贷消费的愿望不强烈,盈利的空间非常小,但招商银行还是频繁进驻大学校园,进行大规模的宣传促销活动,利用各种优惠手段刺激大学生开卡,并承诺每年只要进行6次刷卡消费,无论金额大小,都可以免除信用卡的年费,甚至还推出了各种时尚、炫彩版本的信用卡,赢得了广大年轻客群体的青睐。通过前期的开发和维护,大学生毕业以后,当紧随而来的购房、购车、结婚、生子、教育等大项消费需要分期付款和超前消费时,招商银行巨大的利润空间就开始显现。

(三) 寻找合适的关系战略

不是对所有的客户都应该发展贴身亲密的关系,这决定于客户的类型和客户对关系的需要。我们可以根据客户的终身价值对客户进行细分,了解他们对关系类型的偏好,进而发展合适的关系战略和策略。联想集团了解到铂金层级的客户是典型的产品大量使用者,对价格并不十分敏感,愿意花钱购买,愿意试用新产品,对企业比较忠诚,赢利能力最强,而且有巨大的发展潜力,他们的业务总量在不断增大,未来在增量销售、交叉销售方面尚有巨大潜力可挖。对于铂金客户应该加强获取和维护的力度,优先、重点向他们配置企业最优的服务与营销资源。但同样是铂金客户,有时候对关系的类型偏好却大相径庭,有的商业用户侧重简单的、自动化的交易,讨厌客户经理天天充满温馨的问候,"闲聊"一些与业务无关的事情;有的个体客户却总希望客户经理能记得他喜欢打网球,一起谈谈最近的股票行情,生日的时候收到精美的贺卡和温馨的祝福。

二、客户信息积累

企业对目标顾客需求与偏好的深入了解,有赖于客户信息的积累,并将客户信息转化为知识,应用到具体的营销决策中。客户信息积累是一个长期、系统的过程,企业应该根据决策需要确定客户信息结构,并持续收集和更新客户信息。完善的客户信息有助于制定科学的营销决策。

英国连锁超市Tesco公司通过会员卡制度已经收集了600万份顾客资料,包括顾客地址、购物时间、地点,甚至他们喜欢可口可乐还是百事可乐。零售业的龙头老大沃尔玛在20世纪80年代建立客户数据库,用于记载客户的交易数据和背景信息,1988年客户数据库容量为12GB,1989年升级为24GB,以后逐年增长,1996年其数据量已经达到7.5TB(1TB=1 000GB),1997年为了圣诞节的市场预测和分析,沃尔玛将客户数据容量扩展到24TB,时至今日,该数据库容量已经超过100TB,成为世界上最大的客户数据系统。利用客户数据库,沃尔玛对商品购买的相关性进行分析,一个意外的发现是:跟尿布一起购买最多的商品竟然是啤酒。按照常规思维,尿布与啤酒风牛马不相及,若不是借助于客户数据库系统,商家决不可能发现隐藏在背后的事实:原来美国的太太们常叮嘱她们的丈夫下班后为小孩买尿布,而丈夫们在买尿布后又随手带回两瓶啤酒。既然尿布与啤酒一起购买的机会最多,沃尔玛就在它的一个个商店里将它们并排摆放在一起,结果是尿布与啤酒的销售量双双增长。①

北京四创文仪办公设备经营有限公司是国内较早经营各种办公设备及耗材的公司,代理惠普、松下、东芝、佳能、施乐等著名厂商的多种产品,并负责产品的售后服务。该公司 2001 年 4 月使用 TurboCRM 公司的客户关系管理系统,逐步建立和完善客户数据库,为客户服务业务提供有力支撑。如对购买了复印机的客户,在他的信息表中有一个"复印"的记录,及客户每个月的复印量,有了这条信息,再根据客户购买的复印机机型,就能够估算出该客户什么时候需要再次购买墨粉、纸张等耗材,提前主动与客户联系,询问耗材需求的情况,变被动销售为主动服务,提高客户的保持率。同时,定期对客户进行拜访,检查其办公设备运行情况,并将设备使用情况、故障出现频率、故障排解方法、更换的部件、维修后的使用情况等一一记录到客户信息系统中,在此基础上进行需求分析,提供相关保养服务的建议,帮助分析设备使用不当的地方,提醒客户使用时应该注意的环节②。

三、客户价值设计

客户价值的设计来源于真实需要的挖掘,而需求的真实性取决于对客户理解的完整性。为客户创造价值的途径很多,产品、服务、流程、人员、品牌、渠道等方面的创新或重组都可以提高客户的满意度。

开发出令客户满意的价值组合,首先需要对"价值"的内涵进行科学的界定,客户重视的是感知价值,而且是让渡价值,是效用与付出之间的对比。所以,客户价值设计理论上可以从增加效用和减少付出两个方面着手。

1988 年开业的英国快餐连锁店 Pret A Manger(法文,意思为可以食用)注意到现在城市里的上班族越来越希望能够更快地进午餐,饭菜新鲜、有益健康,就餐环境舒适,价格合理。Pret A Manger 于是用最好的配料,每天按照高级餐厅的标准做出新鲜的三明治;而提供食物的速度却比餐馆快,甚至比一般快餐店要快;餐饮环境整洁,价格也合理。走进一家 Pret A Manger 快餐店,就像走进一家明亮的装饰艺术工作室。靠墙摆放着干净的冷藏货架,里面的三明治多达 30 余种,平均价格为 4~6 美元,所有三明治都是店内用当天早晨送来的新鲜配料做成的。人们也可以选择其他当日制成的新鲜食品,比如沙拉、酸奶、冰淇淋、鲜榨果汁和寿司。

---

① 戴永良. 客户资源管理. 北京:中国戏剧出版社,2001:80.
② 郑方华. 客户服务技能案例训练手册. 北京:机械工业出版社,2006:52.

每家快餐店都有自己的厨房,而非时鲜的食品则来自高品质的生产商,即使是在纽约的店内,Pret A Manger 的长面包也来自巴黎,牛角面包来自比利时,奶品来自丹麦。任何食物都不过夜,每天剩下的食物都送给无家可归者。除了提供新鲜、健康的食品外,Pret A Manger 还在服务流程方面进行改进,将原先的排队—点餐—付款—等候—接餐—就坐的购买程序调整为浏览—取餐—付款—离开,不为顾客提供就餐服务,顾客从排队到走出餐厅平均只用 90 秒,好像在超级市场一样。今天 Pret A Manger 在英国的 130 家店面每年售出 2 500 万个三明治,在纽约和中国香港也开设了分店。在 2002 年,它的销售额超过 1 亿英镑,快速而稳定的增长潜力使得快餐业巨头麦当劳购买了其 33% 的股份。①

与客户互动、创造客户体验也是客户价值的重要源泉。哈雷机车于 1983 年成立客户俱乐部(Harley-Davison Owner Group,简称 HOG),开展各项体验活动和优惠事项,并致力于将会员单纯的骑士身份转变为快乐的爱车族。比如每年都要在固定的地方举办全国性和区域性的车主聚会,吸引成千上万的车主从四面八方赶来,在聚会上,车主可以展示自己的摩托车,观摩别人的摩托车,开展摩托赛车比赛,试驾新款摩托车等。另外也不定期地组织车主跨区域巡游,1996 年的 66 号公路巡游的主题定为"重回西部淘金梦"和"探寻好莱坞之谜",持续 1 周,吸引了 350 多位车手在 66 号公路上结成长龙,浩浩荡荡开往洛杉矶。这一段经历让所有参与者终身难忘,印象深刻,每当回忆起来,都十分自豪。不少人在巡游结束的时候,还将 66 号公路的字样纹在身上留做纪念。此外,资助出版哈雷乐园刊物,每年 6 期,将各地哈雷俱乐部的新闻消息、图片、聚会安排、个人精彩照片、会员现身说法的哈雷故事等编辑成册,邮寄给各位会员。通过活动、参与,客户与客户之间、客户与哈雷机车之间建立的亲密关系,90% 的哈雷会员声称他们愿意再买一辆哈雷摩托车。

四、客户价值传递

为了将设计的价值交付传递给目标客户,企业需要在内外部构建价值网络,将供应商、分销商、合作伙伴、投资方以及员工等相关利益者整合起来,共同服务于目标客户,对抗竞争对手。在价值交付和传递的过程中,有两条相互连接、彼此依托、一明一暗的主线。明线是客户接触过程,它直接影响着客户的感受,是价值传递的前沿阵地,而另一条隐藏于其后的暗线是维持着整个交付传递系统正常运转的价值战略网络,是客户接触的支撑平台。二者的结合,为客户价值准确、及时、有效的传递提供了有力的保障。

沃克斯霍尔(Vauxhall)英国分公司(以下简称沃克斯霍尔)是通用汽车公司

---

① W·钱·金,勒妮·莫博涅. 蓝海战略. 吉宓,译. 北京:商务印书馆,2005:120.

在全世界的分支机构中做得最出色的。它成功进行了全程客户关系管理规划，通过控制各个关键时点为客户创造完美体验，并与经销商建立了稳定、共赢的关系网络，有力支撑了客户价值的传递。1998 年，沃克斯霍尔公司抽调有 10 年营销、品牌管理和直销工作经验的保罗组建"关系营销部"，这个部门的目标是与公司的客户建立更紧密的关系，同时又向其 450 个经销商——小到单独的家庭公司，大到由多个经营机构组成的集团——推出能够增加他们收益的服务项目。当一辆新车到了第一次保养期（12 000 英里或 12 个月）时，沃克斯霍尔的电子营销部门的人员就会给客户打电话，提醒汽车该保养了，问客户是否愿意让经销商打电话安排预约，如果预约，什么时间最方便。然后，这些信息和客户电话号码一起被转到经销商的服务部。另外，电子营销部的工作人员也会提醒客户质量保证期将到期，问他是否愿意延长。当客户的融资方案到了"节点"的时候（如客户决定改变付款方式或重新融资的时候，一般是满 3 年的时候），电子营销部门会给客户打电话，向他提供一整套"车童"服务和一辆崭新的借用汽车。如果客户同意，经销商的代表就为客户带来一辆客户自己选的新车，可以试用两天，与此同时，旧汽车被彻底清洗和重新估价。当代表送还面目全新的旧汽车的时候，会带来一份合同并告诉客户，如果他想继续开那辆崭新的汽车需要支付多少钱（例如，每月只多付 45 英镑就可以开这辆极好的新车，旧车可以由厂商折价收回）。①

摩托罗拉需要从位于太平洋边陲与拉丁美洲地区的 8 个工厂运送晶片与成品到世界各地。旧有的配销程序必须借助大量的公路运输、船运及航空货运者的层层协助，耗时而且昂贵。客户需要更快的运送，但同时并不愿意多负担任何费用。于是，摩托罗拉发展出"7 天出厂"的观念：产品从组装、测试、再从亚洲工厂运送到客户在美国的货运码头，全在下单后的 7 天内完成。为了实现这个目标，摩托罗拉决定与全球最大的快递公司之一——UPS 公司合作，运送时间缩短了 65%；货运于正确时间运送抵达的比例超过 60%；减少了重复输入运送资料和填写海关文件及其他文书。摩托罗拉由于加快了货物周转的速度，可以减缓仓储库存的压力，将有限的空间用于制造和研发；外包配送业务之后，摩托罗拉可以集中精力于世界级制造商的经营之中。摩托罗拉和 UPS 的伙伴关系最终对客户利益产生贡献：客户可以更快地收到产品、削减存货，并向准时制（JUST-IN-TIME）方向迈进，同时还可以借助 UPS 的包裹追踪系统及时了解货物运送的过程。②

---

① 帕翠珊·B. 希伯尔德. 客户关系管理理念与实例. 叶凯，等，译. 北京：机械工业出版社，2002：212.

② 尼尔·瑞克曼. 合作竞争大未来. 苏怡仲，译. 北京：经济管理出版社，1998：63.

五、客户周期管理

从寻找目标客户、识别客户价值、积累客户信息、设计客户价值到传递客户价值，不是一次循环就结束的过程，需要从客户周期的角度来经营客户关系，注意不同阶段客户需求的变化及演进的规律，注意不同阶段之间关系营销策略的衔接。

一些移动通讯运营商为了巩固在大学生群体中的市场地位，根据大学生活的周期性规律推出了不同主题的推广活动，极大提高了客户的保持率和满意度。大学生活动的周期性非常明显，处于不同时期的学生有着完全不同的活动偏好，而处于同一时期的学生又具有大致相似的活动内容。9月份新生入学是获取客户的最佳时机，通过开展高校迎新促销、迎新晚会冠名、"感师恩"和校园ORIENTATION等活动，及时满足新生与师长、学长交流熟悉的迫切需要，帮助大家尽快熟悉大学生活环境，同时建立了学生对企业品牌的归属感。在顾客维持阶段，通过组织校际篮球赛、足球赛和组建动感WAP网站、集群网，促进彼此的了解，同时创造群体空间增加企业和品牌对用户的吸引和渗透，降低用户流失的概率。等到大学生客户对企业和品牌形成一定程度的忠诚之后，运营商开始了客户开发的工作，通过数据业务营销深入挖掘用户需求，开发和介绍新业务，刺激用户使用和消费。每年的6月又是学生毕业的季节，运营商除了资助举办一些大型的文艺活动，还加强宣传，介绍高端品牌业务、企业集团短信业务、企业集群网、移动办公系统等业务，并建立"移动求职联盟"，在帮助学生了解社会、尽快进行角色转变的同时，实现业务与品牌的提升。

六、绩效评估

对客户关系管理各个环节的运行绩效进行评估，有助于企业更加深入了解客户需求，改进工作思路与对策，提高客户满意度与保持率。

埃弗雷特在父亲去世之后，接手了麦克肯齐建筑公司经理的工作。上任后他决定给所有过去7年内没有消息的客户打电话，之所以选择7年，是因为他知道一般来说平均7年他就会有重复的工程。打完一轮电话后，他发现一些令人震惊的事情。10%的客户对他公司以前的工作并不满意。这还不算很糟糕，只有10%，埃弗雷特先生觉得庆幸，因为任何一家公司都会有一小部分不满意的客户。但是，通过进一步的调查，他发现大多数他过去的客户都不是非常满意，很多客户觉得还有一些地方本来可以做得更好、更快或更便宜些。埃弗雷特决定给每一个不太满意的客户提供免费的维修服务，向每一个客户保证愿意上门对他觉得不够好的地方进行免费的维修、替换和加固。令人惊讶的事情发生了，大概有30%以前的客户让他的公司接受了新的工程，只有5%的客户要求他去修理以前的工程。事实就是，他问客户是否满意，并保证让他们满意，这没有多花钱，但却为公司赢回了1/3以前的客户。①

第三节 支撑平台

客户关系管理核心流程运行的质量和效果有赖于客户服务部门或市场营销部门的努力程度，也有赖于整个企业组织的配合程度。今天，在推行"以客户为中心"经营哲学的企业组织里，全员协调营销的理念得到大力贯彻和推广；营销企业的产品和服务，为客户提供优质满意的服务，绝不仅仅只是营销部门的事情，也绝不是仅仅依靠营销部门就可以实现的，它需要整个组织的各个细胞在思想和行动上都要进行面向客户的变革，时时刻刻为客户着想，共同完成为客户传递价值的工作。为了在组织中有效实施和推广客户关系管理战略和策略，组织变革、信息化和流程优化的工作是必不可少的支撑平台。

一、组织变革

为了支撑客户关系管理良好运作，企业组织内部需要在管理层的态度、企业文化、人员和组织结构等方面进行相应的调整。

（一）管理层的态度

态度一般包括三个成分：认知、情感和行动倾向。管理层对客户关系管理的态度是指他们对客户关系管理的概念、特征、功能和流程等方面内容的理解程度，对客户关系管理绩效的预期及因此而形成的偏好程度，在企业内部推广、实施和支持客户关系管理的意愿程度。认知影响情感，情感决定行动倾向。由于客户关系管理的实施和执行是一个长期持续的过程，在短期内的直接效益并不十分明显，如果没有高层人员的鼎力支持，客户关系管理的运作就难以为继。

首先，管理层需要为客户关系管理的应用调整经营思路。管理层的经营哲学决定了客户关系管理的层级与类型。回顾过去的企业发展史，管理层的经营哲学经历了从生产观念、产品观念、推销观念到市场观念的演进。实施和推行客户关系管理的决策层一般倾向于采纳推销观念和市场观念，而不是生产和产品观念。当销售和营销问题成为管理层关注的核心议题时，他们就会想尽办法提高销售的业绩，刺激客户购买更多的产品或服务，提高客户的满意度与保持率，自然客户关系管理的运作成为企业发展和生存的必需。当然客户关系管理推行到何种程度，是作为一种单纯的提高客户服务质量的技术方案，还是帮助客户解决问题的整合技术方案，抑或面向客户的企业全面改造，完全取决于管理层对客户关系管理实施必要性的认识程度。管理层越是意识到按照过去的方式方法进行销售和服务，企业将陷入生存的困

---

① 杨斐. 客户服务与客户投诉管理. 广州：广东经济出版社，2004：187.

境;越是认识到产品和价格的优势是短暂的,客户需求的潜力却是巨大的;越是愿意接受来自市场的竞争和挑战,通过对企业营销、销售和服务的方式方法进行改造来获取竞争优势,满足客户个性化、差异化的需求,客户关系管理推进的力度和深度就越明显,企业"以客户为中心"的战略转型就越成功。今天不少企业的决策层已经深深地感受到"顾客导向"对企业发展的重要性。全球最大的家居用品零售商——宜家(IKEA)致力于为大多数人提供种类繁多、美观实用、买得起的家居用品,与客户建立伙伴关系,共同创造更加美好的日常生活。联想认为企业的成功源自不懈地帮助客户提高生产力,提升生活品质;在企业的核心价值观里,致力于客户的满意与成功和专注于对客户和公司有影响的创新成为首要的信条。宜家与联想的决策层采纳以顾客为中心的经营理念,为各自顺利推广和实施客户关系管理营造了良好的组织氛围。

其次,管理层需要为客户关系管理的实施提供必要的资源。短期来看,在企业内部实施客户关系管理的运作是比较昂贵的。在导入阶段,一套客户关系管理系统需要十几万到几百万元不等的现金支出,系统越庞大、越复杂,企业信息化程度要求越高,相关配套的管理系统软件也要上马,总体费用一般在1 000万元人民币以上,现金投入则更大。同时,由于软件开发商提供的系统均是标准化的产品,没有考虑到企业的行业背景与业务特征,所以慎重的做法多是由软件开发商与企业相关人员成立项目小组,进行为期3个月到1年的个性化开发和辅导工作,根据企业的实际运作要求对标准化软件系统进行改造,需要耗费企业大量的时间、人力和其他资源。有的时候企业会在同一时间段面临很多大型的投资项目,比如建设新厂房、增加生产线、兼并或收购等,客户关系管理能否成为优先发展项目,完全取决于管理层是否愿意为企业内部的改造首先提供必要的资源。

再次,管理层需要为客户关系管理的推进提供动力和指引。我们可以看到,科学实施与推广客户关系管理应该是一个长期过程,即使是在客户关系管理的导入阶段,系统的适应性改造、客户数据库的建立、营销信息的导入、销售自动化的实现等,都需要有一个时间进度表。管理层需要站在企业整体运作的高度,协调各个子项目的改造进程,并制定考核与评估体系,保证整个改造过程朝着预期的目标迈进。改革难免会遇到阻力,推进力度越大,遇到的阻力则越大,而且在短期内,客户关系管理运作的绩效并不十分明显,这有可能成为项目停滞的主要客观动因,管理层需要改变考核和奖励机制,加大非财务指标和长期指标(如客户满意度、客户获取率和客户终身价值等)的权重,突出对过程的考核,为客户关系管理的实施人员提供必要的动力和激励。

最后,管理层需要为客户关系管理的推广打破部门障碍。实施客户关系管理的动议多是起源于营销部门或销售部门,但在具体实施和推广过程中必然涉及企业的信息部门、服务部门、生产运作部门和财务部门,还需要改变企业的文化、流程、资源结构、组织结构、技术基础、企业目标、考核体系和培训新的员工技能等,所以组建跨部门的执行团队是客户关系管理成功的关键,而组织、协调与监控跨部门团队都需要管理层的大力支持。多数企业在推行客户关系管理项目时,会指派一位副总经理来直接领导跨部门团队,类似于经营管理委员会或董事会的决策层会定期检查推行的情况,这种制度安排有效地打破了部门之间的障碍,促进了部门之间的交流。

(二) 企业文化

企业文化在维系企业稳定发展方面的贡献逐渐得到大家的认可。企业文化一般是指企业组织成员的共同价值观和信念,它帮助成员理解组织的职责和目标,并规范个体在组织中的行为。实施和推行客户关系管理需要"以客户为中心"的组织文化(见图2-4),具体表现在:

- 有选择的为客户提供服务;
- 熟识客户当前和未来的需求;
- 在组织内部积累和分享客户知识;
- 时刻监测客户的反应:满意程度、保持率、未来购买倾向、推荐或口头正面宣传倾向、钱包份额(即在其整体消费支出中的比例);
- 为客户设计和提供优于竞争对手的产品与服务;
- 集中全部资源(包括信息、物资、人力和技术等)努力满足客户需求;
- 发展面向客户的企业战略、流程和结构。

客户的体验受到多种因素的影响,包括企业的产品、服务、流程、沟通活动、声誉和人员。其中作为与客户直接接触的一线营销、销售和服务人员,对客户的满意程度和未来购买倾向影响非常巨大。面向客户的企业文化通过领导层、规章制度和内部关系,可以很好地引导和规范员工的行为,提高客户体验的满意程度。

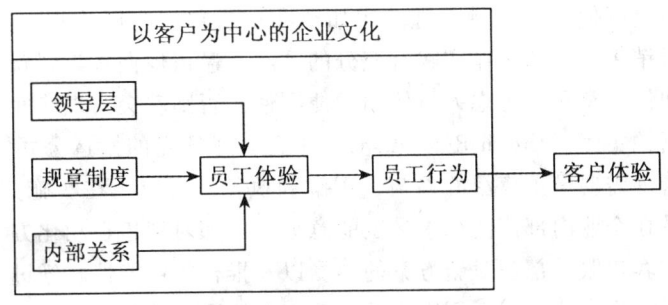

图2-4 以客户为中心的企业文化

领导者方面:

- 致力于创造非凡的客户体验;
- 要求员工时刻为顾客着想,从顾客的需求出发;
- 以身作则,处处表现出重视与客户发展关系,客户至上;
- 尽一切可能为下属,特别是一线接触人员提供必要的资源,全力支持他们为客户提供优质的服务。

规章制度方面:
- 设计制度用于识别和奖惩员工在创造客户体验方面的差异;
- 测量客户满意度和保持率等指标,作为员工业绩考核的基础之一;
- 对新进职员进行"客户至上"的系统培训;
- 邀请客户参与到对一线员工业绩评价的活动中来。

内部关系方面:
- 客户信息与知识在组织内部得到有效传递和共享;
- 不同部门的人员愿意通力合作来探讨如何改善客户体验;
- 欣赏他人在创造客户体验方面的成就并表示由衷的祝愿。

(三) 人员

只有忠诚的员工才能带来忠诚的客户;员工满意了,客户才能满意。人员在客户关系管理的应用和推广中发挥着至关重要的作用。从发展客户关系管理战略,选择解决方案,执行和使用解决方案,跨部门运作客户关系管理体系,积累和维护客户数据与信息,设计营销、销售与服务流程,与客户接触和互动,改变工作流程与氛围,到创造客户满意,提高客户保持率等,人员都起到了决定性的作用。如果没有人员的积极参与,客户关系管理就无法在企业内部实施和推广,无法提升企业的绩效和盈利水平。

为了获得人员的支持,首先需要倾听他们的声音,尤其是因为推行客户关系管理而彻底改变其原有工作模式的员工的反映,说明客户关系管理带来的益处以及实施的必要性,缓解他们的抵触心理。比如要在销售部门实施流程自动化的改造工作,必须先对销售人员的工作实践有充分的了解,邀请他们参与到新流程设计的活动中,尊重他们的意见,考虑人员使用的便利性,否则就会出现前面所讲的束之高阁的情形。嘉柏集团(Crown Relocations)作为全球领先的搬运公司,认为成功实施客户关系管理需要员工广泛的参与、理解和执行。所以,在实施方案定稿之前,项目小组人员在企业内部广泛征求员工的意见,比如对销售自动化方案就特别征求了销售部门和客户服务部门对新方案的感受以及推行的可能性。经过一段时间的辅导和测试之后,当企业全面运用客户关系管理系统进行业务操作时,在市场上获得了极大的成功,各个部门使用系统的积极性高涨,并从中得到了益处,如销售部门80%以上的业务代表因此大大提升了销售业绩。嘉柏集团认为这一切应该主要归功于在项目实施前期与员工的有效沟通。

其次要注意对不同部门、不同层次人员能力的培养与职责的划分。管理决策层应该培养战略型客户关系管理的能力，从以企业为中心转变为以客户为中心，把握客户需求变动的趋势，在企业内部推进面向客户的改造，打破部门利益造成的阻隔。中层管理人员应该培养操作型客户关系管理的能力，精密设计营销、销售和客户服务的进程与频率，帮助实现组织改造，并指导一线人员的工作。基层业务人员应该培养分析型客户关系管理的能力，注意收集和识别有价值的客户信息，提高客户接触的技巧和反应速度，提高信息挖掘与分析的能力，为管理层进行决策提供有力支撑。市场部门、销售部门和客户服务部门应该是客户关系管理使用的主体部门，信息技术部门只是提供技术支撑，为部门应用提供服务。

最后，定期考核和评估人员的技能、知识与态度也是十分必要的工作。随着客户关系管理应用的不断深入，对人员的要求不断提高，所以持续的学习和改造是企业成功实施客户关系管理的基本保证。

（四）组织结构

客户服务定制化、个性化程度的提高，要求企业的反应速度不断提升，所以组织结构也要相应的扁平化、团队化。

在老式的组织结构中，领导和下属之间的职权都有明确的规定，不能更改，领导高高在上，下面是下属，呈金字塔型。过多的管理层级容易引起信息失真和传递缓慢以及企业成本上升而导致效率下降。当需要基层人员灵活应对客户需求时，金字塔型的传统组织结构的弊端就越发明显。实施客户关系管理的企业应该努力减少中间管理层，实现扁平化，适当地向员工授权。领导层起的作用从命令转向支持与考核，为下属服务，确保下属不越轨，支持他们，给他们提供促进组织长远成功的机会和资源。美国诺斯丹（Nordstrom）百货公司以超凡的客户服务水平而闻名于世，在其组织结构图中，董事会不是高高在上，而是在幕后默默支持那些为客户提供实际服务的雇员。见图2-5。

打破部门之间的障碍、提高工作效率和反应速度的一个有效方法就是组织结构的团队化。从生产、市场、销售、研发、工程等部门中选出人员组成一个客户服务团队，成为很多企业获得成功的重要因素。广州日立电梯公司根据客户订单成立一条龙项目小组，从各个部门抽调人员形成固定团队，负责从上门测试、设计、生产、运输、安装、调试到维护的工作，与客户形成稳定的紧密关系。

二、企业信息化

信息技术的发展提高了企业处理业务的效率。企业信息化实际上就是运用信息技术对企业内外部信息资源进行整合、开发和利用的过程，最终形成完善的信息系统。

信息技术有硬件和软件两个层面：硬件主要由计算机网络和信息设备组成，是

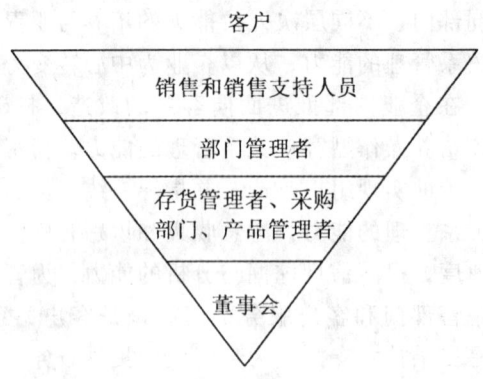

图 2-5　诺斯丹百货公司组织结构图

企业根据其业务发展趋势及对信息采集、处理、存储、传输和共享的要求而构筑的硬件信息环境；而软件主要包括由数据库系统软件和应用系统软件组成的信息处理与应用体系，为信息资源的集成、开发和使用提供支持。信息技术是企业信息化的基础，企业的信息化投入越大，硬件设施就越先进、齐全，软件系统越庞大、高效，企业内部处理信息资源的能力就越有保证。

但是，信息技术并不是企业信息化的根本。只有企业内外部信息资源得到有效的整合、开发和利用，形成完善的信息体系，在企业内部实现合理的知识共享，企业才真正实现了管理的信息化。

一方面，客户信息的积累、挖掘、分析、应用和共享构成企业信息化的重要组成部分，客户关系管理系统也是整个软件平台中的关键一环；另一方面，企业信息化为客户关系管理的实施提供了有力的技术支持和知识保障，有效地促成了客户知识的形成与共享，提高了客户服务的效率和效果。企业信息化对客户关系管理活动的支撑，贯穿于客户关系管理核心流程的每一个环节。比如客户组合分析的首要任务是识别出企业应该服务的目标客户群体，他们在战略上十分重要，能够为企业带来巨大的潜在价值。识别客户的价值必然包括两个方面的基础工作：对历史信息的分析和对未来行为的预测，它们包括：识别现存和潜在的客户；识别单个客户或客户群体过往交易的成本、收益及贡献利润；预测保持和开发现有客户的成本及收益；预测未来获得新客户的成本及收益。企业积累的关于市场、客户、竞争对手、企业本身、合作者以及宏观环境方面的信息越全面、及时，软件的分析功能越强大，信息资源整合的程度越大，客户识别的工作就越精准，对营销决策的帮助就越大。对其他环节的支撑我们将在第三章和第五章做更加详细的叙述。

三、流程优化

企业的流程可以分为不同的类别。按照部门的跨度可以分为垂直流程和水平流程。垂直流程是发生在一个职能部门内部的流程，如客户获取流程完全在营销部门内执行，不会涉及其他部门的参与。水平流程自然是跨部门的合作，如新产品开发需要销售部门、市场部门、财务部门、生产部门和研发部门的通力合作才能成功。按照与客户接触的程度分为前台流程和后台流程。客户抱怨管理就属于前台流程的范畴，而生产运作管理不直接和客户接触，属于后台流程。按照对企业价值链贡献的大小可以分为主要流程和次要流程。如订单处理流程、物流管理流程对企业运营成本和收益的影响至关重要，属于企业的主要流程。

流程显示企业经营管理的方式，流程的优化有助于顾客价值传递能够以有效率和有效果的方式实现，降低服务成本，提高客户满意度。当你乘坐美国航空公司（American Airline）的航班时，你会发现这家公司的飞机机身上除了公司标记彩条外，通体都是银白色。为什么该公司不像其他航空公司那样，在飞机身上涂上斑斓的色彩或是突显公司个性的颜色呢？这是因为他们发现喷涂一架大型喷气客机的机身需要数吨漆料，不涂色不仅节省了漆料和工时，而且由于减轻了重量，还会显著地降低飞行燃料消耗，也给客户带来了不一样的感受。

企业通过重新设计组织经营的流程，使这些流程的增值内容最大化，其他方面的内容最小化，从而获得绩效改善的跃进。目前，流程优化有两种方法，即系统化改造法和全新设计法。其中，系统化改造法以现有流程为基础，通过对现有流程的梳理，企业可以明确自身的流程现状，并通过现状问题以及业务需求的分析，对关键的流程进行优化，同时在企业内部建立流程管理体系，从而实现流程优化管理的持续运转。全新设计法是从流程所要取得的结果出发，从零开始设计新流程。这两种流程优化方式的选择取决于企业的具体情况和外部环境。一般来说，外部经营环境相对稳定时，企业趋向于采取系统化改造法，以短期改进为主；而在外部经营环境处于剧烈波动状况时，企业趋向于采取全新设计法，着眼于长远发展而进行比较大幅度的改进工作。一般来说，比较适宜的方式是采取系统化改造法。

可以看出，流程优化是一个彻头彻尾的"唯价值是图"的东西，它紧密围绕着"增值"这个主题内容而展开，要求组织尽量保证增值活动以最高的效率方式开展，而把非增值活动控制到最小，甚至消失。无论是前台流程还是后台流程的优化与整合，都会为客户价值的创造和增加提供有力的支撑。

第三章　客户关系管理技术

技术对客户关系管理的实施与运用起着巨大的推动作用。在各种软件和硬件技术的支撑下，企业能够快速搜集和积累大量信息，对它们进行复杂而精细的加工和处理，为客户关系管理战略决策以及日常管理活动提供有力的指引与支撑。不过，技术也是一把双刃剑，不是所有的企业都可以运用自如、如鱼得水。企业要根据自己的实际情况，量力而行，按需采用，有计划、有步骤地应用相关技术，并与业务流程紧密融合。通过本章的学习，你需要了解客户关系管理技术的基本构成；客户关系管理技术的变迁过程；客户关系管理的主要功能模块以及数据仓库、数据挖掘和接触管理技术在客户关系管理活动中的应用。

第一节　客户关系管理技术的演进与发展

随着信息技术的飞速发展，客户关系管理的应用技术经历了从单一模块到系统整合的演进过程，并且逐渐与企业的业务活动和商业智能融合。参见图 3-1。

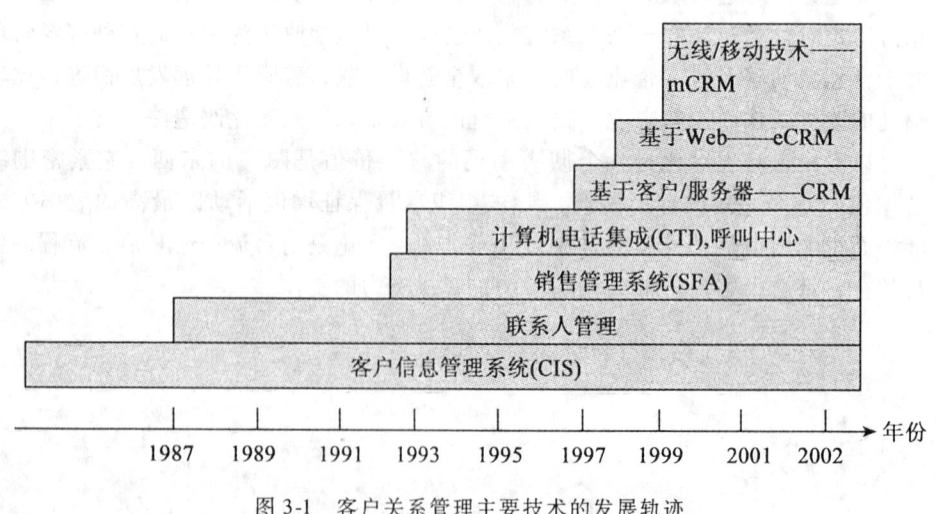

图 3-1　客户关系管理主要技术的发展轨迹

一、客户关系管理技术的起源

构成今日客户关系管理技术的子模块已存在多年了，它们从一系列单机技术演化而来，包括呼叫中心、销售自动化系统和客户信息档案等，有些技术可回溯到20世纪70年代以前。在80年代末，有些企业开始尝试将这些不同的技术集成起来。例如，对许多保险公司和银行非常重要的客户信息档案开始被当成营销信息的一个来源，而非仅是顾客账户的基本记录；呼叫中心不再只是被动地应付呼入电话，开始用于主动的呼出，比如对客户进行增量销售。客户开始被所有面对客户的部门识别为单一的实体，由此逐渐引出"一对一服务"的概念。

顾客期望普遍化延伸在客户关系管理技术的发展和传播中也起了直接的推动作用，顾客往往将自己在某一行业的满意体验转化为对另一个行业的期望，于是，客户关系管理迅速地从其先行者（如银行和通信企业）蔓延到别的行业（如医疗和消费品行业），企业开始意识到要保持竞争力，必须有统一的客户形象，必须理解顾客的价值。这些早期尝试是出于企业的内部整改，而非以提升顾客体验为目的，其根本目标是构建"多渠道客户关系管理"，通过整合所有的沟通媒介，包括面对面交流、语音电话、电子邮件、网页和无线通信等，把所有的顾客接触渠道如销售部门、合作伙伴、营销部门和服务中心等统一协调起来。对顾客来说，他们要的是能跟一个公司有持续的、一致的交易，而不关心公司里包含了什么部门什么系统。"多渠道客户关系管理"提出了一个重大的技术挑战，因为不同媒介不同渠道所要求的技术差别是很大的，要把它们整合进一个系统并不容易。

网页技术的发展拓宽了客户关系管理的概念，把除直接雇员以外的其他用户包含进来。网页浏览器使外部用户无需安装特别的软件就能访问和共享信息，引出了诸如客户自助服务、合作伙伴信息门户和投资者信息门户等"超企业客户关系管理"的新功能。

客户关系管理技术不是简单的一套应用程序，它必须有足够的灵活性来适应顾客的变化，反映不同行业的不同要求，能方便地被外部的利益相关者和各种移动的专业人员如销售员和现场技术员访问，能运作于任何沟通渠道上，与其他的系统集成，以保证有统一的客户形象。最后，客户关系管理并不是单纯技术所能解决的，企业必须先拥有相当的实践和技能才能上马客户关系管理项目。

二、软件系统

业务的发展促使企业将单一的技术模块整合起来。集成了客户关系管理思想和技术的客户关系管理软件系统，是帮助企业最终实现以客户为中心的管理模式的重要手段。一般而言，客户关系管理软件系统分为三个组成部分：客户接触活动、业务功能以及数据库。见图3-2。

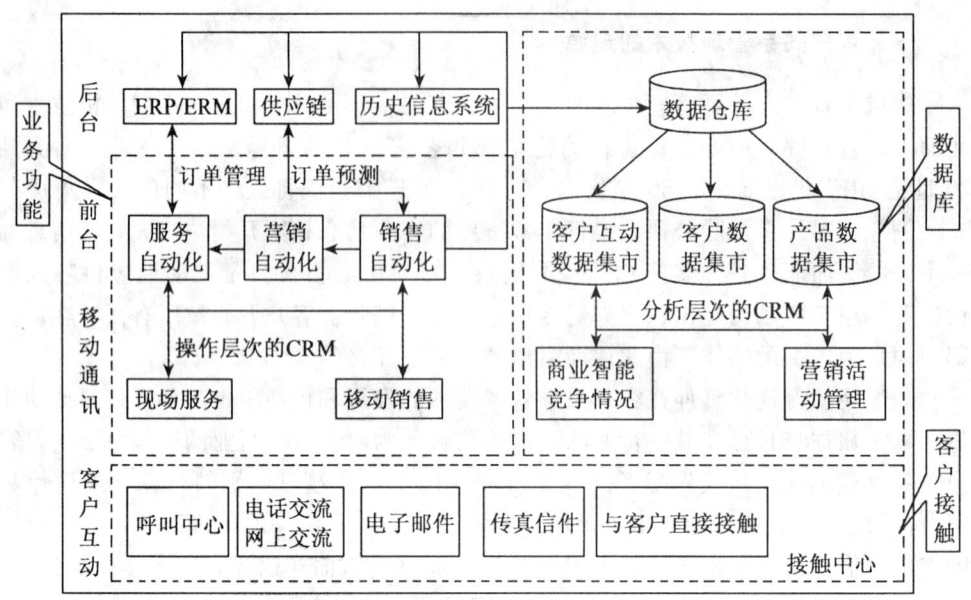

图 3-2 客户关系管理软件系统一般模型

多渠道客户关系管理就是尽量运用各种沟通渠道与客户进行接触，并有效整合这些沟通渠道。今天典型的客户接触方式有呼叫中心、电话、网络、电子邮件、传真、移动通讯和面对面的沟通等。客户关系管理软件通过协调这些沟通渠道，保证客户能够采取其方便或偏好的形式随时与企业交流。

客户关系管理软件系统的业务功能通常包括营销管理、销售管理和客户服务与支持三个组成部分。营销管理的主要任务是：通过对市场和客户信息的统计和分析，发现市场机会，确定目标客户群体和营销组合，科学地制定出市场和产品策略；为市场人员提供预算、计划、执行和控制的工具，不断完善营销计划；管理各类市场营销活动（如广告、会议、展览和促销等），对营销活动进行跟踪、分析和总结，以便改进工作。销售管理的主要任务是：通过电话销售、移动销售、远程销售、电子商务和现场销售等各种销售工具，方便及时地获取有关生产、库存、定价和订单处理的信息；储存和共享与销售有关的信息，方便销售人员随时提取与补充；安排销售工作计划、进度、日程和路线，提高工作效率。客户服务与支持的主要任务是：通过计算机电话集成技术（CTI）支持的呼叫中心，为客户提供全天候、不间断的服务，并将客户的各种反应信息存入共享的数据库中；对客户的使用情况进行跟踪，为客户提供个性化服务，对服务合同进行管理。

数据库是客户接触与业务功能运行的基础和保障，在整个客户关系管理软件系统具有关键性支撑作用。它的主要任务是：识别客户价值，根据客户价值区分客户；寻找目标顾客群体；彻底了解客户的交易状况和交易习惯，从而为企业营销活动的安排提供便利，也为市场反应测试和营销活动效果评价提供方便；存储客户信息，方便与客户进行高效、可衡量、双向的沟通。

客户关系管理软件系统的三个组成部分之间相互合作，互相依托，并与企业的其他管理系统（如 ERP/ERM、供应链管理、历史信息系统）相结合，共同传递顾客价值，实现顾客价值和企业价值最大化的平衡。

三、技术的发展趋势

企业的应用需求和信息技术的发展是推动客户关系管理软件系统发展方向的重要因素，目前 CRM 系统的技术架构发展呈现以下几种趋势：

（一）趋势一：全面采用 B/S 技术

为了满足移动办公和分布式管理的需求，客户关系管理软件系统将更多采用基于 Browser-Server 架构的多层结构。B/S 结构的特点是在客户端使用标准的 Web 页面浏览器（如 Internet Explorer 等），不需安装特殊的应用程序，减少了升级和维护的难度；所有的业务数据都保存在 Server 端，确保了数据的安全；在通讯方面，由于使用标准的 HTTP 协议，使得系统可以轻松的实现移动办公和分布式管理。

（二）趋势二：全面集成各种信息交流技术

随着 Internet 的发展，新的信息交流技术不断发展。作为企业的前端业务系统，客户关系管理软件系统需要支持客户可能倾向采用的各种交流方式。除了支持传统的电话和电子邮件以外，客户关系管理软件系统也应该集成对手机短信息、网络电话、企业即时消息（EIM）和网络会议等新的沟通方式的支持。在一个客户服务中心，客户代表既可以接听客户的普通电话和网络电话，查看客户的 E-mail，也可以看到客户通过手机发来的短信息，与客户通过即时消息谈话，或者与客户开始一个视频网络会议，实时解决客户的问题，大大提高服务响应速度和客户满意度。对于企业的市场和销售业务，多媒体短信促销、在线导购、远程演示等全新的沟通技术在降低营销成本的同时也可以扩展传播途径，提高客户沟通效率，缩短交易周期，从而提升企业的盈利能力。

（三）趋势三：提供方便的工作流管理与监控

企业的业务流程因为业务的差异和业务参与部门的不同往往非常复杂，而业务部门的调整、人员权限的调整和业务管理流程等的调整，都会对客户关系管理系统的流程产生影响。工作流（workflow）管理技术引入软件系统，能够实现工作流程的灵活定制和管理。管理人员可以通过工作流管理模块，方便地定制工单的流转方向和流转时限、查阅人员的权限，变更部门和业务的流程；对工作流的每一个节点进行动态监控，设置业务处理的警戒线。

工作流的例子有：

- 升级:"如果一个客服电话已进行了 20 个小时,是非常重要的,是高价值客户的,状态是未解决的,立即传呼客服经理。"
- 过程自动化: "当电子邮件由南部地区的一个客户发来,自动回复如下……"
- 指派:"当一个主分销商访问网站,查看目前供应的产品、区域和当前销售人员的负荷,系统就可以把该分销商指派给最好的销售人员。"
- 会话脚本:"当一个顾客打电话进来,用标准的欢迎稿提示呼叫中心服务代表。记下客户的反应,然后决定最好的行动方案,并为服务代表提供相应的脚本。延续这个过程以提高向客户增量销售的机会。"
- 流程导航:"如果客户没有提供密码,自动转到客户认证界面。"
- 集成:"如果客户提交一份确认订单,将它自动转到履行部门核查并分派。"

(四)趋势四:广泛应用数据仓库和数据挖掘技术

客户关系管理系统的有效性建立在数据可靠性的基础上,数据的真实性直接影响 CRM 系统的分析结果。作为管理客户资源这一企业核心资源的信息系统,客户关系管理软件系统必须具备强大的数据分析和挖掘功能,为管理者做出正确的决策提供及时而准确的依据。数据仓库(Data Warehousing)、数据挖掘(Data Mining)和 OLAP 技术已成为向 CRM 系统提供决策支持的关键技术。以企业日常业务处理的各类数据为基础,利用数据库技术或商业智能系统,对业务数据进行综合分析或预测,在业务发展、企业市场经营战略等问题上为领导者提供决策帮助,将在今后成为 CRM 系统发展的一个方向。商业智能的目的是收集、管理和分析数据,然后将这些数据转化为有用的信息分发到企业各处用于改善业务决策;其核心技术是逐渐成熟的数据仓库和挖掘技术,以及各种数据分析与查询工具和应用多维度分析(Multidimensional Analysis)、假设性问题分析(What-if Analysis)等各种先进技术。

第二节 客户关系管理软件系统

从 20 世纪 90 年代初期起,客户关系管理软件系统市场开始茁壮成长。银行、金融和通信行业较早采用客户关系管理软件系统,随后,批发、运输、仓储和专业性服务等服务行业,公共部门、公用事业和制造行业(尤其是消费品制造)也开始跟进,促进了客户关系管理软件系统市场的繁荣。

客户关系管理软件市场是世界 EAS(Enterprise Application Software,企业应用软件)市场的一部分。EAS 包含三个主要的套件:SCM、ERP 和客户关系管理。在 20 世纪 80 年代和 90 年代,ERP 是主流,占据了世界 EAS 市场的 80%。在这段时期,客户关系管理和 SCM 仅占了很小的比例,但增长率很高,就客户关系管理而言,在 90 年代大部分时间里,年增长率都超过 50%;从 90 年代中期起,客户关系管理从占所有 EAS 市场 1/8 的份额增长到了超过 1/3。① 近年来，整个 EAS 市场萎缩了，客户关系管理也停止了爆炸性增长。

地域上，在 20 世纪 90 年代，美国是市场增长的主要动力，欧洲的影响力也在逐渐增强，这两个地区占了全球客户关系管理软件销售收入的 80%～90%。据 Gartner Dataquest 的预测，尽管最高的增长率将来自拉丁美洲和亚洲，但未来欧美还将继续在总销售收入中占据主导地位。

一、主要软件系统提供商

目前的客户关系管理软件供应商大致可以分为四类：角逐全球市场的、大型的电子商务套件或 CRM 软件提供商，如 Oracle、Siebel、SAP、CA 等，它们的应用软件产品线很长，拥有全球范围内的声誉，产品功能强，价格昂贵，实施周期长，能满足不同行业的各方面业务需求，主要角逐 CRM 高端市场；角逐全球市场的、专业的 CRM 软件提供商，如 Interact、Applix、Pivotal、Onyx 等，它们在 CRM 领域拥有全球性声誉；角逐亚洲市场的、提供 CRM 软件的供应商，主要是来自我国香港、台湾省等地的 CRM、呼叫中心、网站管理等方面的系统提供者；角逐国内市场的、提供 CRM 软件的供应商。②

GCCRM 机构 2005 年和 2006 年对中国 CRM 软件市场进行跟踪调查，评价结果如表 3-1 和图 3-3 所示。

表 3-1　　　　　　　CRM 软件综合评价表（2005 年）

	产品	品牌形象	第一选择	最不会选择*	总分	总排名
Siebel	1	1	1	4	7	1
Oracle	3	2	4	2	11	2
SAP	2	2	2	7	13	3
Turbo CRM	5	5	7	1	18	4
Microsoft CRM	4	4	3	8	19	5
Salesforce.com	6	8	8	2	24	6

---

① Francis Buttle. Customer relationship management. Elsevier Butterworth-Heinemann，2004：63-65.

② 孟凡强，王玉荣. CRM 行动手册——策略、技术和实现. 北京：机械工业出版社，2002：132.

续表

	产品	品牌形象	第一选择	最不会选择*	总分	总排名
金蝶	8	6	5	9	28	7
SalesLogix	7	9	10	5	31	8
用友	10	7	6	10	33	9
创智	9	10	9	6	34	10

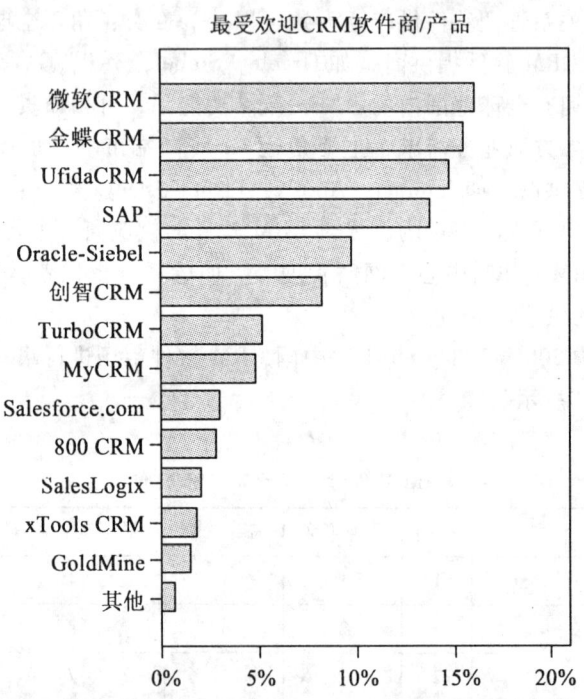

图 3-3　最受欢迎 CRM 软件 (2006 年)

注：2005 年 9 月 Oracle 成功收购 Siebel 公司；Ufida 是用友的英文品牌名称。

尽管排名略有波动，但 Siebel、SAP、Oracle、SalesLogix、Microsoft CRM、Salesforce.com、金蝶、用友、创智和 TurboCRM 等在中国市场上的主导地位没有改变。下面对其中一些具有代表性的公司进行简要介绍，具体内容以及最新发展情况请参考各公司的网站。

(一) Oracle 公司

甲骨文公司是全球最大的企业软件公司之一，向遍及 140 多个国家的用户提供数据库、工具和应用软件以及相关的咨询、培训和支持服务。近年来，甲骨文进行了系列引人注目的兼并活动,通过兼并,杰迪·爱德华(JD Edwards)、仁科(PeopleSoft)和希柏(Siebel)都已经成为甲骨文公司的一部分。

Oracle 的客户关系管理(CRM)套件是一套全功能的前端应用软件,与它的 ERP 产品是一体化的,一起称为电子商务套件(E-Business Suite)。Oracle CRM 的主要功能模块包括:销售管理、营销管理、客户服务管理、交互中心和电子商务。Oracle CRM 具有客户智能、融会贯通的渠道和基于 Internet 技术的应用体系结构等功能特征,属于高端产品。

为了开拓中小型用户市场,甲骨文以 Siebel 的托管式客户关系管理应用软件为基础,新近推出 Oracle CRM On Demand 版本 10,应用于客户关系管理(CRM)和随需(On Demand)服务领域。托管式客户关系管理解决方案,价格仅为每用户每月 70 美元(受到有关条款、条件和限制条件的制约)。

公司网址:www.oracle.com/cn。

(二) SAP 公司

经过一系列的合并和收购后,在市场上唯一可以和甲骨文公司抗衡的就是成立于 1972 年,总部位于德国沃尔多夫市的 SAP 公司。目前,在全球有 120 多个国家的超过 24 450 家用户正在运行着 84 000 多套 SAP 软件。SAP 公司开发的 mySAP 客户关系管理软件系统的具体功能包括:营销分析、促销管理、电话营销、电子营销和线索管理。

SAP 早在 20 世纪 80 年代就开始同中国的国营企业进行项目合作,并取得了成功经验。1995 年在北京正式成立 SAP 中国公司,并陆续建立了上海、广州、大连分公司。

公司网址:www.sap.com.cn。

(三) Microsoft CRM

从 2001 年收购 GreatPlains 公司到 2002 年收购丹麦企业 Navision 公司,微软花了 25.5 亿美元,通过收购这两家软件制造商,微软得到不少客户关系管理(CRM)软件技术。微软公司借助其强大的品牌威力,于 2003 年推出 Microsoft CRM 客户关系管理软件,专攻中小用户市场。目前有超过 5 500 位用户在使用微软该系列软件对公司的销售队伍和营销活动进行管理。2005 年底,微软公司又推出升级版销售及市场业务软件——微软 Dynamics CRM 3.0,开始抢夺被甲骨文公司和 SAP 公司所占领的大型企业级用户市场。

新版本微软客户关系管理(CRM)软件在原有的销售管理和客户服务模块的基础上,增加了市场模块和服务安排模块,并强化了与微软 Office 等系统的进一步良好集成,更有助于提高市场销售服务人员的工作效率。例如,用户可以直接从 EXCEL 直接查询客户关系管理(CRM)软件的客户数据库;安装了客户关系管理(CRM)许可后,Outlook 桌面办公套件界面上多了很多客户关系管理功能的菜单:

"客户"、"联系人"、"报价单"、"订单"等，只需在 Outlook 桌面办公套件界面上选择有关选项就可以。点击工具条上"同步日期"、"同步任务"、"同步联系人"，一切都自动与服务器数据库同步。同样，无需打开 ERP 系统，用户直接下拉 Word 文档的列表选择"客户"、"地址"、"产品名称"、"代码"、"价格"、"数量"就可以完成数十张销售订单。

公司网址：www.microsoft.com.cn。

（四）TurboCRM

TurboCRM 公司是专业 CRM 软件供应商，由于在国内较早专门从事 CRM 软件产品研发、咨询和服务，积累了丰富的本土化经验，其灵活性在国产中低端的套件软件中是不多见的。

TurboCRM 系统采用 B/S 结构，完全基于 Internet，能够跨平台应用，并支持多种主流数据库如 SQL Server、Oracle 等。其主要功能模块包括：客户管理、合作伙伴管理、市场管理、销售管理、订单管理、客户服务管理、员工管理、财务处理和分析决策等。公司在持续发展中高端业务的同时，最新推出 e 通客户管理软件（http://www.turboket.com），能够满足企业对客户信息记录和整合管理的核心需求，极大提高客户资源管理的有效性和工作效率，帮助企业实现快速、高效率的发展目标。

对于在初期 CRM 实施上的要求不是很高，投入不大的企业来说，TurboCRM 系统是理想的选择，尤其是当企业要求逐步深入和扩展时，还可以结合 TurboCRM 公司其他系列的产品，能够构建出对于很多企业来说一个较完整的 CRM 应用体系。

公司网址：www.turbocrm.com。

（五）金蝶与用友

同样是靠财务软件起家的金蝶与用友，今天都希望能成为中国最大的企业应用软件与服务提供商，所以它们开发的 CRM 系统都融入在各自的 ERP 系统中。

金蝶电子商务 Teems CRM 的应用模块有 eSales、eService、eMarketing 三个操作型业务模块，可以对 ERP 和客户交互数据进行分析处理，具有多维在线数据分析处理（OLAP）能力。用友的 NC/iCRM 的主要功能有市场营销管理、销售过程管理和服务支持。两个公司都面向大、中、小型工商企业用户，全力以赴地开拓其 ERP 市场，力争占有最大的 ERP 市场份额。

公司网址：www.kingdee.com，www.ufsoft.com.cn。

二、主要功能模块

客户关系管理应用程序通常根据主要功能分为营销、销售和服务，但这些传统的业务功能已经不足以描述客户关系管理的范畴。例如，通过分销商和渠道进行的营销、销售和服务就需要伙伴关系管理（PRM）；顾客和产品管理也需要一系列横跨营销、销售和服务的专用功能和模块；而分析模块往往被认为是相对独立的应用模块，有专业的解决方案和供应商。下面将对客户关系管理软件系统的主要功能模块进行简要介绍。应该指出，现代客户关系管理应用已经发展出极为丰富的特点和功能，远远超过这里所能表述的。

（一）顾客和产品管理模块

顾客和产品管理模块在客户关系管理软件系统中可以独立成块，也可以内嵌在销售、服务和市场模块中。无论是前者还是后者，产品和顾客管理都必须在应用软件系统中占有一席之地。B-B 的模式下顾客的采购行为和过程可能比较复杂，而 B-C 的模式下则存在顾客住址变动的问题；产品可能是非常简单的零售货品，也可能是配置复杂的产品（比如一辆汽车需要阐明它的组装引擎、外观色调、轮胎类型和附件等）。图 3-4 勾勒出了顾客和产品管理模块的典型结构。

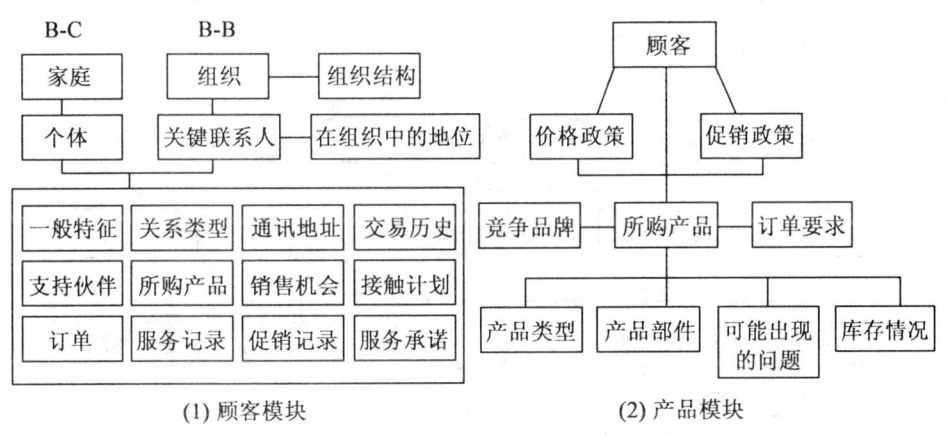

图 3-4 顾客与产品管理模块的信息结构

（二）营销管理模块

客户关系管理的营销过程包含对顾客（根据其顾客价值）的评估和细分两部分，根据分析结果安排活动，再对活动效果进行评估，最后确定企业资源配置的方向。如图 3-5 所示。

以上的步骤牵涉一系列客户关系管理的相关功能，例如营销预算和资金的管理、顾客忠诚计划、渠道和其他合作伙伴管理等。营销管理模块必须能够融合多种顾客沟通渠道，并运用这些渠道进行营销活动，包括电子邮件营销、通讯营销、电话营销、传统的信件营销和网络营销。在所有的方式中，完备的后台程序和有效的客户数据支持客户关系管理系统对营销投入进行分类和个性化。

（三）销售管理模块

客户关系管理销售模块支持的销售模式很多，包括复杂的 B-B 销售、B-C 电话

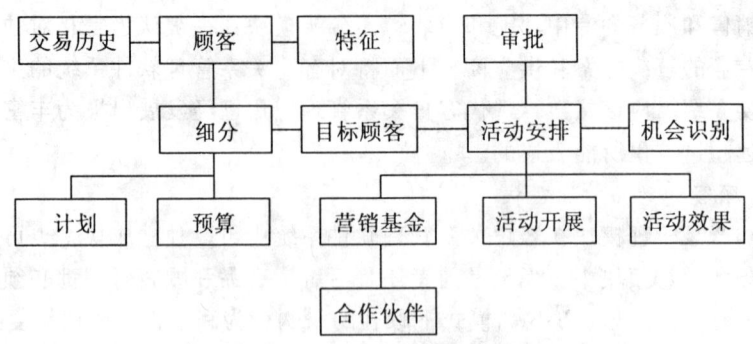

图 3-5 营销自动化模块结构

销售等。这些可能涉及团队销售、分销商销售、特定的销售方式和地域管理。支持销售过程的一个关键技术是同步化移动设备解决方案和无线设备解决方案，这允许销售人员在路上访问企业的客户关系管理系统。见图 3-6。

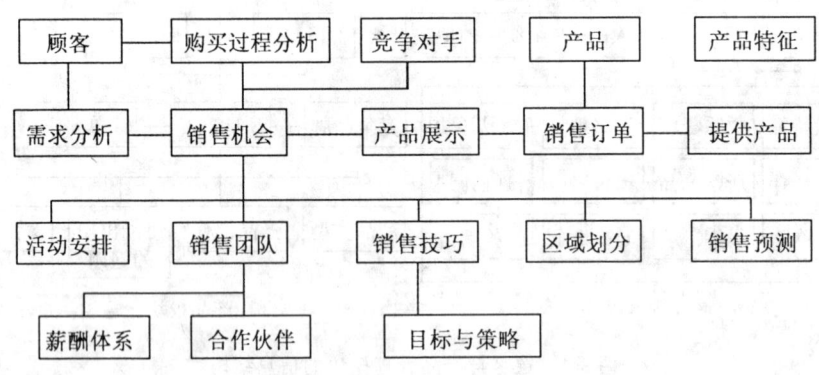

图 3-6 销售自动化模块结构

销售自动化的实施通常伴随着一套销售规则。如果没有规则，销售人员操作方式可能各不相同，从而影响销售管理和资源的排序。但技术本身并不规定销售规则和管理流程，需要管理人员事先根据业务规律进行合理设定，比如上门拜访客户的周期为 3 周，电话问候是 5 天 1 个周期。销售规则有很多种，许多都是在客户关系管理之前就发展出来了，主要面向企业内部而非顾客。

采取网上销售形式的企业还要注意其技术的独特性，它需要另外配置应用软件，如购物车技术、店面与产品图标目录展示技术和安全校验等。产品特征展示技术的发展使人们能够在网上销售较为复杂的物品。

有些销售管理模块将业绩考核与薪酬计划也融入在内，让销售人员能够随时看到一旦成功销售对他们报酬结构的影响。

(四)服务和支持

客户关系管理中服务支持模块也有很多变数,复杂的工业产品需要现场服务工程师,而处理投诉的事务则需要集中的电话网络和中央知识库。客户服务的核心要素是服务请求单或故障单,用来跟踪整个过程直到服务完成。跟销售一样,现场服务也需要移动设备,但更多的是使用分派和行程安排程序。见图3-7。

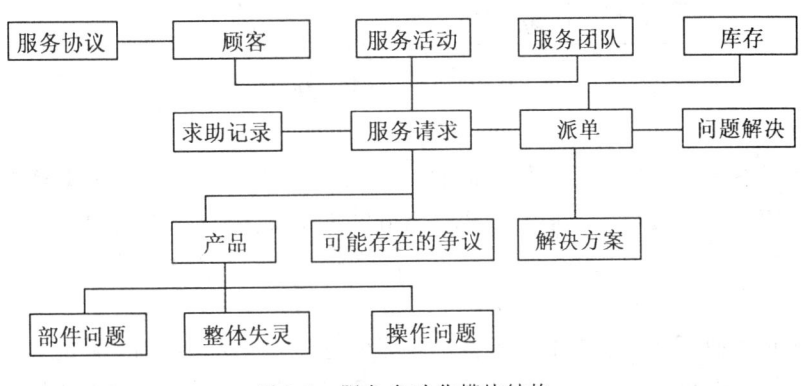

图3-7 服务自动化模块结构

(五)伙伴关系管理(PRM)

渠道伙伴与终端客户的关系管理也需要系统支持,包括营销、销售、服务等各种功能。除此之外,还需要专业的伙伴关系管理模块,如支持分销商资格认证和签约、支持联合商务计划和目标、评估成果、支持分销商培训、管理多个企业的营销资金和专业的伙伴激励方案等。见图3-8。

伙伴关系管理通常需要一个特别的接口,让分销商在可控的情况下访问客户关系管理系统,从而在有效协作的同时保证数据安全。数据安全是相当重要的一个问题,要保证互相竞争的分销商在系统中访问不到彼此的数据,同时能处理自己的事务。

除了上述主要模块之外,现代客户关系管理系统的范围已经扩展到员工、投资方及供应商。员工关系管理(ERM,也称为B-E)模块通过员工接口,列出新闻、目标、培训、表现、考勤、知识管理及激励等子模块,确保员工容易获取信息,做事有充分准备,积极性高。管理层可以此规范化员工的期望、产出和表现,更好地配置企业资源和完成业务目标。

传统的供应商关系管理(SRM)系统主要集中于交易,采购系统、收货系统、付款系统比比皆是。最新的理念则注重供应链整体效率的改善,像"约束条件下的最优化"等供应链优化技术大派用场,这些技术试图清除供应链上的消极因素,从而优化供应链。但客户关系管理是从另一角度来考虑供应商关系的,它不是关注

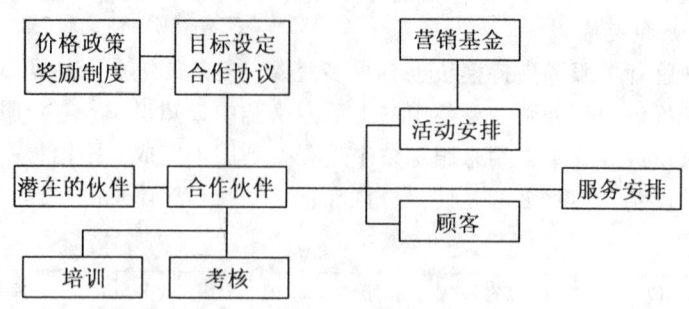

图 3-8　伙伴关系管理模块结构

成本,而是看重关系的价值。如其他的外部关系管理方案一样,SRM 模块致力于改善与供应商的沟通和相互理解,其中包括供应商接口和网上协作技术、订单和配送管理、账户维护等,在供应商接口上,越来越多的会有产品开发、质量保障和节约成本项目等更深入的供应商关系。

网络技术使顾客、供应商、销售伙伴等可通过特定接口访问企业的客户关系管理系统,投资者也一样,他们可以登录进入投资者界面,及时了解企业概况、远景和阶段性任务、企业战略、财务报告、营销方案和分析家意见等一系列企业信息。投资者可以在网站上注册、下载资料、订阅邮件和提供反馈。

三、软件系统评价标准

面对众多的客户关系管理软件系统,企业在选用过程中,除了考虑自身的需求、软件系统价格和供应商服务水平之外,软件系统的易用性、性能、灵活性和可升级性是重点评价的因素。一旦应用程序公布在网页上,其性能和易用性都是直接可见的。若应用软件难以操作和配置,或者反应迟缓,会给顾客留下恶劣的印象。

(一) 易用性

易用性描述了一个程序操作或使用的容易程度,易用性高的程序是直观的,仅需最少的工作就能得到预期结果。部署这样的应用也仅需最少的培训,同时还会被客户认为是快速反应的。对于为客户提供一个快速反应体验来说,快速反应的应用程序是一个必要因素。

旧式系统传统上使用菜单系统和功能键来导航。功能键反应很快,但是,它们也把用户限制在系统最初设计的流程里。对前台部门来说这种做法可能很繁琐,并且需要花时间来取得客户的预期结果。相反地,网页技术结合超链接和"继续掘进"技术,支持一种直观的、"想去哪就去哪"的操作方法。如果你想了解更多的相关信息,点击链接就行了。因此,网页风格的界面现在成了客户关系管理应用程序的标准做法。

唯一的例外是呼叫中心，在这里可预测会有大量来电，简单的 HTML 网页技术就不够用了，需要脚本和 Java 小应用程序进行扩展以提供所需的互动性和性能。

（二）灵活性

快速反应可以是"硬连线"的，通过先发制人地构想一个客户可能需要的所有进程，并在提前应用系统中运行，以此取得快速反应。但是，这种办法也有问题，顾客不一定总是跟随你的脚本。应用的灵活性是指在任何时间客户能有多少种可选择方案，这些选择通常通过超链接、按钮或屏幕标签来实现。灵活性高的应用可能会有许多这类链接，并不要求人们跟着特定的程序来做。客户不用被告知："对不起，在 B 之前我不能做 A"。

（三）高性能

性能是多个技术的函数，所有技术必须联合起来提供一个高性能系统。一个运行于高速网络上的客户关系管理应用也可能很慢，因为数据库负荷太重了。系统的总体性能通常取决于最弱的那一部分。可感知的性能包括上面讨论的易用性和灵活性，还有网络性能、数据库性能和服务器性能。许多客户关系管理应用把数据库和服务器分离开来以改善总体性能。

性能还取决于集成度和同步技术。如果用户必须等待一个自动邮件的创建和发送的话，一个客户关系管理应用可能会显得很慢。远程用户如果要等上好几分钟才能把他们的膝上电脑和系统进行同步，也会觉得系统很慢。这些进程可能是整个系统中耗时最长的，并极大影响系统的被接受程度。高性能体系结构的一个特征是其分离高负荷区域（如数据库和应用服务器）的能力和扩展应用服务器与网页服务器层次的能力，通过增加更多的服务器来满足需求。

（四）可升级性

随着客户关系管理系统的增大，有越来越多的内部和外部用户，可升级性就变得很重要了。一旦客户在线并访问网站，或者所有的销售人员从各地一起进行同步，原来能支持 100 个呼叫中心用户的系统可能会慢得无法忍受。这种情况在涉及客户的高周转领域尤为严重，如呼叫中心和网站，还有高负荷集中发生的时候也会，如午后同步潮或后台的整合潮。

由于客户关系管理系统是在模仿一个不断变化的环境（市场和顾客），构建在系统中的所有数据模型和过程模型必须能迅速有效地改变。这个环境也随着行业不同而不同。最后，很少客户关系管理应用是单打独斗的，它们几乎都要跟别的内部系统进行集成。

第三节　客户关系管理支持技术

客户关系管理软件系统的运行需要大量的硬件和软件技术支持。其中比较重要的包括接触管理与应用平台技术、数据仓库技术和数据挖掘技术。这些技术的出现与发展，极大地降低了客户关系管理应用的成本，提高了应用效率，使得客户关系管理在更广范围内深入运作成为可能。

一、接触管理与应用平台技术

与纯粹面向企业内部的系统不同，客户关系管理系统必须能在办公室内外和网络上运作，必须能把使用不同接触技术的多个沟通渠道联系起来（网页、电子邮件和电话等），还要有足够好的性能和灵活性以适应不断变化的用户群体。

多渠道客户接触管理从 20 世纪 90 年代初发展起来，一般有两个层面：一是面向顾客的多渠道通讯技术，二是组织内的多接触点技术，企业需要将二者整合起来，形成面向顾客的单一界面。顾客可能选择你的网站浏览信息，给你发 E-mail 来询问价格，又打电话跟你讨论折扣，并希望整个对话前后一致。多渠道技术必须给顾客受重视的感觉，以及在沟通过程各阶段的服务一致性。

1. 多渠道通讯技术

随着信息技术的发展，与顾客接触的渠道越来越多，电话、传真、网络、移动电话、短信、电视会议、电子商务和面对面交流等，都可以成为企业与顾客沟通交流的媒介。不管顾客选用电话、E-mail、网络聊天还是面对面交流跟企业沟通，客户关系管理的目的都是跟踪和管理能反映出顾客价值的整个对话过程。重要的客户可能希望在任何沟通渠道中都有优先权，他们的 E-mail 要优先处理，他们的呼入电话要优先接听，特别地，高价值客户的 E-mail 要比低价值客户的呼入电话更优先处理，为达到这种效果，需要一个中央客户关系管理数据库，还要有全局排队机制。全局排队机制把所有的沟通排成一个单队列，不管这些沟通来自什么媒介，这样就能依据客户价值或者其他的变量来确定回应的先后顺序。要有效应用全局排队机制，通信基础设施（电话、E-mail 和网页系统）和客户关系管理应用（客户价值评估方法等）必须集成起来。

2. 组织内的接触点技术

与顾客沟通的媒介是多种多样的，因此企业内部负责与顾客沟通的部门与人员也不是单一的。在全员营销的格局下，每一个员工都是顾客接触点。对这些接触点的整合也是确保服务一致性的重要前提。营销部门寄出一份促销单，销售员在打电话给顾客讨论价格之前必须知道这份促销单；同样地，当顾客致电服务台寻求帮助时，这份促销单也必须被显示出来，以便服务人员能正确对待顾客；如果服务台还执行一些其他任务，比如交叉销售，那这份促销单就更重要了。多渠道的技术解决方案包括了供各部门和客户使用的一系列集成的应用软件、为外部合作伙伴建立的门户网站、在全组织范围内执行的同步技术（把信息送达现场）和关于产品、订价和客户活动的中央知识库。这里有很大的技术挑战，然而多渠道客户关系管理最困难的还是跨部门的业务流程实施和对外保证客户对话的一致性。

现在支持客户关系管理软件系统运行的应用平台技术主要包括网页浏览器技术、移动无线技术和集成技术。

1. 网页浏览器技术

网页浏览器技术已经成为现代客户关系管理系统的必要成分,许多这类系统的成功都依赖于它们对客户和渠道伙伴的可访问性。传统的客户/服务器技术对客户和合作伙伴来说是不够的,因为这种技术要求客户和伙伴在他们的个人电脑上安装客户关系管理客户端软件。一个组织不能指望也无法支持大量的客户安装并维护该公司的客户关系管理软件。相比之下,基于浏览器的系统仅要求在客户端安装标准的浏览器(可能要达到一定的版本),然后客户关系管理系统只需用 HTML 技术或动态 HTML 技术与网页浏览器通信。

然而,HTML 和动态 HTML 不能支持所有在充分的客户/服务器架构下所能支持的那种互动性。这通常意味着必须在网页浏览器所支持的互动性水平和下载程序组件到客户机的必要性之间取得平衡。下载进程通常被视为是不好的,因为它占用时间和网络带宽,但它也有积极的一面,因为这些应用程序和脚本能使浏览器增强互动性。因此,每一个客户关系管理供应商都开发了它们自己的技术和语言组合,产生不同水平的易用性、互动性和带宽要求。

浏览器技术还有其他对客户关系管理来说很重要的优点。超链接驱动的用户界面是大部分面向客户会话的理想界面。网络无所不在的性质也使得人们要学习如何操作这种程序变得比较容易。这对于面向客户和面向伙伴的程序尤为重要。

在集成与移动解决方案中,网页技术也发挥了重要作用。扩展标记语言 XML,一个标准的、灵活的、用于描述网络上的文件的范式,正在成为不同应用软件之间进行集成的标准语言。客户关系管理应用程序就可以使用 XML 与会计系统通信。无线移动方案也通过网页服务器和 WML(HTML 的无线版本)来传送信息。

利用网页来对客户进行营销、销售和服务也促进了基于网页的专家应用软件的发展,如配置器和顾问。这些客户关系管理模块允许一个组织为它们的产品、产品配件和定价建模,然后以顾客对所给一系列问题的反应为基础,用这个模型来确定网上提供给顾客的产品或服务。例如,许多 PC 制造商现在允许顾客上网自己选择 PC 的配置,包括 CPU、内存、硬盘、声效系统、操作系统和保修方案等。虽然对客户来说并不明显,但在选择的背后,程序是在确定一个长期有效的配置,比如,确保最大的扩展卡插槽不少于产品的最终配置。

2. 移动无线技术

许多业务要走进客户的住处,而不是坐等顾客上门或者给顾客打电话就行。这类业务就需要可移动的专业人员,如销售员和技术服务工程师,这些人员是客户体验的一部分,必须配备有最新的客户信息和产品信息。支持这种移动人员的两种设备是移动设备（同步化的）和无线设备（在线的）。

同步化移动解决方案包括一个手提或膝上设备和一个本地小型数据库，这个数据库是客户关系管理数据库关于特定的客户信息的一份拷贝。这种系统不是在线系统，它没有一直保持连接，而是依赖于同步技术过滤进入小型手提设备的信息，用户可在方便的时候将移动设备和主系统进行同步，比如在离开家或者办公室之前进行同步。这类系统的优点是，它可以在不能保证网络连接的环境下工作，如飞机上、偏远地区和购物中心等，客户关系管理移动客户端跟它们那些在办公室里的在线孪生系统功能是一样的。移动设备的缺点是同步过程可能很复杂而且不可靠，并且某些供应商的技术无法适应大规模的用户；另一个缺点是移动客户端的信息不一定是最新的，仅跟最后一次同步时一样新。尽管如此，同步化移动解决方案还是目前最被广泛传播和接受的移动装备。

无线在线装备包含一个手提设备，但是这个设备是通过手机或无线网卡跟主系统保持连接的。新技术如蓝牙技术使得无线在线方式更简单。目前，由于成本较高，带宽和无线媒介有限，客户关系管理无线客户端跟同步化移动设备相比还是略逊一筹，持续在线的优势以及数据的及时性优势，被连接问题和性能局限性冲销掉了。随着中国移动通讯逐步进入3G宽带时代，这些问题将有所缓解。

3. 集成技术

集成本身就是一个重大的IT课题，专业的集成中间件供应商如Webmethods、IBM、SeeBeyond、Vitria和Tibco在大型复杂的客户关系管理项目中起了关键作用。并非所有的集成需求都是复杂的，但是集成的难度是应用环境复杂度和信息传递及时性需求的一个函数。这引出主要的两类集成：批处理和实时处理。批处理技术上比实时处理简单，它能处理大量事务同时又对系统性能影响较小。批处理把信息存在一个文件中或存成一批，然后把这些信息一次性地送到目标系统，这样做的代价是信息的延迟。许多批处理程序只在晚上运行，这意味着目标系统的信息总是迟了一天。跨国组织由于跨时区交易，面临一个更复杂的情况：批处理只能在不同地区的夜晚运行。一般来说，在适当的地方使用批处理更好，如信息不是很经常变动的时候。

某些情况需要实时集成。实时集成是指现实发生变化，系统就即时反应，例如一个客户记录在某个系统上更新了，这个变动会立刻在目标系统上反映出来。集成过程可以用认证或队列管理技术进行管理，确保集成数据不丢失。某些形式的整合，如电话整合，必须始终实时，因为客户当时正在电话上。

不管用何种集成技术，客户关系管理通常需要对四个领域进行集成：应用程序、电话系统、电子邮件和网页集成。

应用程序集成把客户关系管理系统和其他商务系统联结起来，如会计系统、账单系统、存货管理系统和人力资源系统，具体事务包括客户订单、分类总账和激励报酬等。这种类型的集成可以是批处理的，也可以是实时的。应用集成可以由客户关系管理供应商或其他系统厂商提供标准集成，但大多数情况下，这种标准集成需要作些修改。集成也可以手工进行，但长期这样成本就很高了，因为每次软件升级，接口就得修改一次。复杂的情况下，有很多应用系统需要集成，这时候通常用专业的集成中间件来做，用中间件来处理不同应用系统之间的信息流。这种方式需要为大多数普通应用系统配置标准的连接器。

电话系统集成把电话系统和客户关系管理应用程序连接起来，使呼入电话能依据呼入者的细节被转到合适的人手里，呼出电话能在呼叫中心的桌面自动呼出。以金融服务企业 Capital One 为例，呼入者若在过去两个月内没使用过它们的信用卡，就把它转到挽留专员手里；又以 Qantas 航空为例，呼入者若最近订了票，就把它转到预约组，否则转到普通客服人员手里。对电话系统的有效集成是大规模联络中心取得成功的基本要素。此外，全局排队技术和预测拨号技术也可以用来进一步提炼联系处理过程。预测拨号技术的目的是优化呼叫中心座席代表的呼叫率，这种技术监控呼叫时间并预测一个代表何时结束当前呼叫，然后系统把下一个呼叫拨给他，预期客户在座席代表完成当前呼叫的精确时刻拿起电话，从而最小化无效益时间。虽然这些系统可以增加呼叫率，但它们必须被小心管理以确保客户交流的质量和效果，确保座席代表不会因为工作量的增加而倦怠。

电子邮件集成跟电话系统的集成类似，用于改善客户交流过程，不过它需要的技术却很不一样。电子邮件集成包括邮件自动创建（例如，一旦订单已准备装运，自动给客户发邮件告知调度细节）和邮件自动回复。电子邮件回复程序已经发展得很完备了，简单的有自动确认程序，如自动回复发到服务台的邮件，告知邮件已收到和相关的服务请求跟踪号。复杂一点的程序可以阅读邮件内容，搜索关键字（如产品描述）并用最有可能的回答自动回复邮件。不过这种自动化有时也会产生问题：如果客户收到的回复跟他们的问题无关，客户的满意度就很低了。

网络集成对许多采用客户关系管理系统的企业来说是一个巨大的挑战。现在许多企业都有网站，而且网站上有许多跟客户关系管理系统相同的内容（如客户注册细节、解决方案知识库、产品信息等）。理想的结果是：利用集成技术或者把网络应用程序作为核心客户关系管理系统的一部分，让网站从客户关系管理系统中提取信息。任何不必要的信息副本都可能造成失误或增加工作量，甚至让客户不满，例如，呼叫中心给客户报的价格跟网站上的不一致。网络集成可能还涉及网上聊天和网上协作，这些技术让企业能通过网页为客户提供帮助，而不必离开他们所在的网页。比如一个简单的电话回拨，客户和座席代表可以用网上文本聊天进行交流，也可以进行互动协作，让座席代表操纵客户的鼠标，帮他填表或寻找文件。

二、数据仓库技术

心理学家 David Lewis 说:"太多的信息就像太少的信息一样危险。"在这个"信息爆炸"的年代里,太多的信息容易让决策者患上"信息疲劳症",它可能会导致分析的瘫痪,以至于决策者很难发现正确的解决方案,做出最佳的选择。每一个企业在过去的若干年时间里都积累了大量的、以不同形式存储的数据资料,由于这些资料十分繁杂,单凭人力和脑力从中发现有价值的信息或知识,达到为决策服务的目的,成为了一项非常艰巨的任务。要使信息丰富的信息库真正变成一座富金矿,必须借助现代信息技术和分析技术的支持。支持客户信息库为企业管理决策服务的两个核心技术是:数据仓库(Data Warehouse)和数据挖掘(Data Mining)。

"数据仓库之父"W. H. Inmon 对数据仓库的定义是:"数据仓库就是面向主题的、集成的、稳定的、不同时间的数据集合,用以支持经营管理中的决策制定过程。"①

传统的数据库技术是以单一的数据资源,即数据库为中心,进行从事务处理、批处理到决策分析等各种类型的数据处理工作,它只能对业务数据进行增、删、改等事务处理操作和简单的统计汇总,不能对不同时期、不同类型的数据进行整合,也不能沉淀大量的历史数据。这样,决策者就无法综合利用当前数据和历史数据进行各种复杂分析。

数据仓库的建立使企业的信息环境划分为两个部分:操作型环境和分析型环境。操作型数据负责数据的日常操作性应用,当数据在操作环境中不再使用时,若它对分析有用,就将其归到数据仓库中,数据仓库存储旧的历史数据,留作分析性应用。在分析环境中,数据很少变动,因而数据仓库没有数据库的日常的增、删、改等操作,只有存取和装入操作,专用于各种复杂分析,为高层管理人员的决策起信息支持作用。

数据仓库从原有业务数据库中获得的基本数据和综合数据被分成四个不同的级别——早期细节级(Older Detail Data)、当前细节级(Current Detail Data)、轻度综合级(Lightly Summarized Data)、高度综合级(Highly Summarized Data)和元数据(Meta Data)。原始数据经过集合后,首先进入当前细节级,并根据具体需要进一步综合,从而进入轻度综合级乃至高度综合级,老化的数据将进入早期细节级。元数据在数据仓库中起到数据指南的作用,它能够让使用者了解数据仓库中有什么以及如何使用,它包含的信息包括数据结构、用于综合的算法、从业务环境到数据仓库的规划等,但不包含任何业务数据库中的实际数据信息。

---

① W. H. Inmon,等. 数据仓库管理. 王天佑,译. 北京:电子工业出版社,2000;W. H. Inmon. 数据仓库. 王志海,译. 北京:机械工业出版社,2000.

基于元数据的应用程序允许一个组织用最少的工作实现商务规则的更改。新的流程、屏幕布局、选择价值、业务流程和规则审定都可以不必编程就构造出来。更重要的，当客户驱动的流程需要改变时，组织可以用最少的工作快速地付诸测试和实施。最后，如果有核心应用程序的新版本发布出来，例常程序可以跑一遍来比较新版本的元数据和旧的定制化版本的元数据，从而改善升级后的进程。

有效客户关系管理的一个关键因素是储存和升级关于客户的知识。这些知识可以是结构化的交易数据如接触历史和账户，也可以是非结构化的信息，如来自客户的信件和传真，以及电话交谈时的笔记。客户关系管理的成功很大程度上取决于这些信息如何转化为企业的知识，并最终转化为对客户的洞察力，这将取决于数据的完整性、及时性、可得性和相关性。

客户信息经过数据仓库技术的处理，不仅会变得更加结构化和明晰化，而且可以用于各种复杂的决策分析，为客户关系管理决策提供一个全面完善的信息应用基础。

三、数据挖掘技术

近年来，客户关系管理分析已经上升到了一个很重要的位置。企业意识到以往仅仅关注改善面向顾客的运作是不够的，还要对顾客进行分析，评估顾客价值、顾客满意度和顾客流失倾向。现代客户关系管理系统有三个层次的分析模块，依复杂性由低到高分别是：标准报告、联机分析处理（OLAP）和数据挖掘。

标准报告是一个有效客户关系管理系统的基础。客户关系管理的基础就是对顾客的了解和区分，而这又依赖于优质的顾客信息和内部信息。标准报告可以用简单列表的方式，列出重点客户、全年收入额或一些更精确的报告，从中体现出某种销售规则或是业绩度量。报告分标准化报告（预定义的）或者查询报告（特殊的）。标准化报告由客户关系管理系统给出，但需要做一些特定工作以满足使用者的要求，在实际运行时也可以做一些定制化，比如设置选项或过滤条件，但结果仍限于设计者所能设想的范围之内。查询报告可以根据使用者设定的条件给出当前所需的结论。这种方法更灵活，但要设定这些条件也很花时间，对于那些经常性的、标准的操作层报告来说并不适合。除此之外，这种方法功能强大，它能支持精确的查询，比如"列出我管辖区域内保修期满并且年交易额超过一定额度的所有客户"。

随着分析需求的增长，核心客户关系管理系统中的标准交易信息可能结构化不足，无法提供最好的结论，这样一来，OLAP就成为客户关系管理系统的一个必要部分。联机分析处理 OLAP 技术支持信息进行格式转换并存入数据仓库，以适应分析需要和特殊查询。信息被归纳成一种支持快速分块的格式，通常以图标和表格来表示，这样用户可以逐层掘进，直观地找到问题点。这种格式叫星状图，它包含一个中心的主题格，周围连着几个次元表格，成星状分布。一个数据仓库一般有好几个星状图,比如顾客图、机会图、服务请求图、活动图和市场回馈图。以顾客图为例,它可能包含的信息有顾客的销售收入、销量、销售成本、利润率、折扣、促销费用等。用户可以对一个或多个图进行分析,得出所需结论。这种图格式支持专项分析,提供给用户总结后的信息,用户可以从中分析出问题所在和问题原因。销售人员可从中分析出收入和利润,客服人员可得到电话回复率和次数,分销经理可以根据批下去的营销资金和分销商收入来分析分销商的业绩。分析工具还可以实现实时决策。比如,顾客电话咨询时,呼叫中心可以给座席代表传送预定的初步解决措施,顾客可以实时给出评分。

信息传送机制是客户关系管理分析系统中的一个重要因素。信息可以在桌面上直接获取,通过网页浏览器接口,利用图形布局和超链接技术,让用户自主搜寻。另一种机制是设定触发事件,如某顾客在过去一个月里登录搜索相同内容的次数累计到一定数量,系统就会将这些内容的相关信息以邮件或者其他方式投递给顾客。这也称为"发布和订阅",是一项重要的管理工具。

在一些行业中,例如银行、电信、保险、公共部门、零售和公用事业,都需要对庞大的顾客数据进行分析,此项繁重的工作如果没有数据挖掘的帮助,将很难实行。数据挖掘[1]技术是对数据仓库进行访问和分析的一种重要工具,它是当前IT业界的一门热门技术,已经在多个应用领域产生了巨大的效益,是计算机领域发展最快、最为活跃的技术之一。在国外,数据挖掘技术已经获得了较为广泛的应用,并为决策过程提供了强有力的支持。

数据挖掘也称为数据开采、数据采掘等,就是按照既定的目标,对大量的企业历史数据进行探索,揭示隐藏在其中的规律性,并进一步将之模型化的先进、有效的方法。

数据仓库的出现为数据挖掘提供了更为广阔的空间。数据挖掘的主要步骤包括以下几个环节:

1. 确定问题和明确目的。为了充分利用数据挖掘,必须明确表述目标是什么,不同的目标将使用不同的模型。

2. 数据准备。数据准备工作应该包括数据收集、数据评估、数据合并与清除、数据选择和数据转换等步骤,这一环节是数据挖掘的基础。

3. 建立模型。数据挖掘的模型化工作涉及多个技术领域,常用的如决策树模型、人工神经元网络、数理统计方法以及时间序列分析等。从目前的应用来看,比较实用的方法还是数理统计方法,它已经非常成熟且容易理解和使用。

4. 分析评价。运用模型对信息进行分析,评价数据挖掘的结果是否符合目标

---

[1] 朱爱群.客户关系管理与数据挖掘.北京:中国财政经济出版社,2001:483;刘锡京,宣慧玉.客户关系管理与数据挖掘.中外管理导报,2002,10.

的客观规律性。

当然，数据挖掘是一个开拓性的、重复的过程，不可避免地要在多个步骤之间来回跳跃，例如在建立模型阶段我们可能发现要补充新的变量，在分析阶段需要补充新的数据等。

数据挖掘为管理决策提供了更明确、完善的决策信息。

第四章 客户组合分析

客户分析是客户关系管理活动的基础性工作。客户分析的目的是帮助企业了解客户的构成与价值，寻找合适的目标群体或个体，并有针对性地发展关系战略，制定营销策略，合理配置资源。客户分析可以采取多维度、多指标的方法，确保营销活动朝着正确的方向推进。通过本章的学习，你需要掌握客户识别的方法和客户细分的标准；客户贡献价值的内涵及测算方法；客户组合分析的工具以及对应的关系类型。

第一节 客户识别

客户识别就是发现对企业有价值的客户。他们是响应企业宣传活动的潜在客户，或者是重复购买产品的客户，或者是购买企业其他产品的客户。企业需要知晓哪些客户对企业的产品感兴趣，并详细了解他们的构成以及行为模式。

一、确定目标市场

企业不需要也不能够满足所有客户的所有需求。为了提高客户识别的效率和效果，企业需要对所面临的市场进行细分，找到合适的目标市场，并确定有差异的市场定位。

（一）确认企业所在的行业/市场

企业确认自己所在行业似乎是一项简单的工作。可口可乐和百事可乐都处在软饮料行业，奔驰公司和宝马公司重点在高档汽车行业进行竞争。实际上，传统的行业观念现在逐渐被打破，新技术的出现使得原本处在不同行业的企业彼此之间构成强烈的竞争关系，如分别处在胶片行业的柯达公司和打印机行业的惠普公司，由于数码相机的普及，惠普公司的数码相片打印机对传统的胶片行业带来不小的冲击。为了避免落入"营销近视"的困境，企业应该综合竞争导向和顾客导向的视角，明确自己所处的竞争领域与范围。

一般而言，企业可以在四个层次来划分自己的市场竞争领域。品牌竞争是以相似的价格向相同的顾客提供类似产品或服务，如同样是满足顾客的"去头屑"需求的"海飞丝"、"风影"、"雨洁"等。行业竞争是制造同业或同类产品的公司，如都在日化用品行业竞争的宝洁、联合利华、丝宝、拉芳等。形式竞争是所有制造能提供相同服务的产品的公司,如航空公司和铁路企业都在满足人或物的空间移动的需求。一般竞争是争取同一消费者钱的消费项目,这个层次的市场边界最广泛,汽车制造商可能需要将房地产商视为自己的主要竞争对手之一,因为消费者在购房之后,买车的欲望可能会减缓甚至消失。

(二)确定细分变量

在确定市场边界之后,企业需要深入了解市场的结构和特征,以便发现目标客户和新的市场机会。选择合适的细分变量,有助于了解市场的结构与特征。一般而言,消费者市场和产业市场的市场细分标准存在着很大的差异。消费者市场细分的标准主要有地理因素、人口因素、心理因素和行为因素,而产业市场还需要增加一些采购方法、经营特点等变量。当然不同行业所偏重的细分变量会有差异,如地理因素中的气候变量对空调行业影响深远,中国南方地区炎热而潮湿,所以制冷与除湿功能是顾客关注的重点;而北方地区干燥的气候使得消费者喜欢有加湿功能的空调。然而,气候变量对电视机的消费基本没有影响,人们选择电视机的时候,更多地基于收入水平和生活方式的考虑。

有的时候,合理选择细分变量会给企业带来新的发展机会或"卖点"。"他、她"饮料和佳洁士牙膏打破传统行业细分标准,都将性别作为市场细分的新变量,分别开发出女士专用和男士专用的饮料和牙膏,获得了部分顾客的青睐。

(三)运用细分变量分割市场

很少有企业只用一个细分变量对市场进行分割,更多倾向于多维度的市场细分。在这些多维度的细分体系中,至少应该包括顾客群体、顾客需求以及技术或产品类型这三个维度。比如对个人电脑行业,我们可以按照职业和用途将顾客群体分为教育培训、小型办公、科学家或工程师、商业旅行者、政府机构等;顾客需求包括多媒体、无线通信、台式机、笔记本电脑等;技术分为AMD系列、赛扬系列和奔腾系列等。这样我们就得到了至少60(5×4×3)个细分市场片。每一个细分市场的特征也是非常明显的。见图4-1。

(四)评价各个细分市场

对各个细分市场的评价可以从两个方面入手:细分市场的吸引力以及与企业能力的匹配程度。细分市场的吸引力评价可以从市场规模、增长率、顾客的价格敏感程度与支付能力、竞争状况和市场风险等角度进行测量。匹配程度的考察重点在于细分市场与企业经营目标、资源状况的适应程度。有些细分市场虽然有较大吸引力,但不符合企业长远目标,或者企业不具备相应的技术能力、渠道关系、资金规模和人力资源等,因此不得不放弃。见表4-1。

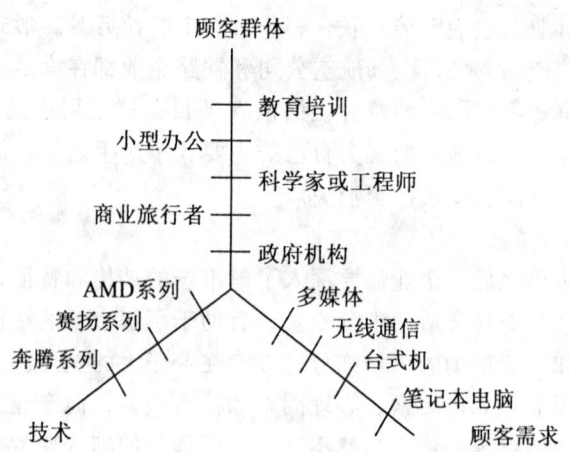

图 4-1 个人电脑业的市场分割

表 4-1 细分市场评估指标

吸引力评价因子	得分	匹配程度评价因子	得分
市场规模		与公司形象的适应性	
市场增长率		与公司目标的匹配程度	
竞争者实力		与公司资源的匹配程度	
消费者对现有产品的满意度		分销渠道的可获得性	
消费者的支付能力		需要的投资额	
市场的稳定性和可预测性		成本	
风险		获得持续竞争优势的可能性	
其他		营销沟通的可达性	

（五）选择目标细分市场

企业对不同细分市场评估后，可以选择其中一个或多个细分市场作为自己的目标市场。密集单一市场是只选择其中一个细分市场片，通过生产、销售和服务的高度专业化来获得经济效益。一般而言，密集单一市场的风险比较大，许多企业更愿意选择多个细分市场以分散风险。有选择的专门化是指企业选择若干个细分市场进行专业化服务，其中每个细分市场都有吸引力并符合企业的发展目标，而且彼此之间很少有联系。当然，企业也可以采用完全覆盖的策略，通过提供标准化产品或差异化产品满足各种顾客群体的要求。

二、搜寻潜在客户

"坐等客户上门"的时代已经成为历史，在选定目标市场之后，企业需要通过各种途径主动发掘与搜寻目标市场中的潜在客户。一般而言，销售人员或客户代表是企业搜寻潜在客户的主力军。在招揽客户之前，销售人员或客户代表应当清楚自己拥有哪些搜寻客户的手段与途径。除了拜访和打电话，展销会、广告、公关活动和网络搜索可能在某些时候的效果更佳。表4-2列出了几种常用的客户搜寻手段。

表4-2 各种赢得客户的手段分析①

方式	优点	缺点	成功要诀
信件/直接广告	大批量散发，单位成本较低，方便	响应周期长，反应率低，损失较大	了解受众的特点，注重质量而非数量，层层推进
电话	成本较低，每次联系都可以得到客户的反应，每天可进行多次联系	没有直观感觉，电话铃声意味着打扰，电话容易被推脱	以最现代化的技术作为基础，采取容易理解的谈话方式
拜访	互动，容易感染对方，能够详细介绍和说明情况	成本高，拜访次数有限，耗时长	精心编排会谈过程，会谈内容紧密围绕客户利益展开
非预约拜访	容易给客户带来惊喜，了解客户的真实情况	容易受到挫折和拒绝	完善的销售装备，不故作自信，不做谦卑的解释
中介机构	共同销售，扩大客户搜寻范围	不稳定，风险较大	对中介进行良好的培训和支持，保持密切联系
博览会	专业化，集中，与会人员的兴趣高，存在对后续工作的信任	展会劳顿，成本较高，信息过多，干扰较大	清晰的会谈方案，将主要注意力放在简短信息上，随之约定会谈日程，尽快发感谢信
网络搜索	成本低廉，覆盖范围广	信息不够详细，有时难辨真假	了解搜索引擎的排名规律，合理搜索关键词，快速跟进和联系
公关活动	容易给公众留下长期深刻的印象	成本较高，直接效果不明显	选择合适的主题，有针对性地邀请观众

在搜寻潜在客户的过程中，销售人员或客户代表还需要对客户的类型、角色、购买决策过程有所研究和区分，并连同客户基本信息一同储存于客户信息库中，方

---

① 详细内容请参考：埃里希-诺贝特·德特雷．赢得新客户．李卫，等，译．北京：中信出版社，2002：22.

便以后的价值分析与设计活动。

首先,个体客户与组织客户的需求存在显著差别,搜寻的方式也应该有所不同。以移动通讯服务为例,个体大客户侧重在品牌归属与社会认同感高、通话清晰而稳定等需求上,而集团客户则希望能够借助移动通讯工具促进其业务发展和内部沟通。大众媒体和拜访是搜寻个体大客户的有效途径,通过各种顾客忠诚计划招徕潜在客户;而集团客户更适合通过专业媒体和网络来搜寻,诉求的重点也完全不同。如表4-3所示。

表4-3　　　　　　　　　　个体客户与组织客户的区别

	产品诉求	广告宣传	促销
个体大客户	全球通	大众媒体+拜访	VIP积分计划、商务计划(提供培训、机场绿色通道)、全球通俱乐部
集团客户	集群网、虚拟网(与固定电话争夺市场:电话费减免,网内主叫优惠,被叫包月或单项收费,发短信通知;业务联系:手机银行)	专业媒体+大众媒体+上门宣传+网络搜寻	免费建网 提供电脑和群发设备

其次,客户在整个购买决策过程中担当的角色也值得关注。在个体消费者的购买决策过程中,一般有倡议者、影响者、决策者、购买者和使用者等角色;而对于组织用户,其中的角色可能包括倡议者、影响者、决策者、批准者、购买者、使用者和守门者等。各个角色对购买决策的形成与持续都起到了不可替代的作用,在搜寻过程中要注意辨别各个角色的差异,采取有针对性的措施进行影响。

第二节　客户价值识别

并非所有的客户都是有价值的,企业应该根据顾客贡献价值的不同而区别对待。科学识别客户的价值是成功运作客户关系管理的前提,是企业营销实践客观发展的需要。企业并不是一开始就自发地意识到客户价值识别的必要性和重要性,而是在市场环境的不断变迁中逐渐意识到的,而且逐渐发展成为一种自觉的行为。在对顾客价值的研究中,突出的问题有两个:一是顾客(尤其是忠实顾客)到底能给企业带来哪些价值;二是如何计算一个顾客的价值。

一、客户贡献价值的内涵

客户贡献价值是指客户从多个方面为企业的生存与发展做出的贡献。客户（特别是忠诚客户）至少在以下几个方面为企业带来价值：保持对公司产品的购买；增加对公司的开支；服务成本的降低；正面的口传。我们从财务分析的角度将客户贡献价值分为直接价值和间接价值。

（一）客户直接贡献价值

客户直接贡献价值是指因客户与企业的交易行为而产生的净收益，也可以称为财务价值或经济价值、直接价值、原生价值，它包括如保持对公司产品的购买、增加对公司的开支、服务成本的降低等。客户直接贡献价值是交易收益与交易成本的差额净值，所以客户的交易量越大、交易价格越高、交易越频繁、交易程序越简单，客户的直接贡献价值就越大。

（二）客户间接贡献价值

客户间接贡献价值是与直接交易无关的价值，也称为非财务价值，或非经济价值、间接价值、衍生价值，如正面的口传导致吸引新顾客成本的降低和交易量的增加等。有的时候，老客户与员工的私人感情以及良好互动，提高了员工工作的积极性和满意程度，无形中也为企业的生存与发展增加了稳定的因素。与直接贡献价值相比而言，间接价值的测量要复杂很多。由于间接价值的效应最终还是会体现在企业的财务绩效中，所以多数情况下，我们都将间接价值的估算放入到客户的长期价值测算中。

二、客户贡献价值的传统测算方法

在关系营销的理论和实践尚未兴起之前，对客户贡献价值的测算主要集中在客户经济价值方面，而与直接交易相关的经济价值的测量最早起源于客户盈利性方面的研究。管理专家们从财务的角度开发出了许多测算客户盈利性的工具和方法，大致可以归纳为两种类型：自上而下型（Top-down Customer Profitability Analysis）和自下而上型（Bottom-up Customer Profitability Analysis）。[1]

自上而下型的客户盈利性分析一般先计算出企业的总利润，然后按照一定的标准将利润（或是成本和收益）分摊到细分客户群或每一个客户身上，从而测算出客户的盈利性程度，比较典型的方法有VBC法和ABC法。

（一）VBC法

VBC法，即基于产量的成本分摊法（Volume-based Costing），是成本会计学中

---

[1] Lynette Ryals. Are your customers worth more than money? Journal of Retailing and Consumer Services, 2002, 9: 241-251.

十分常见的一种成本分摊方法。它的一个基本原理是：将企业的间接成本或一般管理费用（包括管理费用、销售费用和财务费用等）按照产品生产所消耗的直接成本（包括直接人工、直接材料）的比例或产品销售收入的比例来进行匹配。

举例说明：

假设 A 公司将目标客户群划分为甲、乙、丙三个细分市场片，每一个细分市场片的销售总额都为 100 万元，而它们的直接成本分别为 20 万元、30 万元、50 万元，另外公司的管理费用是 50 万元，销售费用是 60 万元（为简化起见，这里假设公司的间接费用只包括管理费用和销售费用）。依据 VBC 法，我们对管理费用按照直接成本的比例进行匹配，对销售费用按照销售收入的比例进行匹配。结果如表 4-4 所示。

表 4-4　　　　　　　　　　　VBC 法范例　　　　　　　　　　　单位：万元

	合计	细分片甲	细分片乙	细分片丙
销售额	300	100	100	100
直接成本	100	20	30	50
管理费用	50	10	15	25
销售费用	60	20	20	20
成本合计	210	50	65	95
利润	90	50	35	5

由此得出的结果是：细分市场片甲的盈利程度最高，属于高价值客户群；细分市场片乙的盈利程度较高，属于中等价值客户群；细分市场片丙的盈利程度最差，属于低价值客户群。

（二）ABC 法

VBC 法在大生产时代具有它的合理性。由于此时企业以生产为主，直接生产成本占据了企业全部成本的绝大部分，管理费用、销售费用等一般管理费用处于一种依附地位，数额相对微小；另外客户的个性化需求因为"卖方市场"的缘故而受到压抑，企业服务客户的形式单一、成本低廉，企业应对客户差异化需求的压力并不强烈，所以依据直接成本或销售收入来分摊间接费用不会产生很大的偏差，基本能保证成本匹配的合理性。同时，VBC 法还有一个最大的优点是信息收集容易、操作简便、运作成本低。

但是，由于行业和市场环境发生了一系列的巨变，VBC 法的缺陷越来越明显，这种略显粗糙的成本分摊方法在很大程度上误导了企业决策的方向。

首先，服务经济和体验经济大行其道，企业的直接生产成本所占比例越来越低,而间接费用所占的比例呈直线上升,一些知名企业甚至从"橄榄型"向"哑铃型"转变,它们把核心竞争能力放在产品研发和销售网络上,将生产环节外包,如 Nike 公司,这样更是颠倒了直接成本与间接费用的主次关系。这时依据直接生产成本来匹配间接费用的做法可能会极大地扭曲企业的真实成本构成。

其次,买方市场的出现使得客户个性化的需求得到极大的发挥,它们不仅在产品的功能、特征、形式等方面需要差异,而且在与产品消费配套的服务方面也有所不同。这样导致企业为每一个客户服务的成本或者说客户消耗企业的资源都不一样,纯粹按照收入来匹配间接费用的方法并不能准确找出真正的高价值客户和低价值客户。

上例中,如果细分市场片甲的客户都属于"积极型客户"(Aggressive Customer),细分市场片乙的客户都属于"消极型客户"(Passive Customer),那么,前者的实际服务成本要远远高于后者,积极型客户喜欢索求更低的价格,更特殊的包装、运输和售后服务,他们实际占用了更多的企业资源。

这样,实际的盈利程度排位是细分市场片乙 > 细分市场片甲 > 细分市场片丙。真正的高价值客户是细分市场片乙而非细分市场片甲。

针对 VBC 的这些缺陷,管理专家们从另一个视角提出了改良的成本分摊方法,即基于活动的成本分摊法(Activity-based Costing, 简称 ABC 法),在新兴的会计学分支——管理会计学中,ABC 法又称为作业成本法(见表4-5)。

表 4-5　　　　　　　　　　　VBC 法范例的修正　　　　　　　　单位:万元

	合计	细分市场片甲	细分市场片乙	细分市场片丙
销售额	300	100	100	100
直接成本	100	20	30	50
管理费用	50	25	10	15
销售费用	60	30	15	15
成本合计	210	75	55	80
利润	90	25	45	20

ABC 法分两大步骤:(1)确定生产一个产品或服务一个客户所包含的活动总量;(2)确定每一个活动所消耗的企业资源数量。二者的乘积即是产品生产或客户服务的总成本。

由于成本是基于活动来精细匹配,ABC 法使得管理者能够很好地区分出哪些客户或细分市场片在营销和配套支持方面要求更多,因而需要耗费更多的企业资源;哪些客户或细分市场片则相反。在此基础上,结合收益的情况,管理者就可以测算出哪些客户是高价值的、哪些客户是低价值的。ABC法还有一个极大的益处是它为企业实施企业资源计划（ERP）、业务流程重组（BPR）等奠定了坚实的基础。ABC法的弊端在于信息收集分析的成本过高，不过随着IT技术的发展和CRM的不断深入，这种状况会得到极大的缓解。

自下而上型的客户盈利性分析则直接对每一个客户的盈利性程度进行测量或排序。比较典型的方法是源于市场调研技术并在零售业中广泛运用的RFM法。

（三）RFM法

RFM法是根据每一个客户的光顾间歇（Recency）、光顾频率（Frequency）和消费额（Monetary）三个变量来计算其价值大小的一种方法。有的学者用购买数量（Amount Purchased）代替消费额，所以RFM法又可以称为RFA法。

光顾间歇是指客户最近一次购买距离现在的时间间隔。距离越近，分值越高。3天前刚刚光顾了商店的客户肯定比3个月前光顾商店但后来一直未来的客户得分高。

光顾频率是指客户在一段时期内光顾的次数，次数越多，分值越高。

消费额是指客户平均每次购买的金额。金额越大，分值越高。

RFM法既可以采用3分制也可以采用5分制，甚至可以采用7分制，视企业细分的需要而定，但关键在于如何确定分值的界限。产品价值高、购买数量小、购买次数少的行业，其RFM分值界限应该明显不同于产品价值低、购买数量大、购买频繁的行业。见表4-6。

表4-6　　　　　　　　　　RFM法范例

		1分	2分	3分
汽车专卖店	光顾间歇	最近一次购买发生在48个月以前	最近一次购买发生在12个月之前	最近一次购买离现在不超过12个月
	光顾频率	在过去60个月里只光顾本店一次	在过去60个月里光顾本店两次	在过去60个月里光顾本店三次或更多
	消费额	平均消费额少于20万元	平均消费额在20万和40万元之间	平均消费额高于40万元
零售药店	光顾间歇	最近一次购买发生在9个月以前	最近一次购买发生在3个月之前	最近一次购买离现在不超过3个月
	光顾频率	在过去12个月里只光顾本店一次	在过去12个月里光顾本店两次	在过去12个月里光顾本店三次或更多
	消费额	平均消费额少于150元	平均消费额在150和450元之间	平均消费额高于450元

这样，依据已有的数据和建立的标准，每一个客户都有一个对应的RFM值，

企业不仅可以依据客户的 RFM 值进行排序、分组、确定价值高低，还可以从中发现客户消费行为的动向与趋势，建立市场预警系统。

RFM 法的缺陷在于：（1）不能明显反映出客户服务成本的高低；（2）逐日逐期地计算，没有将客户作为一个整体来考虑。

综合而言，三种方法都各有利弊，从估算客户贡献价值的准确性而言，ABC 法表现最佳，RFM 法其次，VBC 法普遍都比较粗糙。但从操作成本与难度来讲，VBC 法表现最优，RFM 法和 ABC 法都需要企业投入大量的资源予以支持。见表 4-7。

表 4-7　　　　　　　　　　三种方法的比较

准确性	操作成本	操作难度
ABC > RFM > VBC	ABC > RFM > VBC	ABC > RFM > VBC

三、顾客终身价值的测算

在传统的顾客贡献价值的量化研究中，至少存在着两个方面的严重缺陷：（1）主要依据历史数据计算顾客的过去价值和现在价值，没有考虑顾客的未来价值和长期价值；（2）主要集中在计算顾客和企业交易带来的经济价值，没有考虑顾客的非经济价值。

顾客生命价值（Customer Lifetime Value）理论模型的提出较好地弥补了以上两个缺陷。顾客生命价值理论模型认为一个顾客的贡献价值不仅包括其过去价值和现在价值，还包括其未来价值；不仅包括其经济价值，还包括非经济价值。不过这些价值需要企业实施关系营销才能实现，所以顾客生命价值也是顾客关系价值，只有关系维持住了，顾客生命价值才能延续、发展。

顾客生命价值理论是企业经营哲学的一次升华。它给企业经营管理者的重大启示在于：

1. 保持顾客十分重要，一个顾客的流失将是他整个生命价值的流失。
2. 企业需要树立关系营销的观念，具有长期性、全局性的战略眼光，将顾客关系作为一项资产来经营。
3. 企业需要注意顾客生命周期、生命阶段的变化，不能只根据顾客眼前的价值而确定与顾客关系的类型。
4. 顾客生命价值并非一成不变，企业需要注意营销战略/策略对顾客关系、顾客资产价值的长远影响。

顾客生命价值是顾客未来价值的一个贴现值。它的经典模型①是

$$CLTV = \sum_{t=1}^{n} \frac{p_t}{(1+i)^t}$$

式中：n 是顾客与企业保持关系的年限；

p_t 是指顾客在第 t 年为企业带来的利润；

i 是贴现率或称资金成本。

假设一个顾客在未来的 4 年里每年为企业带来 100 元的利润，资金成本是 10%，那该顾客的生命价值就是 317 元。计算过程见表 4-8。

表 4-8　　　　　　　　　顾客生命价值计算范例　　　　　　　　单位：元

年限 t	1	2	3	4
顾客利润 p	100	100	100	100
贴现率/资金成本 i（%）	10	10	10	10
现值	91	83	75	68
顾客生命价值 $CLTV$	317			

确定顾客生命价值的关键就在于如何准确界定关系保持年限 n、顾客利润 p_t、贴现率或资金成本 i 三个变量。

1. 顾客利润

顾客利润是顾客收入与顾客成本的差额。至于顾客收入与顾客成本的内涵，不同的学者则给出了不同的分析框架。

比较传统的做法是用销售收入代替顾客收入，然后将总成本按照一定的准则进行分类、分摊，如前所述的 VBC 法、ABC 法等。由于销售收入在财务报表中可以直接得到，所以它的计算十分简单，但是总成本的归类与分摊存在一定的难度和复

---

① Roland T. Rust, Valarie A. Zeithaml, Katherine N. Lemon 在他们的著作 *Driving Customer Equity* 中对这个经典模型进行了细化。他们列出的估算顾客终身价值的公式为 $CLTV = \sum_{t=0}^{T}[(1+d)^{-t} \times F_t \times S_t \times X_t]$，其中，$t$ 表示时间，d 是折现因子，F_t 是每个时间周期 t 内顾客购买该产品品类的期望频次，S_t 是在时间 t 上顾客对某品牌的期望支出份额，X_t 是顾客在时间 t 内每笔购买的平均贡献。如果知道每个时间周期内的收入 R 和边际贡献 M，那么计算顾客终身价值的表达式还可以变为 $CLTV = \sum_{t=0}^{T}[(1+d)^{-t} \times R_t \times S_t \times M_t]$。

杂性。成本分类比较典型的如 Shapiro 等（1987）[1] 从供应商的角度将顾客成本分为：售前成本（宣传促销费用、售前定制服务费用等），生产成本（订单处理、生产、包装、报废等费用），分销成本（运输、储藏、返销等费用），售后成本（培训、安装、维修、技术支持等费用）。

菲利普·科特勒（Philip Kotler）[2] 从顾客让渡价值的角度扩展了顾客收入与顾客成本的内涵：顾客让渡价值＝顾客总价值－顾客总成本；顾客总价值＝产品价值＋服务价值＋人员价值＋形象价值；顾客总成本＝货币成本＋时间成本＋精神成本＋体力成本[3]。科特勒的顾客让渡价值理论框架非常全面，但是将之量化并非易事。

纳斯等人（2001）[4] 对此难题进行了有益的探索，他们在 ABC 法的基础上对顾客利润进行了细致的动态分析。

首先，他们将顾客成本分为获取成本（即市场推广成本，包括对新顾客的推广成本和对老顾客推广新产品/服务的成本）、产品提供成本、服务成本和关系成本（即保持顾客所耗费的成本）。这样顾客的利润就如表4-9 所示。

表4-9　　　　　　　　　　　顾客利润分析图

获取成本＝	顾客利润	第一年
收入－产品成本－服务成本－关系成本＝		第二年
收入－产品成本－服务成本－关系成本＝		第三年

其次，运用 ABC 法对顾客的各项成本进行匹配，见图 4-2。

纳斯等人的分析框架为科学、正确分析顾客成本提供了保障，具有很强的实践性。

2. 资金成本

---

[1] Benson P. Shapiro, V. Kasturi Rangan, Rowland T. Moriarty, Elliot. B. Ross. Manage customer for profits not just sales. Harvard Business Review, September-October 1987: 101-108.

[2] Philip Kotler. 营销管理. 第 8 版. 梅汝和, 等, 译. 上海: 上海人民出版社, 1997.

[3] Christopher Lovelock 还增加了感官成本——容忍噪音、拥挤、不舒服的座椅，或者互动的物理环境中其他不好的因素。货币和时间的成本容易估算，但精力、感官和心理的成本并不明显，只能由客户无意识地做出计算，这些都是主观概念。参见：杰姆·G. 巴诺斯. 客户关系管理成功奥秘——感知客户. 刘祥亚, 等, 译. 北京: 机械工业出版社, 2002: 124.

[4] Joseph A. Ness, Michael J. Schrobeck, Rick A. Letendre, Willima J. Douglas. The role of ABM in measuring customer value. Strategic Finance, 2001, 3; The role of ABM in measuring customer value—Part 2. Strategic Finance, 2001, 4. www.name.cnnic.net.cn.

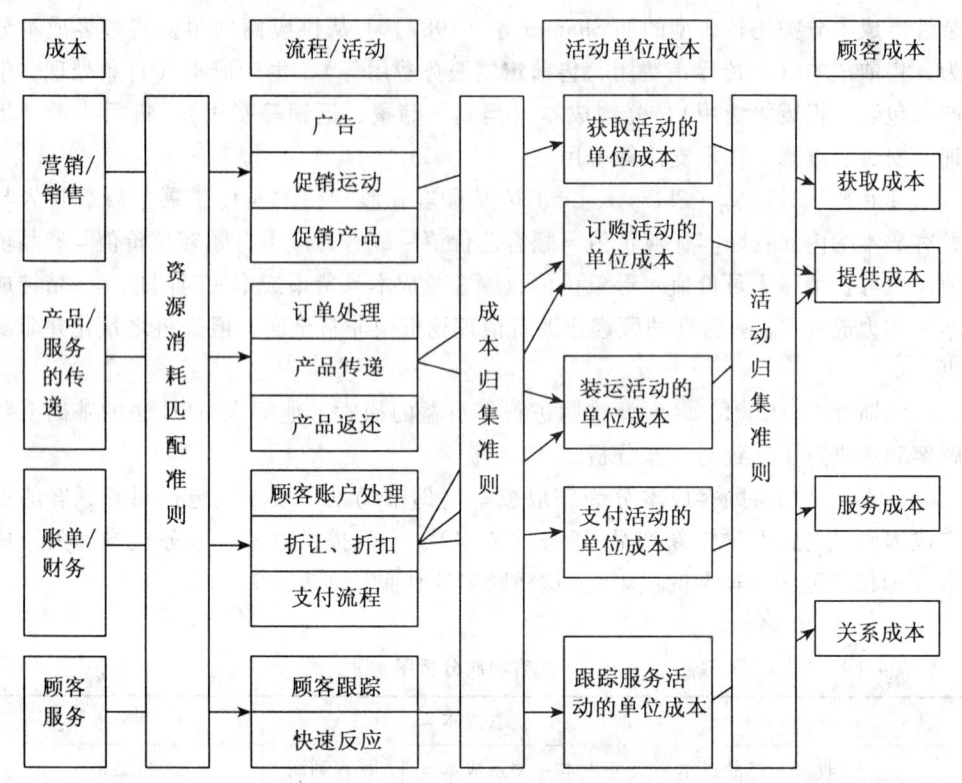

图 4-2 基于 ABC 法的成本匹配

一般的倾向是选用市场利率或预期的投资报酬率来作贴现率。实际上两者都不合适。市场利率过于一般，并不能反映企业自身的特殊情况；预期的投资报酬率则相对虚幻，不能反映企业资金的真实成本。比较明智的选择是用企业的资金成本作为贴现率。企业的资金成本是企业债务成本和权益成本的加权平均值。企业的债务成本即企业支付给债权人的利息；企业的权益成本即投资者的预期报酬率；权重即企业的资本结构（负债与所有者权益的比例）。

假设企业的资本结构是 4:6，即 40% 的资产是通过借贷获得，60% 的资产由股东自筹。债务利息为 8%，股东的预期投资报酬率为 12%，则

贴现率（资金成本）$= 40\% \times 8\% + 60\% \times 12\% = 10.4\%$

除此之外，贴现率还要考虑风险因素。由于客户关系管理是一个长期的过程，其中必然存在一些不可预知的因素，这些因素也必然会影响到顾客的生命价值，比如顾客背叛、顾客服务的缺失等。企业可以通过 CRM 中的数据对顾客的交易信用进行评定，从而确定其风险类别和风险概率，然后在此基础上对其贴现率进行相应的处理。基本的原则是：

一般风险顾客的贴现率＝公司的资金成本
高风险顾客的贴现率＝公司资金成本×（1＋风险概率）
低风险顾客的贴现率＝公司资金成本×（1－风险概率）

3. 关系保持年限

预测客户关系生命周期的长短并不容易，因为这其中不可预测的变数太多，比如客户意外的死亡、破产、解散等，都不是企业能左右和预见的。所以对关系保持年限只能做一个趋势估算。比较常见的方法是在顾客平均寿命的基础上，依据顾客的信用等级或客户信息库中其他相关信息对关系保持年限进行大致的估算。如果你的客户拥有客户，那计算客户关系生命周期会变得更加复杂。决定你们之间交易周期和规模的一个因素是你的顾客如何服务于他的顾客，必须把这种连锁反应考虑在内。

客户关系管理的成效直接影响着关系保持的年限，客户关系管理得当，顾客与企业保持交易关系的时间就长，反之则然。所以，关键还在于企业能否成功运作其客户关系管理体系。

至此，我们的讨论都是假设在一种静态的竞争环境之中，其实，市场的竞争结构和竞争状况都会影响到顾客的生命价值。新竞争者的进入、现有竞争对手之间的博弈、竞争对手的退出等，都会不同程度地引起顾客的偏好、顾客贡献的收入、维持顾客的成本、顾客流失的概率等因素的变化，所以我们必须将顾客生命价值的估算放到一个更大的框架中、一个动态的市场环境中去。

总的来说，准确理解客户的未来价值是不可能的，不存在科学的计算顾客终身价值的精确方法，而只能靠大量的估算和判断，但这一点并不能抹杀顾客价值估算的必要性。尽管顾客行为不可预测，但是通过顾客终身价值的分析，企业可以辨别出不同顾客或顾客群的相对吸引力和相对重要性，更清楚地了解赢利的机会，为企业的营销战略奠定更科学、更商业化的决策基础。

第三节 客户组合战略

传统的细分变量大致可以分为两大类：一类是客户的基本特征，如人口统计、地理和心理特征等；一类是客户对企业产品和服务的反应，如所追求的利益、使用时机和品牌忠诚程度等。在实际运用中，企业经常使用两个或两个以上的变量对客户进行细分，并据此勾勒出每个细分市场片的基本特征。如比较常见的客户细分方法之一是根据心理因素和使用频率，将客户分为大量使用者、中度使用者、少量使用者和非用户四类。

根据细分变量对客户进行有效的细分，有助于提高企业营销活动的效率和效果。在消费者需求日益个性化、差异化的年代里，无差异化营销和差异化营销战略使企业营销投入与产出越来越不成比例。实际上，任何一家企业都没有能力也没有必要去满足所有的市场需求。集中于一个或几个有吸引力的细分市场片，不仅可以增强企业目标的准确性，还可以使企业有限的资源发挥出最大的效用。

一、客户分层

客户终身价值的科学估算为客户细分提供了新的变量。基于客户价值的客户细分，可以使企业的资源配置得更有效。企业可以从大量低价值客户的纠缠中摆脱出来，集中精力为一般价值的客户服务，从而提高企业的盈利能力和竞争优势。

基于"商业化"的思想，我们认为客户价值这个新的细分变量与传统细分变量之间是一种递进、互补的关系。实施客户关系管理的企业可以先根据客户终身价值的大小进行区分。同时，客户价值变量也可以与其他变量综合使用，在运用客户价值变量细分客户之后，还必须根据有效细分的准则进一步挖掘市场的异质性和细分市场片的同质性。根据客户信息库中客户信息的丰富程度，我们可以选择的客户层级划分方法有二分法、四分法和矩阵分析法三种。

（一）二分法

二分法的理论依据是我们公认的"80/20法则"。这个法则认为企业利润中80%的部分是由20%的客户创造的。根据80/20法则，我们可以将企业的所有客户大致划分为两个层级：黄金层级和钢铁层级。20%的客户构成企业的黄金层级客户，他们是企业盈利能力最强的客户。其余的客户是钢铁层级客户，他们自己的盈利能力没有什么不同，但是与黄金层级客户的盈利能力有很大的差别。有学者将这种依据80/20法则而发展出来的客户层级模型非常形象地比喻为"80/20分布的客户金字塔模型"[①]，如图4-3所示。

（二）四分法

二分法基本勾勒出了企业客户价值的层级，符合客户关系管理商业化的标准。但是由于它过于简单，而且一般假定两层之中的客户是近似相同的，正如传统市场细分中通常假定同一细分市场中客户是同质的一样，这样，如果企业的客户群体比较庞大，或者客户的个性比较突出，那么应用二分法建立的客户层级就显得十分粗浅和不科学。如果企业的客户信息库中有足够的数据，为了更好地分析客户层级，两个层级以上的划分则更容易说明问题。受"80/20分布的客户金字塔模型"的启发，一些学者发展了"扩大的客户金字塔模型"，它将客户划分为四个层级：盈利能力最强的客户为铂金层级，其次是黄金层级，再其次是钢铁层级，盈利能力最差

---

① Roland T. Rust, Valarie A. Zeithaml, Katherine N. Lemon. 驾驭顾客资产. 张平淡，译. 北京：企业管理出版社，2001：249.

第四章 客户组合分析　　87

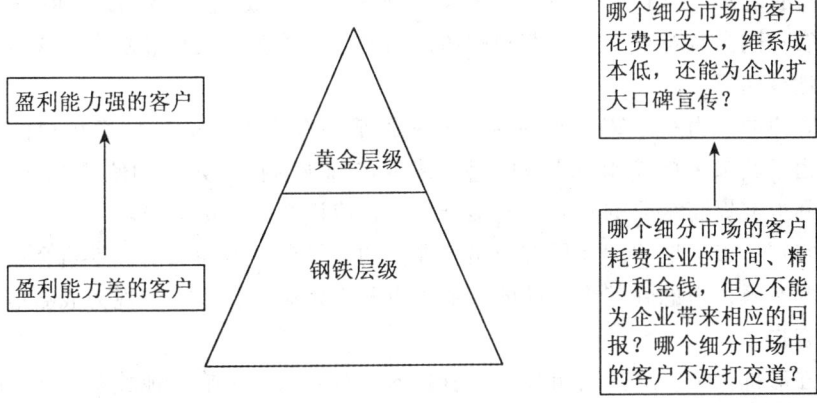

图 4-3　80/20 分布的客户金字塔模型

的客户称为重铅层级①。如图 4-4 所示：

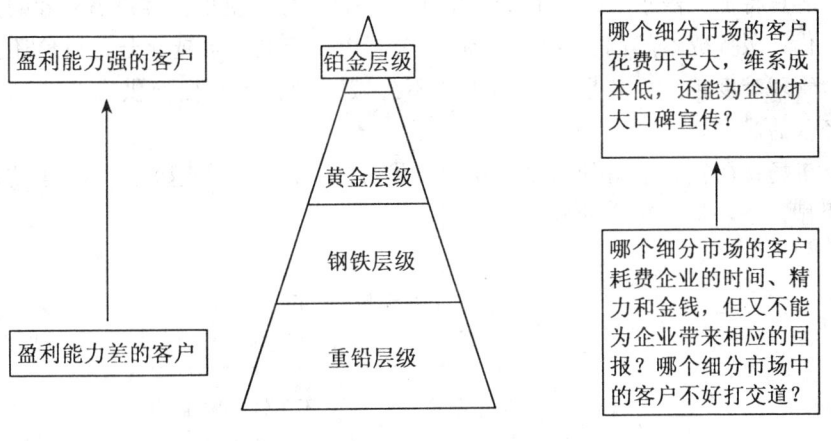

图 4-4　扩大的客户金字塔模型

（三）矩阵分析法

客户盈利能力可以分解为客户收益和客户服务成本两个角度。矩阵分析法从客户战略重要性和客户关系管理难度两个维度出发，将客户分为关键—容易、关键—困难、不关键—容易和不关键—困难四个层级，分别对应四分法中的铂金层级、黄金层级、钢铁层级和重铅层级，更加具体深入地剖析客户的构成。矩阵分析法也称

---

① Roland T. Rust, Valarie A. Zeithaml, Katherine N. Lemon. 驾驭顾客资产. 张平淡，译. 北京：企业管理出版社，2001：250.

为战略—管理难度分析法（见图4-5）。其中评估客户战略重要性的指标有：

- 客户购买数量或金额。客户购买产品的数量越多，或金额越高，该客户的战略重要性越明显。
- 客户的潜力和声望。有的时候，尽管某些客户当前的交易额相对而言比较小，但由于其未来购买能力比较旺盛，或者在行业内拥有崇高的威望和良好商誉，与之交易能够提高企业的知名度与美誉度，也应该视为关键客户。
- 客户的市场地位。如果客户是行业内的领导者，即便当前贡献给企业的直接价值非常有限，考虑到其庞大的购买能力以及良好商誉，也应该视为战略地位非常显著的客户。
- 在对抗竞争、进入新市场、改善技术和技巧以及影响其他关系方面发挥的作用。

评估客户关系管理难度的指标有：

- 产品特征：创新性、复杂性。一般而言，产品越新颖、越复杂，培训、维修和跟踪服务的工作量则越大，需要企业付出更多的精力进行维护。
- 客户特征：需求、购买行为、能力、实力、行为视角。客户需求和购买行为越个性化，服务成本越高；客户对产品、公司以及行业了解越充分，讨价还价能力越强，管理难度越高；如果客户属于"不忠诚"型，经常变换供应商，也会提高企业经营的成本。
- 市场特征：竞争者的数量、实力、优劣势。市场竞争越激烈、竞争的差异化越不明显，企业管理客户的成本则越高。

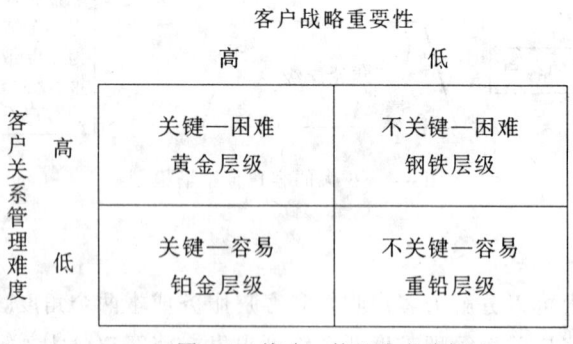

图4-5　战略—管理难度分析法

二、战略匹配

在描述各个层级客户的特征时，不同的学者由于出发点不同，给予的解释也是大相径庭的，这恰恰为我们带来了广阔的分析视角。下面选取一些有代表性的描述作简要的介绍。

有学者从当前价值和增值价值的高低来界定这四类客户层级。① 重铅层级的客户是最没有吸引力的一类客户,该类客户的当前价值和增值潜力都很低,他们偶尔下一些小额订单,经常延期支付甚至不付款,提出苛刻的客户服务要求,或定制化要求过高。钢铁层级的客户具有低的当前价值和高的增值潜力,这类客户的业务总量很大,但是企业目前只能获取其很小的业务份额。黄金层级的客户有高的当前价值和低的增值潜力,他们几乎将其业务100%地交给本企业,并一直真诚、积极地为本企业推荐新客户,但是在增量销售、交叉销售和新客户推荐方面已经没有多少潜力可供进一步挖掘。铂金层级的客户既有很高的当前价值又有巨大的增值潜力,是最有吸引力的一类客户,他们和黄金层级的客户一样,对企业高度忠诚,已将其当前业务100%地给了本企业,不同的是这类客户本身具有巨大的发展潜力,他们的业务总量在不断增大,因此这类客户未来在增量销售、交叉销售等方面尚有巨大的潜力可挖。

也有学者综合运用客户终身价值、心理因素和使用频率等细分变量来描述这四类客户。② 他们认为铂金层级的客户代表那些盈利能力最强的客户,典型的是产品的大量使用者,他们对价格并不十分敏感,愿意花钱购买,愿意试用新产品,对企业比较忠诚。黄金层级的客户希望价格折扣,没有铂金层级客户那么忠诚,所以他们的盈利能力也没有铂金层级客户那么高,他们也许是大量使用者,也许是中度使用者,他们往往与多家企业而不是一家企业做生意,以降低他们自身的风险。钢铁层级的客户数量很大,能消化企业的产能,但他们的消费支出水平、忠诚度、盈利能力不值得企业去特殊对待。重铅层级的客户不能给企业带来盈利,他们的要求很多,超过了他们的消费支出水平和盈利能力对应的要求,有时他们是问题客户,向他人抱怨,消耗企业的资源。

显然,由于划分的标准不同,各个层级客户的特征也有所不同,这需要企业根据自身的情况和信息丰富的程度来调整。我们认为客户层级的划分应该与企业客户关系的战略选择紧密联系起来,所以从这个角度出发,结合实践中的普遍做法,在参考以上学者研究成果的基础上,按照客户终身价值的大小将客户划分为三个层级:高价值客户、一般价值客户和低价值客户。然后再依据直接价值和间接价值的突出程度将高价值客户又分为忠诚的老客户和盈利的大客户,一般价值客户又分为有增值潜力的客户和有战略意义的客户见表4-10。

---

① 陈明亮.基于全生命周期利润的客户细分方法.经济管理,2002,20:42-46.
② Roland T. Rust, Valarie A. Zeithaml, Katherine N. Lemon. 驾驭顾客资产.张平淡,译.北京:企业管理出版社,2001:248.

表 4-10　　　　　　　　　　　顾客终身价值细分

	高	中	低
直接价值突出	盈利的大客户	有增值潜力的客户	低价值客户
间接价值突出	忠诚的老客户	有战略意义的客户	

企业在研究客户的价值时,要突破两个认识误区:一是仅仅注重客户的当前价值,而不考虑客户的未来价值或终身价值;二是仅仅注重客户的交易价值或直接价值,而忽视客户的间接价值。陷入其中任何一个误区,都会给企业的战略决策带来极大的误导。结合运用客户终身价值和客户直接价值与间接价值两个标准来界定客户的层级,一方面可以对客户的价值进行全面的剖析,为营销决策的科学制定奠定基础;另一方面,由于直接价值与间接价值突出程度不同,营销对策亦不同,所以区分开来有助于营销效率和效果的提高。

基于客户价值的客户细分,其根本的价值就在于为企业客户关系战略的正确选择提供了坚实的基础和明确的方向。企业应该在客户细分的基础上,对不同层级的客户进行程度和内容都有所不同的营销活动,实行差异化的营销战略。

(一) 客户关系的种类

应该与客户建立怎样的关系,不同的学者对此有不同的论述。

科特勒①从售后服务的角度将企业与客户的关系分为五种类型:基本型(产品售出后不再与客户联系);反应型(鼓励客户若有问题就与之联系);可靠型(产品售出后不久就与客户联系);主动型(经常与客户联系);合伙型(与客户一直相处在一起)。企业可以根据自身的资源、能力和市场竞争环境来确定合适的服务类型。如以顾客或分销商的数量和产品利润的高低为维度,企业的关系战略选择可如表 4-11 所示。

表 4-11　　　　　　　基于数量和利润的企业关系战略选择

	高利润	中利润	低利润
顾客/分销商很多	可靠型	反应型	最基本的或反应型
顾客/分销商数量一般	主动型	可靠型	反应型
顾客/分销商较少	合伙型	主动型	可靠型

---

① Philip Kotler. 营销管理. 第 8 版. 梅汝和,等,译. 上海:上海人民出版社,1997:72.

迈肯兹[①]从价值创造和传递的角度将企业与客户的关系分为四种：以价格为中心的关系（通过每天低价、标准产品和优美的购物体验为一般客户创造价值，这种关系有较强的竞争性）；以产品为中心的关系（通过定制产品为客户创造价值）；以需求为中心的关系（通过个性化服务和渠道为客户创造价值）；以价值为中心的关系（通过联合开发能令企业和合作伙伴双赢的方案、服务、产品来创造价值，通常需要各方密切地协作）。实际上，佩恩的关系阶梯模型也从另一个侧面阐述了企业与客户关系的种类，从潜在顾客到伙伴，企业与客户之间的密切程度不断增强。

综合以上描述，我们从企业关系投入和关系密切程度的角度，将企业与客户之间关系分为无关系、松散关系、一般关系、密切关系和伙伴关系五种。见表4-12。

(二) 高价值客户的关系战略

高价值客户是企业盈利能力最强的客户，是企业利润的基石，企业也是花了很大的代价才使彼此关系进入稳定的状态，所以对其关系战略应该突出"保持"二字。企业应该保证足够的资源投入，千方百计地保持高价值客户，决不能让他们转向竞争对手。企业必须持续不断地向他们提供超预期的价值，对他们设计和实施个性化（甚至是一对一）的客户保持策略，充分利用包括网络在内的各种沟通手段不断主动地与他们进行有效沟通，真正了解他们的需求，甚至是他们的客户的需求或能影响他们购买决策的群体的偏好，进而不仅为他们优先安排生产、定制化产品/服务、提供灵活的支付条件、安排最好的服务人员，而且为他们提供能为其带来最大增值的全套解决方案，让他们始终坚信本企业是他们最好的供应商。

客户的终身价值之所以高，原因可能在于其能持续提供较高的交易价值，也可能在于其为企业提供了非常重要的间接价值，也可能是二者的折中。对不同的情况，保持策略的具体内容应有所不同。能持续提供较高交易价值的客户我们称为"盈利的大客户"，他们无论是在当前还是未来，都和企业进行持续的大额交易，他们比较关注交易的过程和结果，喜欢物美价廉，对价格比较敏感，喜欢交易便利和交易效率不断提高，厌恶交易中断和浪费。他们有时甚至厌恶供应商过于紧密的纠缠，喜欢简单的、程式化的交往关系，他们往往乐于将交易视为一种习惯和理所当然的事情。他们多数是一些组织用户或中间用户，比如工业企业、商业企业、政府机构和事业单位的集体采购。对于盈利的大客户，保持策略的重点在于"便利和效率"，努力为客户营造一种便利、熟悉、高效的交易环境，增加客户的财务利益。这包括专门定制的标准化产品/服务、优惠的价格、高效固定的配送渠道、快速双向的信息沟通渠道、安全便利的支付方式等。

---

① 雷·迈肯兹. 关系型企业. 赵中秋, 等, 译. 北京：企业管理出版社, 2002：175.

能为企业提供巨大间接价值的客户我们称为"忠诚的老客户"。这类客户的销售收入基本趋于稳定，而且维护成本较高，之所以能成为高价值客户，原因在于两方面，一是由于该类客户的服务成本逐年下降，使得利润增加，这主要是因为客户关系越长久，双方信息沟通和工作流程都大大顺手，减少了时间和人员浪费。二是由于该类客户带来的间接价值持续增加，他们不仅会交叉购买，而且会不遗余力地为企业做正面的宣传，给企业带来了更多的新客户。忠诚的老客户更注重与企业在情感上的联系，寻求一种品牌上的归属感，他们对价格并不十分敏感，愿意花钱购买，愿意试用新产品，对企业忠诚。他们往往是产品的早期使用者或创新者。对于忠诚的老客户，保持策略的重点在于"参与与沟通"，积极地人性化地与客户进行定期或不定期的沟通交流，了解和重视他们的想法和意见，并邀请他们不同程度地参与到企业的各项决策中来，努力营造一种亲密无间的关系环境，发展客户联盟式的客户关系。

（三）一般价值客户的关系战略

就目前而言，一般价值客户的长期盈利能力低于高价值客户。他们没有高价值客户那么稳定和忠诚，可能与多个企业进行交易，流失的概率较大，但他们的潜力巨大，有可能成为企业的高价值客户。所以，一般价值客户关系战略的重点应突出"发展"二字。

从客户的直接价值和间接价值突出的程度来看，一般价值客户可以进一步细分为有增值潜力的客户和有战略意义的客户两种。

有增值潜力的客户当前交易价值比较低，主要原因在于这类客户与企业的关系可能一直徘徊在考察期或形成期前期，双方没有建立足够的信任和交互依赖关系；但是由于该客户的业务总量比较大，只是分散在几个不同的企业之间，所以理论上的未来增值潜力巨大。对于这类客户，要认真诊断其行为模式[①]，分析其转换成本，如果客户的行为接近"永远失去"模式，则可以通过适当的资源投入再造双

[①] 巴巴拉·B. 杰克逊（Barbara Bund Jackson）对客户的行为模式曾做出了非常经典的描述。她首先介绍了两种非常极端的情形，一种称为"总有一份"模式，属于这种行为模式的客户可以随便把部分或全部供应从一位卖主转给另一位卖主，因此客户与许多供应商有业务往来。"总有一份"的客户更换供应商的成本很低，不愿意与卖主保持长期关系，所以即使与客户进行连贯业务交往的卖主也不得不在买主的每次购买行为中，为继续双方的关系提出好的立竿见影的理由。另一种极端情形是"永远失去"模式，客户的每次购买都只对一位卖方做出承诺，客户面临更换卖主的高额成本，客户愿意与卖主保持持久、紧密的关系，如果客户确实放弃了一位卖主，那么再把他争取回来至少就像最初建立关系那么困难。当然，实际情况下，客户多处于这两种极端情况之间的某个位置上，可能接近于"总有一份"的模式，也可能接近于"永远失去"的模式，具体的位置要取决于客户转换所面临的损失与风险大小、企业关系投入的力度、市场竞争的激烈程度等因素。

方关系，通过不断向客户提供高质量的产品、有价值的信息、优质的服务甚至个性化的解决方案等，让客户持续满意，并形成对企业的高度信任，从而促进客户关系顺利越过考察期和形成期，最终进入稳定期，获得客户更多的业务份额。如果客户的行为接近"总有一份"模式，则只能顺其自然，待其行为模式有所改变之后，再作关系调整，否则投入大量的资源并不能得到足够的回报。

有战略意义的客户可能在当前的交易价值贡献上并不明显，但是由于它的未来间接价值比较丰富，所以也必须予以高度重视。这类客户的战略意义可能在于：该客户在业内有着很强的影响力，能够对其他客户起到很好的示范作用，与他们合作，可以提升企业本身的美誉度，有利于企业在竞争中脱颖而出，从而吸引其他更大规模、更具有战略意义的客户；或具有捆绑品牌（Co-branding）的效应；或能帮助企业很容易地切入新的领域；或能优化企业的成本结构等。企业需要在考察其发展潜力[1]的基础上，进行适当的关系投入。

（四）低价值客户的关系战略

对于低价值的客户，企业通常的做法会有两种。第一种是"坚决剔除"，分出企业的高价值客户和一般价值客户，给予全力服务，对于其他客户，则给予坚决剔除，不再与他们联系和交易。另一种做法是"坚决保留"，信奉"客户上帝论"，无论客户多么难缠，都不遗余力地与客户保持一定的关系，一度曾经非常流行的哲理性宣言充分表达了这一点，它要求员工在与客户打交道时，必须遵守如下准则：第一条，客户永远是对的；第二条，当客户不对时，请参照第一条。这两种做法都不是正确的关系战略。企业应该在认真分析客户价值低的原因之后，有选择性地取舍。低价值客户已经没有大幅度提升利润的空间，但是如果存在以下两种情况之一，还是值得企业与之继续保持适当的关系。

一是存在客户服务成本降低的空间。企业能够找出与客户交往更省钱的方式，如从原来面对面的销售方式转为电话销售、直销、电子邮件等，或由原来的直销转为由经销商销售，这样不仅保证了销售收入，也减少了整体成本，提高了利润水平。针对这种情形，企业可以采取"维持"战略，不增加关系投入，而尽量减少关系成本。

二是有利于企业市场竞争战略的执行。有时候，保持一定数量的低价值客户是企业实现规模经济的重要保证。大规模生产可以使单位成本降低，这对于那些固定成本/可变成本之比很高的供应商有特别的意义，从而使企业对于那些低价值客户有了盈利的空间。有时候，保持一定数量的低价值客户是企业保住市场份额、遏制

---

[1] 有学者提出考核这类客户发展潜力的指标有：投资人背景、战略定位、产品新颖性、管理层经历和声誉、所处行业的远景、竞争对手对它的评价、与业务关系的依存深度等。详见：刘持金．客户不都是上帝．中国企业家，2002，6：96-99．

竞争对手的重要手段。不同时期，企业的目标是不一样的，有时企业的首要目标是"市场占有最大化"，而不是"利润或收入最大化"，这种情形在高科技和网络领域里比较常见，在这些领域里，快速改进的产品有可能占领整个市场。针对这种情形，企业可以采取"弹性"关系战略，根据企业自身的需要和市场环境的变化来调整关系的紧密程度。

如果不存在以上两种情形之一的低价值客户，企业最好选择结束关系的战略，停止对他们的服务，把他们引向适合他们的供应商。

表 4-12　　　　　　　　基于价值的客户细分和战略选择

客户划分	关系类型	关系战略	关系重点
盈利的大客户	一般关系	保持	便利与效率
忠诚的老客户	伙伴关系	保持	参与与沟通
有增值潜力的客户	密切关系或松散关系	发展	根据行为视角而定
有战略意义的客户	密切关系或伙伴关系	发展	根据发展潜力而定
低价值客户	松散关系或无关系	维持或放任	根据企业自身的需要和市场环境的变化

第五章 构建客户信息库

在一个信息社会里，信息是廉价而又宝贵的。从信息获取和储存的角度而言，由于计算机技术、通信技术和网络技术的广泛应用，信息发布和传播的速度呈指数级提高，信息载体所包含的信息量不断增多，信息交流公开而又自由。企业可以极低的成本从各种信息源或信息中介获取大量所需的原始信息，并以自己的通用语言将这些海量信息存储在极小的空间中。一切都是那么简单易行，不费吹灰之力。但是，从信息挖掘和运用的角度来看，从这些海量信息中挑拣出有价值的信息甚至有决定意义的信息，并非易事。信息发布和传播的速度越快，原始信息存储的含量越大，信息挖掘和运用的难度则越大。这种两难困境的解决有赖于企业信息库的科学构建。

科学的信息库首先要解决的问题是信息主旨的选择。信息主旨是贯穿海量信息的主线，主旨确立后信息的分类、归类、输出和应用就有了秩序和规范，一切信息活动都可以围绕着主旨有条不紊的展开。在大力推行客户关系管理战略的企业中，信息库的主旨俨然是客户。企业的信息活动表现为收集、存储所有与客户有关的信息，并进行分类和归类，为客户服务决策搭建坚实可行的信息平台。信息是决策的基础，没有准确足量的信息，就没有科学有效的决策。构建客户信息库是企业成功推进客户关系管理战略的第一步，也是关键性的一步。通过本章的学习，你需要了解客户信息库的内涵、客户信息库所需的重要信息内容、客户信息库的作用与意义，以及如何构建客户关系管理决策所依赖的信息平台。

第一节 客户信息库概述

完整的客户信息库是有效客户关系网络的基础。信息库（Database），也可以称为数据库，是与计算机相关联的一个词汇。韦氏字典将它解释为"通过计算机来收集的数据，以便迅速寻找和查阅"。与企业营销活动有关的营销数据库最初的含义是指为实施直复营销（Direct Marketing）而收集的顾客和潜在顾客的姓名和地址。随着营销在企业管理活动的地位和作用不断提高，营销数据库也逐渐发展成为营销信息系统（MIS），作为整个管理系统的核心组成部分发挥着极其重要的作用。

营销信息系统由人、机器和程序组成，它为营销决策者收集、挑选、分析、评估和分配需要的、及时的和准确的信息。它包含内部报告、营销情报、营销调研和营销决策支持等四个子系统。同样，营销信息系统的结构化、秩序化有赖于信息主旨的选择。客户信息库是整个营销系统的核心部分和精华部分。整个营销系统运作的目的就是为了给企业的决策者呈现出顾客的"基本状态"和"基本动态"，以便进行市场分析，确定市场定位，规划和执行整体营销计划。企业可以在原有营销信息系统的基础上按照客户信息的主旨精炼出企业所需的客户信息库，也可以围绕着收集客户信息的主旨扩建信息平台。客户信息库的构建使营销信息系统（MIS）与决策支持系统（DSS）之间的衔接更加紧密。

一、客户信息库的内涵

客户信息库可以看成是一个中央数据库系统，它运用计算机技术、通信技术和网络技术来传递和存储有关企业与客户之间关系的所有信息。其目的不在于获得或储存信息，而是用来规划个性化的沟通，创造销售业绩，具有整合与业务相关的客户所有资料，并提高客户终生价值的能力。

一般地讲，客户信息库包含的相关信息越多，作用也就越大，构建和维护的成本也就越高。所以，科学的客户信息库应该具有结构化、明晰化、开放、动态、共享、目的明确等特征。

首先，客户信息库的构建必须与企业的战略目标一致。企业在构建客户信息库时，没有必要将所有信息都囊括在数据库中，而应该有所选择和取舍，而取舍的根本标准就是企业的战略目标。信息只有和企业的战略目标相配合，才能转化为提升企业竞争优势的知识及智力资本。所以，企业收集和组织起来的信息必须和想要获得的知识领域密切相关。这是每一个信息收集人员必须遵守的根本准则。

其次，客户信息库必须结构化、明晰化。杂乱无序、堆砌而成的信息库只能是一堆信息垃圾，导致开发和挖掘利用的成本提高。所以在构建客户信息库之前，必须确立科学、统一的编码符号和分类标准。然后，以统一、精简、明了的语言对所收集的信息进行编制，并进行合理的归类。同时，运用关联技术对相关信息进行逐条链接或模块化链接，构建网络状的信息结构，保证信息之间交流的通畅和信息的全面深度挖掘。

最后，客户信息库必须开放、动态和共享。信息的收集和生成，不应只是企业单方面的行为，与客户双向交流产生的信息是企业实现个性化营销的关键和基础。企业应该在一种开放、共享的理念指导下，与客户、员工共同构建客户信息库，形成一个动态的信息流，而不是"一潭死水"的封闭式信息水库。

在客户信息库的构建过程中，一个比较棘手而又无法回避的问题是如何保护客户隐私。企业在建立和管理信息库的过程中，对于收集、运用、分发和管理客户信息以及对信息的选择等活动，都需要设立一系列明确的政策、措施和指导方针，杜绝侵犯客户隐私的行为发生。

二、客户信息库的作用

在现代信息技术的推动下,客户信息库的应用范围越来越广,作用也越来越大。有效的客户信息库就是一座真正的富金矿。市场、客户、机会、利润都蕴藏在企业的客户信息库中。通过现代数据挖掘技术,企业可以从客户信息库中提炼出准确反映客户消费特点的信息,从而有针对性地为客户提供个性化产品和专业性服务,最大限度地满足客户需求,与客户建立持久、良好的交换关系,为企业确立别人难以模仿的竞争力。

从短期来看,客户信息库给企业带来的直接效益表现在:

1. 便利性。通过客户信息库,企业可以很方便地区分出现有顾客和潜在顾客、大客户和小客户、老年客户和青年客户、企业客户和个体客户、工薪客户和有闲阶级客户等,并彻底了解客户的交易状况和交易习惯,为企业营销活动的安排提供极大的便利,也为市场反应测试和营销活动效果评价提供方便。

2. 延续性。由于客户信息库的积累与延续,保证了企业的业务不至于因某个工作人员的突然流失而完全停止,接替者可以从信息库中获得前任所掌握的基本信息和一些重要信息,继续为客户提供相应的服务。另外,客户信息库的知识共享性也为今后与相同客户交流的本企业人员提供了有价值的信息参考,从而促进企业服务水平和业务绩效不断提高。

3. 及时性。由于许多客户信息库中的信息分析、信息提取和信息传递是通过计算机和互联网络进行的,因此缩短了信息获取和共享的时间,扩大了信息共享的范围。企业可以利用客户信息库全天候地与世界各地的客户进行沟通、交流,为他们及时提供所需的产品或服务,可以同步地与世界各地的员工共享客户知识,协调、整合企业的全球性竞争战略和策略,缩短决策制定、传达和反馈的周期,提高企业对市场的应变能力。

4. 交互性。服务接触界面的工作人员可以利用客户信息库中已有的客户个人记录,直接与客户进行个性化沟通,根据客户的不同要求提供特定的服务,而不至于因自己记忆错误而张冠李戴。客户知识的积累与共享,缩短了服务接触界面人员与客户之间的距离,提高了服务的精准性,为建立良好、持久的互动关系奠定了基础。

从长期来看,客户信息库给企业带来的长远效益表现在:

1. 有助于巩固企业的市场竞争优势地位。"买方市场"的竞争格局要求企业必须树立"市场导向"的战略观念。企业的决策者必须屏除以往"拍脑袋、做决策"的做法,习惯于以事实和数据为依据的科学决策。客户信息库对客户的一般特征、个性特征和行为特征等都有详细而全面的记录,从而为企业进行科学的市场细分与市场定位、准确地制定营销战略和营销组合策略提供了坚实的保障。企业可以从客户信息库中挖掘现有客户的需求信息、现有客户的潜在需求信息、潜在客户的需求信息,从而进行市场渗透、市场开发、产品开发或多样化的扩展活动,不断为企业寻找新的利润增长点,使企业达到"超越竞争"的境界。

2. 有助于提高企业新产品开发和服务的能力。一般来说,通过客户信息库确定客户需求的特征、功能、应用、特点和收益,对于推进市场调研有很大的帮助作用。当企业拥有完善的客户信息库时,就可以减轻市场调研方面的压力,并且可以利用信息库的信息指导市场调研,使调研更具有针对性和目的性。在许多工业品市场中,最成功的新产品开发往往是由那些与企业相联系的潜在客户提出的。因此,通过客户信息库更容易直接与客户进行交互式沟通,更容易产生新产品概念,克服了传统市场调研中的滞后性、被动性、片面性、很难有效识别市场需求而且成本也高等缺陷。另外,对于现有产品,通过客户信息库企业可以容易地获取客户的评价和意见,以决定对产品的改进和换代产品的主要特征。

3. 有助于提高客户的忠诚度。客户信息库的信息主旨是客户,它存储了大量现有客户和潜在客户的相关信息,企业可以根据客户需求提供特定的产品和服务,具有很强的针对性和时效性,可以极大地满足客户个性化的需求,同时,借助客户信息库也可以对目前销售的产品满意度和购买情况作针对性、长期性的分析调查,及时发现问题、解决问题,确保客户满意,提高客户的忠诚度。

4. 有助于降低企业的运营成本,提高企业的营销效率和效果。在大规模、无差异营销的时代,庞大的营销投入所产生的市场效果是不明确的,企业的营销活动低效。客户信息库的引入,使一对一营销的实现成为可能,促进企业有针对性地进行营销投入,合理配置营销资源,并对投入的效果进行细致、紧密的跟踪评估,不断优化营销投资组合。例如,对高价值的客户可以投入高额的开发、维护费用,而对低价值的客户则投入低额的开发、维护费用,并分别计算各自的投入产出率,这样极大地降低了企业的运营成本,提高了企业营销活动的效果和效率。

5. 有助于培养企业的核心竞争力。从某种意义上来说,一个科学、完整的客户信息库就是企业的核心竞争力。尽管信息技术使用成本日渐下降,但设计和建立一个有效和完善的客户信息库是一项长期的系统工程,需要投入大量的人力、物力和财力,信息的收集和开发使用需要长期的积累和改进,因此,一旦某个企业已经拥有了有效的客户信息库,它就拥有了可以获取巨大收益的无形资产和竞争对手难以模仿的竞争力,因为竞争对手要花费相当多的成本在相当长的一段时间内才能建立一个类似的信息库。

第二节 客户信息库的构建

大多数数据库或信息库都会包括文件(Files)、记录(Records)和字段(Fields)。在客户信息库中,一个记录就代表一个特定客户的所有信息,它由多个字段组成，如客户姓名、地址、性别、出生年月、电话号码和交易金额等；而对多个记录按照某种主题进行组合就构成一个文件，如按照产品类型、顾客类型或交易类型归集的组合。

一般而言，客户信息库的构建可以分为五个步骤：明确数据库的功能、确定所需信息类型、确定信息来源、选择数据库技术和支持平台、建设和更新信息库。下面将逐一进行介绍：

一、明确数据库的功能

客户数据库一般具备两种功能：支撑日常业务运作，分析数据以支持决策。前者我们称为操作型功能，如呼叫中心服务人员接受客户咨询或投诉时需要了解客户的基本情况以及过往投诉历史；前台服务人员处理客户订单时需要了解客户的过往交易情况；销售人员交易时需要了解、处理客户透支额度等。后者为分析型功能，主要是进行后台数据分析，为决策提供信息和知识支持，如客户投诉分析、交易时段与规模分析、客户盈利性分析和营销测试等。

支撑这两种功能的数据库技术分别是联机事务处理（Online Transaction Processing，简称 OLTP）和联机分析处理（Online Analytical Processing，简称 OLAP）。联机事务处理是一类程序，它们简化和管理面向事务的应用，最新的在线事务处理需要支持几个公司的跨网络的事务。基于这个原因，新的 OLTP 软件使用客户—服务器模型，事务能在网络中不同平台的计算机上被处理。联机分析处理是传统的关系型数据库的主要应用模式，主要面对基本的、日常的事务处理；是数据仓库系统的主要应用，支持复杂的分析操作，侧重决策支持，并且提供直观、易懂的查询结果。二者的主要区别如表 5-1 所示。

OLTP 与 OLAP 也可以通过一定的技术联系起来。由于 OLTP 储存了大量的详细信息，所以 OLAP 可以通过合并、清理、提取或转换其中的数据，用于特定的决策分析。由于两种技术的数据结构以及应用软件都有很大的差异，企业需要明确自己建立数据库的目的与功能，结合业务实际需要选择当前合适的数据库类型。

表 5-1 **OLTP 与 OLAP 的主要区别**

	OLTP	OLAP
用户	操作人员，低层管理人员	决策人员，高级管理人员
功能	日常操作处理	分析决策
面向性	面向应用	面向主题
数据	当前的，最新的，细节的，二维的，分立的	历史的，聚集的，多维的，集成的，统一的

续表

	OLTP	OLAP
存取	读/写数十条记录	读上百万条记录
工作单位	简单的事务	复杂的查询
用户数	上千个	上百个
数据库容量	100MB~1GB	100GB

二、确定所需信息类型

不同的企业，其自身资源和能力情况的差异以及所处行业环境与市场环境的迥异，导致其战略目标和定位亦有不同，所以对信息的要求和信息关注的重点也会有所差异。但是，一般来讲，为了保证客户信息库的完整性，至少应该在其中存储四种类型的客户相关信息。

1. 第一类：人口统计信息。客户信息库显然应该包含所有客户和潜在客户的姓名。除客户名单外，还必须尽量记录所有客户的相关信息，来帮助企业进行消费行为分析。典型的客户信息库应包含客户和潜在客户以下统计数据（资料）：

（1）个人消费者：姓名、身份证号码、出生年月、性别、婚姻状况、家庭结构、教育程度、收入阶层、就业状况、工作性质、生活方式、心理特征，以及其他相关描述。

（2）企业消费者：企业名称、企业简介、经营领域、企业规模、经营状况、主要产品或服务、信用状况等级、法人代表或采购负责人（也就是采购的最终决策者），以及关于企业位置的社会经济分析等。

2. 第二类：地址信息。地址信息是与客户和潜在客户联系的关键。同时，它还有助于分析喜欢特定产品或服务的人群的区域分布。下面是应掌握的有关客户的一些地址信息：

（1）个人消费者：详细的通信地址、邮政编码、地址类型（城镇还是乡村等）、地区代码、销售区域、电话号码、电子邮件地址、媒体覆盖区域代码等。

（2）企业消费者：公司名称、公司名称的缩写、详细通信地址、邮政编码、主要电话号码、传真号码、电子邮件地址、网址、公司类型代码、地区代码等。

3. 第三类：财务信息。企业需要清楚客户能否付出货款及是否愿意付款，主要涉及到客户的信用卡购物、分期付款及支付记录等方面的情况。财务信息应包括：

账户类型、开户银行、账号、第一次订货（购买）日期、最近一次订货（购买）日期、平均订购价值、供货余额、平均付款期限、信用状况等级等。

4. 第四类：行为信息。行为信息是有关客户和潜在客户与企业交往的历史记录。行为信息能告诉我们客户过去做过什么、喜欢什么、每次购买多少及购买频率等，是客户信息库中最重要的一类信息。行为信息包括：

购买习惯，品牌偏好，购买地点，购买数量，购买频率，购买时间。

回应类型（包括订购、询问，对调查活动、广告活动、促销活动等的反应），回应的日期，回应的频率，回应价值，回应方式（电话、传真、邮政、电子邮件等）。

每次与客户进行接触的时间和方式（信件、电话、人员往来、参加展览会等）。

每次客户的抱怨及其解决的记录、售后服务的记录等方面的详细资料。

总之，在客户信息库中登载客户信息时，应注意以下几点：

在客户信息库中每个现在或潜在客户都要作为一个单独记录存储起来，只有了解每个个体的信息才能细分市场，并可通过汇总信息发现市场总体特征。

每个客户记录不但要包含客户一般的信息如姓名、地址、电话等，还要包含一定范围的市场营销信息，即客户需求和需求特点，以及有关的人口统计和心理测试统计信息。

每个客户记录还要包含客户是否能接触到针对特定市场开展的营销活动的信息，以及客户与公司或竞争对手的交易信息。

信息库中应包含客户对公司采取的营销沟通或销售活动所作反应的信息。存储的信息应有助于营销策略制定者制定营销政策，如针对目标市场或细分市场提供何种合适的产品或服务，或针对每个产品在目标市场中采用何种营销策略组合等。

另外，在收集和储存客户信息时，还应该保证客户信息的质量能够达到一定的标准。高质量的客户信息是整个客户关系管理运作体系的基础性环节。衡量客户信息质量一般可以从以下几个标准来进行：

1. 精准性。信息的精准性包括可信度和有效性两个层面。有的时候，记录人员的失误或测量方法的偏差，使得信息库中的信息没有客观反映记录人员所看或被测试人员所说的状态，信息缺乏可信度。有的时候尽管信息记录是客观的，但由于被测试人员的隐瞒或误导，导致信息没有真实反映被测试人员的想法、态度和状态，这时的信息就缺乏有效性。在理想的状态下，我们当然希望所收集的信息既可信又有效，但信息的精准性往往与时效性和收集成本相矛盾，一般而言，信息的精准程度越高，收集信息所耗费的时间和成本就越高，所以企业必须在考虑成本和时效的基础上确定信息精准性的程度，同时尽量避免因人为因素而导致的信息失真。

2. 相关性。客户信息必须与企业的客户关系管理运作实践紧密相关，根据业务需求有意识地收集信息，确保信息的有效性和关联性，同时减轻信息储存、提取与分析等工作的压力。比如金融企业需要了解客户的信用等级，所以平时应该注意积累与收集客户交易支付状况、就业情况和收入水平等方面的信息；评估客户的满意程度及再次购买意愿，则需要储存客户的投诉记录和回访记录等方面的信息。

3. 时效性。信息的时效性包括静态和动态两个层面。首先，在记录客户信息时，应该记载当时那个时点或时段客户的最新状况或变化，缺乏时效的信息往往给决策带来误导。其次，要注意客户信息的维护与更新，定期对各种信息进行盘查与核对，确保客户信息的动态时效性。

4. 共享性。信息在一定范围内及时共享，才能发挥出更大的功效。比如有关每天各个区域客户的购买数量与金额等信息，总公司的财务部门、销售部门和采购部门都需要及时掌握，以便了解整体的财务状况、安排销售计划和调配产品库存等。客户的投诉信息在市场部和客户服务部门人员之间共享，有助于合理规划营销计划和提高客户服务水平。信息共享的前提是信息记录的标准化，同时相关网络技术、数据库技术和无线通讯技术的支撑也是必不可少的。

5. 安全性。客户信息的安全性在今天竞争日益激烈的环境下尤其显得重要。由于客户信息是企业的重要资源甚至是核心机密，一旦外泄，为竞争对手知晓和掌握，对企业的冲击将是十分巨大的，对一些企业而言可能是毁灭性的打击。企业需要注意防范内部人员的背叛或外部人员的刺探与窃取，保证客户信息的安全性。现在大多数企业都采取了信息访问的分级管理或权限设置，不同级别的员工看到的信息内容不同；级别越高，看到的信息越完整。这样既保证信息在一定范围内得到共享，又可有效防止核心资料轻易外流。不过一旦出现高层管理人员背叛，只有通过法律程序来确保信息的安全性。

三、确定信息来源

客户信息库中的信息可以从企业内部与外部两个渠道获得。从信息的精准性和收集成本的角度考虑，内部信息往往优于外部信息，所以企业应该首先考虑从自身内部挖掘各种所需信息，在确保信息的针对性与精准性的同时，降低信息收集的成本；只有当内部渠道无法提供企业决策所需信息时，再考虑从企业外部搜寻各种信息。

企业的很多部门都可以提供有关客户的各种信息，比如市场部门可以提供客户细分、客户基本特征、客户获取途径、客户对企业促销活动的反应和客户满意度等方面的信息；销售部门可以提供客户的过往购买情况、联系方式、需求特点、个人偏好和主要竞争对手的情况等信息；财务部门可以提供客户的信用等级、历史支付记录等信息；客户服务部门可以提供客户投诉、客户沟通交流、服务要求、服务历史记录等方面的信息。目前，很多企业都推行了会员卡或会员证制度，每一个客户通过申请会员卡，提供相关个人信息，获得单独的会员号码或代码。企业每次与客户接触或交易时，都要求客户出示其会员卡或会员证，这样客户的相关信息就直接与客户信息库中的个人账户直接一一对应起来。

从企业外部获得的信息可以弥补内部信息的不足,加强内部信息的有效性。现在从企业外部获取客户信息的渠道非常多,比如分销商、零售商和其他中间商等合作伙伴,统计年鉴、行业报告、信息指南等政府公开出版物,商业期刊和书籍,当然还有专业的咨询公司和调研机构提供的一般报告或专题报告。越来越多的企业建立了比较完善的营销情报系统,通过实时监测与定期扫描,从多个渠道搜集与企业发展相关的信息。

客户信息还分为原始数据与二手数据。原始数据是为了解决特定问题而专门收集的数据。二手数据则是从已经存在的数据中挑选所需要的信息,是一个数据再加工的过程。与原始数据相比,二手数据可以在短时间内迅速而便捷地收集到,并且成本相对较低。考虑到信息的时效性与收集成本的因素,我们首先倾向于利用现存的二手资料进行分析,当二手数据无法满足决策需要时,再考虑着手进行原始数据的收集工作。

四、选择数据库技术和支持平台

客户信息可以使用不同的方式储存于客户信息库中,如阶层式、网络式和关系型。阶层式数据库系统以树状结构方式将信息组织起来。树状结构的特性,使得阶层式数据模式特别适合用来描述一对多的数据组成关系,但是却难以描述多对多的关系。由于树状结构并不能反映信息之间的网络连接关系,所以在阶层式结构之外,也有人提出以网络状结构方式将信息组织起来。1970年出现的关系型数据模式将信息以表格方式组织起来,每一个信息单元都是二维结构,并且彼此相对对立。如客户信息库中每一个客户就是一个独立的信息单元,而且包括多个字段,反映客户的具体信息。今天传统的阶层式、网络式数据结构已经不能适应客户信息挖掘工作的需要,二维结构的关系型数据模式方便不同数据之间实现一对一、一对多和多对多的对接,成为客户关系管理的标准数据类型。

目前市场上有大量的数据库技术和支撑技术可供选择,除了价格因素外,企业在选择"合适"的应用平台时,还要考虑到数据库容量要求和用户数量与地点。客户数量众多,并且每个客户规定的字段也比较多,那自然要求数据库容量必须比较庞大,储存客户数据的物理空间必须充足。同时,支持平台必须满足多个用户同时使用数据信息的需要,并且是来自世界不同角落,使用不同语言,有着不同信息需求的用户。随着企业经营国际化、全球化进程的不断加快,企业选择数据库支持平台的时候,必须考虑到这种兼容性。

五、建设和更新信息库

在明确客户信息类型、获取客户信息的渠道和信息储存的技术之后,接下来要做的工作就是获取所需信息并把它们输入数据库中,建立客户信息库。在建立客户信息库的过程中,需要注意防范各种导致数据失真的情况发生。

首先,要对信息的来源进行认真的校验,确保信息来源的真实性与可靠性,并且准确地将获取的信息没有丝毫偏差地输入信息库中。很明显,这是一个需要投入大量人力和细心的工作,比较简单的办法是在系统中设置两次输入或多次输入的规定,当后来输入的信息与第一次输入的信息不一致时,系统直接提示输入者再次核对。除此之外,还可以采用设置固定选项、有效范围和缺省值等方法来消除输入工作的失误。比如客户的性别信息,可以设定男、女两个固定选项,让输入人员从中进行选择;年龄信息设置 0~120 岁的有效范围,超出这个范围的就成为缺省值,无法进入后面的分析环节。

其次,要仔细解决信息的重复性问题。往往一个客户的信息从多个渠道获得,如果每个渠道获得的信息都不全面,或者存在时效性的问题,就可能出现信息的重复性问题,比如同一个客户的通讯地址,客户自己填写的是工作单位的地址,客户服务人员收集到的是家庭地址;或者客户使用了新的电子邮件,而不同服务人员在不同时点得到的邮件地址不一致。当这些信息汇总到客户信息库中的时候,要注意是否存在真的信息重叠问题:如果是一个客户的多个侧面信息,需要同时记录;如果是不同时点的信息,则应该进行覆盖与更新。

还有的时候,我们需要将特定项目(产品、顾客、职员)的全部相关信息从多个数据库系统合并到一个数据库系统。合并过程必须解决不同系统间的编码差别问题。例如:一个系统可能为每个客户指派一个身份识别号码(ID),而其他系统没有客户 ID。合并过程必须能够匹配两个系统中的常用客户数据,这多半可通过比较客户姓名和地址实现。

第三节 客户信息库的运用

在数据仓库和数据挖掘的技术支持下,客户信息库在以下几个方面(模块)与客户管理决策实现紧密的对接。对接示意图见图 5-1。

一、在客户价值识别方面的对接

客户关系管理的一个基本原则就是"商业化",即企业为不同价值的客户提供不同的价值。高价值的客户享受高附加值的产品和服务,企业在高价值客户身上的关系投资(Relationship Investment)也应该加大;低价值的客户则只能给予低附加值的产品和服务,企业维系客户关系的成本也应该降低。企业只有坚持商业化的原则才能使企业利润最大化与顾客价值最大化之间的平衡得以实现。但是,商业化的一个基本结症在于如何识别客户给企业带来的价值大小。首先需要界定的一个问题是,客户给企业带来的价值是不是仅仅指利润,口碑等非现金价值不计算在其中;

其次，评判客户价值的大小是不是仅凭其现期的交易状况来决定，而不顾客户未来交易的潜力。很显然，从战略的眼光来看，这两种认识都是不正确的。但是，即便是只计算客户现期贡献的利润也是一个比较困难的事情，因为企业关于销售收入的信息大多是按照销售区域来归集的，不能细分到每个客户身上，企业关于成本的信息大多是按照产品或服务的种类来归集，也不能细分到每个客户的身上。在这种信息体制基础上，很难计算出一个客户现期贡献利润的大小，更不用说去识别该客户长期价值的问题。

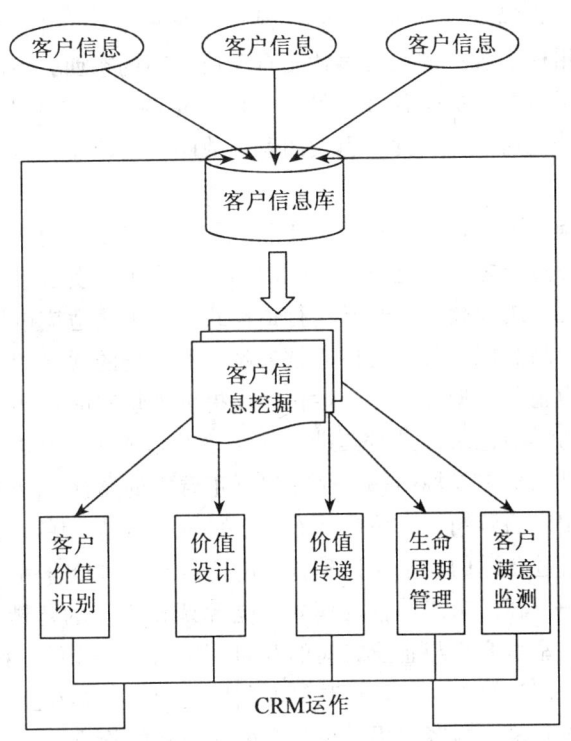

图 5-1　客户信息库与 CRM 运作对接示意图

客户信息库以每一个客户为信息收集的主旨，对每一个客户的基本特征、行为特征和交易情况进行详细的记载，因此每一个客户的现期和历史时期的交易总额都可以很容易地统计出来，另外，根据客户的基本特征和行为特征的记载，按照成本作业法（ABC）的方法，也比较容易地将企业的成本分摊到每一个客户的身上，从而可以计算出每一个客户现期和历史时期为企业贡献的利润。更为突出的是，企业可以从客户信息库中挖掘出每一个客户的偏好、忠诚程度和行为取向，推测出客户的长期利润总额以及口碑价值大小，从而真正全面地评估出一个客户为企业贡献的价值大小。

尽管由于技术的限制，目前许多 CRM 软件中的客户价值的识别仅仅停留在客户贡献利润和忠诚客户的识别上，但随着数据仓库技术和数据挖掘技术的进一步发展，管理思想和方法的进一步完善，客户全面价值的识别终究可以成为一件容易的事情。

二、在价值设计方面的对接

早在市场调研盛行的年代，很多学者就对它提出了异议：市场调研真的能够探测出客户的真实需要吗？一方面，问卷的设计、调研的方法都存在主观性过强的隐患，客户并不能用标准统一的语言表达出自己所需要的东西，何况有时候客户根本就不知道自己真正所需要的是什么。另一方面，对调研的结果进行平均化的分析，忽略了客户的个性化需求，由此而引发的营销战略和策略能否打动目标市场的每一个客户呢？

在买方市场条件下，市场竞争的主要表现形式从买方之间的竞争转向了卖方之间的竞争和买方与卖方之间的竞争。物质的丰富促进了消费者市场地位的提高和个性的张扬，大众化、规模化、无差异的行销模式已经无法适应市场竞争的需要，定制化、个性化的产品、服务甚至是体验越来越受到市场的欢迎。

客户信息库为企业发掘客户的个性化需求提供了切实的基础。一方面，信息库中关于客户特征的详细记录，是对其进行一对一营销或个性化营销/定制化营销的信息源泉，企业可以从中发掘出每一个客户真正看重的属性，并排列出各个属性的权重，从而制定相应的营销组合策略，在合适的时间将合适的产品、服务或方案，以合适的价格，通过合适的渠道送达到合适的地点或交付给合适的人。同时，还可以从中预测出每一个客户未来的行为模式，据此调整企业的营销战略。另一方面，交互式的客户信息库为客户与企业之间的双向、互动交流提供了接口，客户可以直接说出自己的需求，甚至参与到营销政策的制定过程中来，在互动、反复的沟通中扩充了价值设计的源泉，为客户提供更加全面、完善的价值。

三、在价值传递方面的对接

企业如何将设计好的价值方案传递到客户手中，让客户方便、容易、愉快地消费，这是整个客户关系管理运作活动中最不容易控制的环节。在今天"全员营销"畅行的年代里，企业的每一个员工都可以成为客户服务的接触面，每一个员工都在为价值传递活动而服务。如何使这些活动规范化、有序化甚至是自动化，成为客户关系管理运行体系的一个重大课题，也是企业提高效率的巨大源泉。

客户信息库由于能够实时地提供客户的基本资料和历史交易行为等信息，并在客户每次交易完成后自动补充新的信息，因而为企业营销活动安排的自动化提供了可能。小则能在客户生日那天提醒客户经理送上该客户十分钟爱的小礼品,而且与上次赠送的小礼品有所不同;大则可以有效地安排客户经理拜访客户的日程,销售人员推销主题、地点和方式的更换,产品组合的搭配,渠道的优化等,从而为客户不断提供个性化的超值价值,也为忠诚计划的实施奠定了基础。

同时,一线服务人员可以利用客户信息库更好地为客户提供人性化的服务。当一线服务人员在为客户提供服务时,他可以进行信息查询,从信息库中提取该客户的一些背景资料和过往的交易情况,尤其是一些特殊的偏好与状况,以便对该客户有更深入细致的了解,从而也为其提供更精准到位的服务奠定了基础。另外,当客户在进行投诉时,工作人员也可以从客户信息库中调取其基本信息和过往的投诉经历,营造一种彼此熟悉、亲密的氛围,从而为有效地缓解客户的不满创造了极其优越的条件。

四、在客户生命周期管理方面的对接

客户生命周期管理包括一系列的客户管理活动,如识别和获取有价值客户、保持和开发客户、再次获取流失的有价值客户等。客户信息库可以使客户生命周期管理变得更加有效,在客户生命周期的各个阶段提高企业关系管理的能力。比如为了保证客户获取活动的有效性,可以借助客户信息库了解客户获取的成本、难度以及客户的贡献利润和战略重要性,有针对性地制定获取策略。在客户保持与开发阶段,可以借助客户信息库对客户的历史交易记录进行分析,估算其未来潜在价值,预测消费偏好变化趋势,开发新产品,增加交叉销售和向上销售的可能性。针对已经流失的客户,同样可以利用客户信息库对其流失原因进行分析,测算再次获取的成本和可能获得的收益,合理制定应对措施。

五、在客户满意监测方面的对接

客户在交易、消费或消耗活动结束后,一般会呈现出三种状态:非常满意、基本满意和不满意。对这三种状态的监测为企业后续管理活动的改进提供了明确的方向。当然,并不是每一个客户都会将自己的消费感受主动、如实地告诉提供者,他们更多的是在行动上直接予以反映:成为企业的忠诚者或背叛者。

企业一方面可以通过汇总客户信息库中每一个客户的投诉情况,判定该客户的满意程度;另一方面,可以通过实时监测客户的交易行为,建立客户流失预警系统。客户信息库通过自动监视客户的交易资料,对客户的异常购买行为(购买周期或购买量出现显著变化时)做出警示,使决策者及早做出补救对策。

客户信息库与客户关系管理运作的对接是持续的、系统的、循环的,它贯穿于CRM运作的全过程,为CRM运作的整体规划和各个环节的运行提供决策的信息基础,而CRM运作的结果又储存于客户信息库中,周而复始地为管理决策提供支持。

第六章　设计客户价值

在明确客户贡献价值与相关信息之后，客户关系管理运作体系中最核心的一步就是如何深层次挖掘出客户的真实需要，开发出令客户满意的价值组合。当然，在价值设计的过程中同样必须遵循"商业化"的原则，保证客户贡献价值和企业提供价值之间的对等性。本章首先对"价值"的内涵进行初步的界定，然后对价值创造的源泉——客户需求进行一些理论上的归纳和分析，最后详细探讨企业如何为客户设计真正所需的价值组合。

第一节　客户感知价值的内涵

价值是一个含义很广泛的词汇。不同的学科根据研究的需要，对"价值"进行了不同层面和程度的阐释与延伸。尽管它们所指的"价值"并不是本书所要讨论的"价值"的确切含义，但是这些丰富、科学的一般性或特殊性的讨论，无疑对我们站在管理学角度和营销学角度来理解"价值"的内涵有着十分重要的指导和借鉴意义。下面我们基本遵循从一般到特殊、从抽象到具体、层层深入的逻辑顺序，对一些学科关于价值的论述进行简要的介绍，并在最后归纳出客户关系管理运作体系中所指"价值"的内涵。

一、哲学中的价值一般

20世纪以来，价值问题已经成为现代哲学研究的中心问题之一。[1] 但是，哲学家们对"价值"的哲学内涵并没有形成统一的认识，相反，在探讨争论的过程中逐渐派生出繁多的流派和观点，关于"价值"内涵的界定一直处于僵持的状态。拉蒙特对这种情形曾这样描述到："当我们把一个事物称为好或有价值时，我们是在谈这事物本身（不管它与别的事物或欣赏主体处于什么样的关系）所具有的某种性质、属性或特征呢？还是在谈据说是这事物只有处于与他事物的关系中或处于与欣赏主体的关系中或处于二者兼备的关系中时才具有的特征？最后，还是在谈欣赏主体的一种心灵状态呢？对这个问题的回答可依次从极端的客观主义者排到极端

---

[1] 李德顺．价值论．北京：中国人民大学出版社，1987：9．

的主观主义者。"① 哲学领域里关于价值问题的众多论述极大地丰富了价值的哲学内涵。

汉语中的哲学用语"价值"一词，相当于英语的 value、法语的 valeue、德语的 Wert，与古代梵文和拉丁文中"掩盖、保护、加固"这种词义有渊源关系，是在该词义派生出来的"尊敬、敬仰、喜爱"的意思的基础上形成的。"价值"的含义是"起掩护和保护作用的，可珍贵的，可尊重的，可重视的"。这种词义，是一般情况下所用"价值"一词的基本涵义。很多学者都力图归纳和发展出哲学上的"价值"或"价值一般"的基本意思。其中李德顺教授的界定具有一定的代表性。他认为哲学领域所给出的"价值"概念应该是最一般、最基本的，是从许多具体学科中抽象出来的共同的基本涵义。"在所有各个领域中都存在着的，并且为许多具体科学如社会学、经济学、政治学、伦理学、美学、科学社会学等作为重要内容加以研究的价值问题，必然有一个共同的、一般的本质。对于这个一般的本质来说，所有具体价值都是它的特殊和个别。"② 这个哲学范畴的"价值"一般概念用理论的语言可以表述为："'价值'这个概念所肯定的内容，是指客体的存在、作用以及它们的变化对于一定主体需要及其发展的某种适合、接近或一致。"从这个定义出发，我们可以衍生出"价值"的几个基本特性：

（一）价值的效用性

价值是一个关系范畴，它表明主客体之间一个特定关系方面的质、方向和作用。价值是主客体之间的一种统一状态，而且这种统一必须是符合主体需要和内在尺度的，是客体为主体服务，是主体性占主导地位的统一。价值最显著的特征就是效用性，即客体对主体有某种效用，能够满足主体的需要。如果没有效用，也就没有价值。人类进行实践，就是为了使客体变成对自己有用的价值物。

（二）价值的客观性

价值的客观性表现在三个方面：一是主体需要的客观性。人的需要，不论是自然的、社会的、物质的，还是精神的、生理的、心理的，都和人的社会存在相联系，都是客观的，不是主观人为可以臆造的。如饥饿时对食物的需要是人的生理结构的期待状态；寂寞时对归属的需要是人的社会结构的期待状态。二是客体及其属性、功能的客观性。自然物质的客观性是毫无疑问的，即使是精神客体，如科学知识、道德、艺术、宗教的存在和作用也都是客观的，它们都有物质承担者，在人类社会中合乎规律地出现和发挥作用。三是客观属性、功能与主体需要之间的关系是客观的。价值的创造是人的实践创造过程，价值的实现就是价值消费过程，价值实现给予主体的满足是客观存在的事实。

---

① W. D. 拉蒙特. 价值判断. 马俊峰，等，译. 北京：中国人民出版社，1992：7.
② 李德顺. 价值论. 北京：中国人民大学出版社，1987：13.

(三) 价值的个体性

价值的个体性或独特性，根源于主体结构和条件的特殊规定性。一个主体，它自身有什么样的结构和条件，就同客体发生什么样的价值关系。个体是千差万别的，同一客体对不同主体的价值关系有时大相径庭，同一事物，对有的人是真的、善的、美的，对另外的人可能是假的、恶的、丑的。由于主体的社会地位、素质、能力、性格、爱好不同，各自的价值尺度不同，决定了价值的个体独特性。

(四) 价值的多样性

个人或个人的社会共同体，由于自身结构和规定性的每一点、每一方面和每一过程，都产生对客体的需要，都可能形成一定的价值关系，这就造成了主体价值关系的多样性。例如，人有生理上的需要，有精神上的需要，还有社会关系的需要，这些需要交织在一起，随着时间和客观环境的变化而不断组合，时而这方面的需要和价值关系突出了，时而另一方面的需要和价值关系突出了。可见，价值的多样性还表现在人们具体的价值体验是可变的、可选择的。另外，由于人本身的发展性，导致了价值关系的多样性具有无限的发展趋势，人们的实际价值体验，往往只是反映了他的多方面的价值关系中最切近、最直接的部分，在这种体验的背后，还潜藏着无限多的深层的价值可能性。

(五) 价值的时效性

每一种具体的价值都具有主体的时间性，随着主体的每一变化和发展，一定客体对主体的价值或者在性质和方向上，或者在程度上，都会随之改变。由于主体的发展及其需要的变化，同一客体，在不同的时间内，与主体的价值关系会发生变化，显示出价值的时效性。不到一定的时间，就不会出现这种价值；过了一定的时间，就会失去或降低其价值。及时性是价值时效性的一种表现。"及时雨"、"急救药"、"雪中送炭"等，其价值在于及时、准时，提前和滞后都会失去价值，这是由主体需要的迫切性决定的。持续性是价值时效性的又一表现，是某种价值对主体存在的时间长短，有的客体为主体带来的价值只能维持几分钟，而有的客体为主体带来的价值却可以影响其一生。

哲学领域里对价值一般性的论述为其他学科的深入具体研究奠定了基础。

二、政治经济学中的使用价值和价值

相对于哲学范畴的价值一般，政治经济学中的"价值"属于具体的、特殊的、个别的价值概念，它与"价值一般"一脉相承而又独具特色。[①]

较老的经济学家们在更为广泛、流行的意义上使用"价值"。任何期望、需求

---

① 何炼成，等. 价值学说史. 西安：陕西人民出版社，1984. W. D. 拉蒙特. 价值判断. 马俊峰，等，译. 北京：中国人民大学出版社，1992：28.

或需要的东西，都可以说成是有价值的，而且价格和价值通常是彼此通用互换的。马克思在英国古典政治经济学家的价值理论基础上，创造性地发展了商品的两个要素：使用价值和价值，并严格地界定了使用价值和价值、交换价值和价值、价格和价值之间的区别与联系。

使用价值是商品的自然属性，是构成社会财富的物质内容。不同的商品由于它们的自然属性不同，具有不同的使用价值，如粮食可以充饥，衣服可以保暖，煤炭可作燃料。同时，同一种商品由于使用方式的多样化，其使用价值的表现形式也可以是多方面的，如牛可以用来耕田，满足人们生产方面的需要，也可以用来作肉食，满足人们生活方面的需要。由此可见，商品的使用价值是满足人们生活需要的基本保证，没有使用价值的商品根本得不到消费者的认可和喜爱。

而为什么不同的使用价值能按一定的比例相交换呢？这说明各种商品之间存在着使它们相等的共同的东西，这个共同的东西不可能是商品的使用价值，因为使用价值千差万别，属性各异，无法进行量的比较，撇开商品的使用价值，商品体就剩下一个属性，即它们都是劳动产品，都是人类劳动的产物，这种凝结在商品中的抽象、一般的人类劳动就是不同使用价值之间共同的东西，就是商品的价值。"价值"是商品的社会属性，是商品生产者之间交换产品的社会联系的反映。价值是交换价值的内容，交换价值是价值的形式。

马克思强调指出商品是使用价值与价值的辩证统一。要成为商品，必须既具有使用价值，而且是社会的使用价值，又具有价值，二者缺一不可，否则就不能成为商品。

政治经济学中关于使用价值与价值的论述，是对"价值一般"具体而科学的诠释与延伸。它在突出价值效用特性（即使用价值）的同时，深入地揭示了价值更深层次的元素——生产劳动和交换，是人类创造性的劳动才使得"自然物"成为"商品"，成为可以更好地满足人类自身需要的产品；同时，是人类的交换活动使得价值在更大范围内、更有效率地得以实现。没有生产劳动和社会性的交换，效用和价值就不能实现或更好地实现。从这一点上我们可以看出价值的社会特性。

三、企业管理学中的比较价值

企业管理学与经济学密不可分，它同样面临着"稀缺"的问题，同样需要认识到商品是使用价值和价值的统一体。但是，它的侧重点从社会转向了企业内部，试图揭示企业"黑箱"的具体运作规律。由于企业首先是一个利润实体，效率和效果是企业管理学必须关注的核心问题，所以在谈论"价值"内涵时，必须涵盖投入与产出比例的内容，自然而然，劳动成本或生产费用的问题就引入了"价值"讨论的范畴，"价值"更深层次的元素——人类劳动在这里得到了更深入的探讨。

企业管理学中比较典型的关于"价值"的讨论是源于生产管理领域中价值工

程学①的兴起。价值工程（Value Engineering，简称 VE）起源于 20 世纪 40 年代的美国，初称价值分析（Value Analysis，简称 VA）。当时正值第二次世界大战期间，美国的军事工业迅速膨胀，造成原材料市场严重供不应求，在 100 种重要资源中，有 88 种需要进口。原材料的严重短缺迫使企业寻找功能一致或接近而价格低廉的替代材料，但是产品的性能和质量不能降低。于是，由这种对原材料的效用、功能与其价格之间对比关系的思考，引发了以寻求最低总成本（或总费用）来实现一定产品或作业的必要功能为目的的价值工程学。

价值工程学中谈及的价值，是一种"比较价值"的概念。价值是生产费用对效用的关系。价值首先是用来解决某种物品是否应该生产的问题，即这种物品的效用是否能抵偿生产费用的问题。只有在这个问题解决之后才谈得上运用价值来进行交换的问题。如果两种物品的生产费用相等，那么效用就是确定它们的比较价值的决定性因素。由此可以将比较价值用公式表示为：

$$比较价值 = \frac{效用（或功能）}{生产费用（或成本）}$$

或简化为：

$$价值 = \frac{功能}{成本} （或记为 V = \frac{F}{C}）$$

比较价值中成本因素的引进，更符合企业的实际运作情况，也为我们更全面具体地界定价值的内涵提供了非常直接的借鉴与启示。

四、现代营销学中的顾客价值

在市场竞争日趋激烈的情况下，买方取得了前所未有的市场优势地位。企业营销活动的重点由产品转向了顾客，传统营销学也因此完成了向现代营销学的转变。在"市场导向"营销哲学指引下的现代营销学，当然不可避免地涵盖了从各个角度、各个层面对顾客的研究，如顾客需要、顾客动机、顾客行为、顾客购买决策过程、顾客满意等，其中比较本原的研究当属"顾客价值"。

前面我们已经提到，一般提及"顾客价值"，它包含两个方面的意思。一是企业能够给顾客带来什么价值（即顾客感知价值）；二是顾客能够给企业带来多少价值（即顾客的价值）。前者是顾客满意的根本原因，后者则是关系营销商业化的基本前提。企业需要在二者之间寻求一个最佳的平衡点。

从前面的论述中，我们可以很明显地看到，无论是顾客感知价值，还是顾客的

---

① 关于价值工程的内容可以参见马庆国，马延路. 价值工程的理论与方法. 杭州：浙江人民出版社，1985. 李纯波. 价值工程新论. 北京：北京经济学院出版社，1991. 宋倩茹. 价值工程. 北京：人民出版社，1994.

价值，都直接借鉴了"比较价值"的思想，将效用、利润、成本、费用、代价等因素考虑在价值之中。

由于第四章已经对顾客的价值做出了相关论述，所以本章将不再赘述，如果没有特别申明的话，本章所指的顾客价值就是顾客感知价值。

五、各种学科论述的启示

从以上各学科关于价值内涵的介绍中，我们可以得出的归结到客户关系管理中顾客价值方面的启示在于：

（一）顾客价值的价值主体是顾客

理解价值内涵最基本的一步，是明确到底谁是价值关系中的主体。长期以来，很多企业都是把顾客价值的价值主体界定为顾客价值的提供者——企业自身，由此形成的顾客价值概念显得过于主观。这是在卖方市场下形成的惯性，顾客需要的东西由企业主观决定，工程师是决定产品功能和形态的主要人员。诚然，顾客价值是通过企业提供的使用价值来实现的，但是商品的二重性告诉我们，它必须为社会中的人或群体所认可才具有"价值"，如果社会不予以认可，即便是生产者自己认为极具价值的产品也只是一厢情愿的事情。"客户必须成为最终的评判者，独立判断自己是否获得了增加的价值……我们应该注意，价值就像营销术语中的服务和质量，必须由客户来定义。它是一种个人的事物，因此应当只从客户个人的角度来定义。同服务和质量一样，它仅仅存在于所有者的体会中……航空公司的管理层也许认为提高飞行服务的质量能给客户带来更多的价值，而客户则可能感觉如果检票口的队伍变短一些就会使价值增加。同样，空中小姐们可能知道旅行者认为舒适的座位才是有价值的，而管理层却希望能够提高午餐的质量。"[①] 企业在此过程中承担创造价值的角色，而不是感受价值的角色，价值的客体——商品、服务或其他提供物所要适合、接近或一致的主体不是企业自身，而是企业服务的对象、提供物的实际消费者——顾客，所以，他们的需要及其发展以及与提供物之间、与提供者之间的互动关系，才是企业思考问题的出发点。明确顾客价值的主体是顾客而不是企业自身这一点，可以帮助我们较好地纠正"营销近视"的通病，把企业的战略眼光从企业内部转移到企业外部，切实从顾客的角度出发来设计顾客价值，从而真正持续地获得市场竞争的优势地位。

（二）顾客价值的效用性

效用性同样也是顾客价值最显著的特征。提供物首先要具有效用，能满足被提供者的需要，才能给其带来价值，而且效用的正负与大小不是由提供者自身来评判

---

① 杰姆·G. 巴诺斯. 客户关系管理成功奥秘——感知客户. 刘祥亚，等，译. 北京：机械工业出版社，2002：117-118.

的，起决定和主导作用的是顾客价值的主体——顾客。凡是对价值主体产生积极、肯定效果的是正价值；凡是对价值主体产生消极、否定效果的是负价值。企业应该努力地为客户提供尽可能多的正价值，减少甚至消除负价值。同时，注意处理好客户价值的长期效用与短期效用、客户价值与社会效益、环境效益之间的关系。

（三）顾客价值的客观性

顾客价值的客观性同样表现在三个方面。一是顾客的需要是客观存在的，不是主观人为可以臆造的。企业不能想当然地构造出顾客的需要、欲望和动机，不能主观地排列出它们的属性及权重，而应该通过科学的调查研究，通过与客户的长期接触和互动，来探测出客户的真实所想和真实所需。二是满足顾客需要的提供物及其属性、功能是客观存在的。企业既不能不顾自然物质的客观属性而盲目憧憬提供物的未来功效，变水为油、点石成金的想法是不现实的；也不能夸大宣传或捏造提供物的属性和功效，欺骗消费者和社会。三是提供物的属性、功能与客户需要之间的关系是客观的。由于提供物的价值实现给予顾客的满足是客观存在的，提供物良好的口碑、知名度和美誉度都是顾客客观赋予的，从长期来看，企业无法捏造这些事实，而且它对企业经济效益的好坏具有决定性的影响。

（四）顾客价值的个体性

在买方市场条件下，顾客价值的个体性越发突出。市场越来越细分，有些"柔性化和灵捷型"组织已经达到"人分市场"的境界，根据每个客户的需要来定制化提供价值。企业可以在估算成本效益的基础上，适时地推行差异化营销和一对一营销，为客户设计出独特的产品、服务或一揽子方案，满足客户越来越个性化的需要。

（五）顾客价值的多样性

由于顾客需要的复杂性和物质产品的丰富性，导致了顾客需要满足方式的多样性，这样就容易使企业陷入到选择的迷途之中。所以，企业在为顾客设计价值时，首先必须明确顾客需求的各个属性，确定顾客当前赋予各个属性的权重，然后据此来设计提供物的属性和功效。以汽车为例，有些顾客将外观和品牌视为最重要的因素，而有些顾客则认为安全与经济更重要。其次，由于客观环境和自身环境的变化，顾客具体的价值体验是可变的、可选择的，所以企业也不能固步自封，做井底之蛙，需要不断跟踪客户需求及其属性的变化，及时调整提供物的效用构成。最后，顾客价值的多样性也为企业不断挖掘增值的途径提供了广阔的舞台，企业应该充分发挥自己的积极主动性，挖掘顾客潜在的重要需求属性，成为在市场浪潮中冲击的引导者和先锋。

（六）顾客价值的时效性

及时性和持续性是顾客价值时效性的集中表现。企业应该根据顾客需要的迫切性，及时、准时地为顾客创造所需的价值，杜绝提前和滞后。同时，企业也必须坚持持续经营的理念，持续不断地为顾客提供价值，培养和发展企业的品牌、商誉等无形资产,提高企业对顾客的影响力,发展良好的客户关系,增强企业抗风险的能力。

(七) 顾客价值的相对性

顾客价值的相对性表现在顾客价值是一种可比较的(可以将一种选择与另一种选择进行排序)、个人化的(在不同的客户之间有差别)、条件性的(随着条件的不同而改变)主体与客体之间的互动经历。顾客价值比较的范围可以扩大到群体与群体之间或人与人之间,也可以缩小至人自身的经验之间。但无论如何,比较的内容除了功效之外,不可避免地必须涵盖成本的内容。每一个顾客在获取效用的同时,必须付出一定的成本(货币的、时间的、精神的或是体力的),因为价值的实现必须通过市场交换,而市场交换的一个基本的原则与公理便是等价交换。由于成本的必然性与客观存在,顾客理所当然地要将成本因素纳入到价值比较的范畴,顾客无论是与他人比较,还是与自己过去的经验比较,基础都是功效与成本的相对值,或称之为净价值、让渡价值,所以企业应该努力提高顾客的净价值或让渡价值,而不是单方面地提高功效或效用。这种顾客价值的相对性也说明了价值提供途径的多样性。理论上,存在着四种提高顾客净价值或让渡价值的可能性:效用提高,而成本不变;成本降低,而效用不变;效用提高,成本也增加,但前者上升的幅度高于后者;效用降低,成本也降低,但前者降低的幅度低于后者。

第二节 客户价值创造的源泉

从价值一般的定义中可以看到:顾客价值来源于提供物给予顾客需要的某种满足。所以,如何为顾客创造更多、更好的价值,一个基本的起点就是认真分析研究顾客的需要。本节在对当前和未来顾客新的需要取向与变化进行系列的归纳和展望的基础上,探索出顾客价值实现的各种原动力。

一、顾客的基本需要

需要是指人生理和心理上的匮乏状态,即感到缺少些什么,从而想获得它们的状态。顾客作为一个消费主体,其需要是多种多样的。这里,我们力图从不同角度对它进行大致分类:

一般地,我们可以根据人的基本属性将需要分为两种:(1)基本的生理需要,这被称为初级需要(Primary Needs);(2)社会和心理需要,这被称为次级需要(Secondary Needs)。生理需要包括食物、水、性、睡眠、空气和比较适宜的温度。这些需要产生于基本的生存要求,它们对于人类种族的延续是至关重要的。所以,它们实际上是普遍存在的。但是,不同人的强度有所区别。例如,婴儿的睡眠需要强于成年人的睡眠需要。社会和心理需要是指人类在社会生活中形成的,为维护社会的存在和发展而产生的需要,如求知、求美、友谊、荣誉、社交等需要,社会和心理需要受到社会实践的影响。如果习惯上一天吃三顿饭，即使两顿已经足够了，人也会因为没有吃满三顿而感到饥饿。如果喝咖啡的时间是在早晨，那么它就会成为满足食欲的习惯，也会成为一种社会需要。

我们也可以根据需要的实际内容，将需要分为物质需要和精神需要两种。物质需要是指与衣、食、住、行等有关的物品的需要。对物质的追求既可能源于顾客生理上的匮乏感，也可能源于其社会心理上的匮乏感。精神需要主要是指认知、审美、交往、道德、创造等方面的需要，它主要是由心理上的匮乏感而不是生理上的匮乏感所引起的。随着生产力的发展，精神需要在需要结构中的比重将不断提高。

另外，很多学者也对需要分类进行了专门详细的探讨，为我们更深入地理解顾客需要提供了有力的帮助。

美国心理学家马斯洛（Abraham h. Maslow）在 1943 年发表的《人的动机理论》（A Theory of Human Motivation——Psychological Review）[1] 一书中提出了需要层次论。这种理论的构成根据三个基本假设：（1）人要生存，他的需要能够影响他的行为。只有未满足的需要能够影响行为，满足了的需要不能充当激励工具。（2）人的需要按重要性和层次性从基本的（如食物和住房）到复杂的（如自我实现）排成一定的次序。（3）当人的某一级的需要得到最低限度满足后，才会追求高一级的需要，如此逐级上升，成为推动继续努力的内在动力。马斯洛提出需要的五个层次如下：

（1）生理需要（Physiological Need），是个人生存的基本需要，包括人对食物、水分、空气、睡眠和性等的需要。（2）安全需要（Safety Need），表现为人们需要安全、稳定，需要受到保护免除恐惧和焦虑。它对应于人的求生本能，包括心理上与物质上的安全保障，如不受盗窃和威胁，预防危险事故，职业有保障，有社会保险和退休基金等。（3）归属和爱的需要（Love and Belongingness），人是社会的一员，需要友谊和群体的归属感，人际交往需要彼此同情互助和赞许。（4）尊重需要（Self Esteem），包括要求受到别人的尊重和自己具有内在的自尊心。（5）自我实现需要（Self Actualization），指通过自己的努力，实现自己对生活的期望，从而对生活和工作真正感到很有意义。

马斯洛的需要层次论基本秉承了"本能说"[2] 的理论，他认为需要是人类内

---

[1] 马斯洛. 人的动机理论. 陈炳权，高文浩. 邵瑞珍，审校. 经济管理，1981，11，12.

[2] "本能说"是解释人类行为的最古老的学说之一。信奉这个学说的学者们如麦独孤（W. McDougall）、弗洛伊德（Freud）都认为人类行为的根本原因归结为先天力量，即纯属遗传因素所决定的本能。本能是一切思想和行为的基本源泉和动力，它不是通过学习而获得的。马斯洛认为，尽管社会因素对个体如何满足其需要有重要作用，但就其本质而言，这些需要是人生来就具有的。到 20 世纪 20 年代，用本能来解释所有人类行为的理论已逐渐走入困境，行为主义者用实验演示，许多行为是习得的，而不是天生的，环境因素对于行为具有决定作用。相关内容可以参见符国群. 消费者行为学. 武汉：武汉大学出版社，2000：71-82. 孟昭兰. 普通心理学. 北京：北京大学出版社，1994：386-370.

在的、天生的、下意识存在的，而且是按先后顺序发展的，满足了的需要不再是激励因素。

出于对"本能说"的置疑，许多学者从不同的角度批判了马斯洛的观点，提出自己的需要层次学说。阿德弗（C. P. Alderfer）于 1969 年在《人类需要新理论的经验测试》①一文中修正了马斯洛的论点，他认为人的需要不是分为 5 种而是分为 3 种：(1) 生存的需要（Existence），包括心理与安全的需要。(2) 相互关系和谐的需要（Relatedness），包括有意义的社会人际关系。(3) 成长的需要（Growth），包括人类潜能的发展、自尊和自我实现。阿德弗的需要论，简称为 ERG 需要理论，与马斯洛需要层次论的主要区别在于：阿德弗经过大量调查证明，这些需要不完全是天生的。需要层次论建立在满足—上升的基础上，ERG 理论不仅体现满足—上升的理论，而且也提到了挫折—倒退这一方面。挫折—倒退说明，较高的需要得不到满足时，人们就会把欲望放在较低的需要上。ERG 理论认为需要次序并不一定如此严格，而是可以越级的，有时还可以有一个以上的需要。

美国哈佛大学教授戴维·麦克利兰（David. C. McClelland）进一步论证了环境或社会学习对需要的重要影响，与马斯洛不同的是，麦克利兰特别强调需要从文化中的习得性，据此，他提出了三种需要理论，认为个体在工作情境中有三种重要的动机或需要。(1) 成就需要（Need for Achievement）：争取成功、希望做得最好的需要。(2) 权力需要（Need for Power）：影响或控制他人且不受他人控制的需要。(3) 亲和需要（Need for Affiliation）：建立友好亲密的人际关系的需要。这些需要都是个体在幼年时期，在人的社会化过程中习得的。

从以上这些关于需要理论的阐述中，我们可以大致归结出顾客需要的两个基本特性：

1. 顾客需要不仅具有生理性，更具有心理性和社会性。它有时是顾客本能、内在的匮乏所引起的，有时是外在的刺激所导致的，但大多时候是二者的共同作用。而且，顾客对环境和刺激物的学习深刻影响着顾客的需要。

2. 顾客需要不仅具有复杂性，更具有可变性。不同的顾客，由于其民族、信仰、生活方式、文化水平、经济条件、生活环境、兴趣爱好以及个人情感、意志、控制力等诸方面的差异，需要的内容和表现形式都会出现较大的差别。而且，在不同的时期、不同的环境和条件下，同一顾客的需要也会出现伸缩、波动和变化。

揣摩顾客的心理和动机是企业成功设计价值的基本前提和保障。一般来说，顾客具体的消费心理或购买动机可以归纳为两大类：理智动机和感情动机。

理智动机包括：

1. 适用。适用即求实心理，是理智动机的基本点，即立足于商品的最基本效

---

① http://www.3rd56.com/jingtai/glzh/guanlililun.htm.

用。在适用动机的驱使下，顾客偏重产品的技术性能，而对其外观、价格、品牌等的考虑则在其次。

2. 经济。经济即求廉心理，在其他条件大体相同的情况下，价格往往成为左右顾客取舍某种商品的关键因素。折扣券、大拍卖之所以能牵动千万人的心，就是因为"求廉"心理。

3. 可靠。顾客总是希望商品在规定的时间内能正常发挥其使用价值，可靠实质上是"经济"的延伸。名牌商品在激烈的市场竞争中具有优势，就是因为具有上乘的质量。所以，具有远见的企业总是在保证质量前提下打开产品销路。

4. 安全。随着科学知识的普及、经济条件的改善，顾客对自我保护和环境保护的意识增强，对产品安全性的考虑愈来愈多地成为顾客选购某一商品的动机。

5. 美感。求美动机是指顾客以追求商品的欣赏价值和艺术价值为重要倾向的购买动机。爱美之心人皆有之，美感性能也是产品的使用价值之一。在这种动机的支配下，顾客特别重视商品的颜色、造型、外观、包装等因素，讲求赏心悦目，注重商品的美化作用和美化效果。

6. 方便。省力省事无疑是人们的一种自然需求。顾客在购买和使用商品的过程中，希望能够省时，便利，可以快速方便地购买到商品，讨厌过长的候购时间和过低的销售效率，对购买的商品要求携带方便，便于使用和维修。

感情动机不能简单地理解为不理智的动机。它主要是由社会的和心理的因素产生的购买意愿和冲动。感情动机很难有一个客观的标准，但大体上是来自下述心理。

1. 好奇心理。好奇是一种普通的社会现象，没有有无之分，只有程度之别。一些人专门追求新奇，赶时髦，总是充当先锋消费者，特别注重商品的款式、色泽、流行性、独特性与新颖性，相对而言，产品的耐用性、价格等成为次要的考虑因素。

2. 异化心理。异化心理多见于青年人，他们不愿与世俗同流，喜欢标新立异，总希望与别人不一样。

3. 炫耀心理。这多见于功成名就、收入丰盛的高收入阶层，也见于其他收入阶层中的少数人。在他们看来。购物不光是适用、适中，还要表现个人的财力和欣赏水平。他们是消费者中的高端消费群。购买倾向于高档化、名贵化、复古化。

4. 攀比心理。攀比，社会学家称之为"比照集团行为"。有这种行为的人，照搬他希望跻身其中的那个社会集团的习惯和生活方式。

5. 从众心理。作为社会的人，总是生活在一定的社会圈子中，有一种希望与他应归属的圈子同步的趋向，不愿突出，也不想落伍。受这种心理支配的消费者构成后随消费者群。

6. 尊重心理。顾客是企业的争夺对象，理应被企业奉为"上帝"。如果服务质量差，哪怕产品本身质量好，顾客往往也会弃之不顾，因为谁也不愿花钱买气受。因此，企业及其商品推销员、售货员、维修人员真诚地尊重顾客的经济权力，有时尽管商品价格高一点，或者质量有不尽如意之处，顾客感到盛情难却，也乐于购买，甚至产生再光顾的动机。

二、顾客需要的新发展

以上主要介绍了顾客需要一些基本的、具体的表现形式，其实，随着经济社会的发展，顾客需要的具体内容也会出现新的变化。在当前全球经济日益一体化、买方市场逐渐形成和完善、知识经济和网络经济不断渗透到社会每一个角落等情况下，顾客需要也出现了新的表现形式。它们从顾客需要的基本表现形式中衍生出来，但同时又带有明显的时代特色，逐渐成为21世纪消费者的主流选择。这样一些新的需要值得企业予以足够的关注和重视。

（一）方案需要（Solution Need）

Philip Kotler 在其《想象未来的市场》一文中指出，未来"市场经营者将把注意力从集中于大的群体转移到寻找特殊的、合适的目标。在这些目标所在处，有财富存在"。由于消费者需求的特殊性增加，不同消费者在消费结构、时空、品质诸多方面的差异自然会衍生出"特殊的、合适的目标"市场，这些市场规模会缩小，但其购买力并不会相对减弱。目标市场特殊性的强化预示着消费者行为的复杂化和消费者的成熟。[①]

买方市场和互联网络的出现，促进了目标市场由特殊性向个性化、自主化发展。首先，由于科学技术的迅猛发展，极大地提高了人们的生活水平和消费意识，他们越来越关注企业的行为，越来越渴望获取有关消费的各种信息和知识，他们不再是过去那种"有什么就买什么、不赶紧买就买不着"的被动式消费，而是积极主动地向企业询问有关产品的各种情况，在众多的备选产品中寻找最合适的对象，大胆地向企业表达他们的想法、观点和态度。只是"信息不对称"的问题一直困扰着他们。互联网络的出现与普及极大地缓解了这种状况，由于信息搜寻成本的大大降低，更进一步刺激了顾客学习各种消费知识和技术的兴趣和欲望。其次，在顾客不断学习的过程中，顾客的个性也不断地表现出来。他们在信息结构中已经从弱势地位中脱离出来，在信息量、信息深度等方面不逊于卖方，或者至少足够他们应付卖方的各种引诱、夸大和捏造伎俩，进行相对理性的购买决策。他们喜欢与提供者进行互动式的交流与沟通，喜欢将自己的想法融入到卖方提供给自己的提供物中。

在学习、沟通、较量的过程中，顾客的消费内容逐渐变得繁多、复杂起来，这

---

① 乔远生. 21世纪营销市场大变革. 市场营销，2001，2.

也进一步增强了顾客学习消费知识的动力。随着供求双方的合作和竞争向更纵深的层次发展，顾客提出了更加个性化和自主化的需要——方案需要。单纯的产品或服务已经满足不了顾客的需求，他们需要的是有形产品、服务和信息（知识）的组合体，是企业提供给顾客用以解决问题、创造更高价值的一揽子方案。① 这种"方案"不同于"捆绑式"销售，尽管它同样可以满足顾客一系列的需要或者一段时期的需要，但它是顾客与供应商平等交流、共同协商的结果，是建立在供求双方充分了解、熟悉的基础之上，是顾客关于消费的信息和知识不断增多和顾客需求不断个性化、自主化的结果。在与供应商非常密切的关系状态下，顾客希望与供应商进行充分的互动式沟通，全方位地展现自己的需求，共同制定出量身定做的、能体现自己所有重要需求特征的整体价值方案，满足其简捷、适用的初衷，更符合其个性和特色。同时，顾客还希望供应商能全程跟踪其方案的使用过程，根据需要的变化及时对方案的内容进行升级，不断补充新的信息和知识。一些软件制造商可以说已经开始向"方案营销"转变，它们和客户一起设计、开发仅供客户使用的专门软件，并反复调试，直到客户满意为止。在随后的使用过程中，当客户发现问题或有了新的需求时，它们及时地对软件进行修补和升级。它们最大的盈利基础不是装载软件的光盘，而是由软件、服务和知识组合（尤其是知识的出售）的独特方案。

方案需要是将顾客与企业紧密捆绑在一起的客观基础，是企业实施以长期交易为目的的关系营销的重要源泉。

（二）体验需要（Experience Need）

经济发展与社会型态的变迁息息相关，随着科技、信息产业日新月异的发展，人们的需求与欲望、消费者的消费型态也相应的受到了影响。回顾经济演进的过程，我们已经走过了农业经济、工业经济的时代，正在向服务经济、体验经济的时代转变。在服务经济和体验经济大行其道的情况下，人们对体验的需要日益强烈。"体验事实上是当一个人达到情绪、体力、智力甚至是精神的某一特定水平时，他意识中所产生的美好感觉……体验是使每个人以个性化的方式参与其中的事件"。② 体验通常是由于对事件的直接观察或是参与造成的，不论事件是真实的，还是虚拟的。体验会涉及顾客的感官、情感、情绪等感性因素，也会包括知识、智力、思考等理性因素。体验的基本事实会清楚的反射于语言中，例如描述体验的动词：喜欢、赞赏、讨厌、憎恨等，形容词：可爱的、诱人的、刺激的、酷毙的等。心理语

---

① 任燕飞，阴航明．"方案营销"渐露端倪．企业活力，1999-09．史蒂文·L．戈德曼，等．灵捷竞争者与虚拟组织．杨开峰，等，译．沈阳：辽宁教育出版社，1998：23-27，74-78，236-243．

② 约瑟夫·派因，詹姆斯·吉尔摩．体验经济．夏业良，等，译．北京：机械工业出版社，2002：19．

言学家已经研究表明,类似这些与体验相关的词汇在人类的各种语言(如汉语、英语、德语、日语等)中都是存在的。体验通常不是自发的而是诱发的,当然诱发并非意味顾客是被动的。最后一点,体验是非常复杂的,没有两种体验是完全相同的,因为任何一种体验都是某个人本身心智状态与那些筹划事件之间互动作用的结果。人们只能通过一些标准,来将体验分成不同的体验形式。派恩和吉尔摩将体验划分为娱乐体验、教育体验、审美体验和逃避现实体验等四个方面,史密特则将体验分为感官体验、情感体验、思考体验、行动体验和关联体验等五种形式。

人们体验需要产生和发展的主要原因[①]在于:

1. 技术的高速发展,无形中为人们增加了无数的体验。现在人们接触到的许多体验,如互动游戏、网上聊天、虚拟环境等,都是借助了互联网和现代信息技术才得以产生的。互联网还是传递其他多种体验的平台,它充分满足了人们自由化、个性化的消费需求。在未来几年内,各个领域的先进技术还将不断相互融合和提升,为人们带来更多的方便和新鲜感觉。

2. 由于竞争的程度越来越激烈,驱使着企业不断追求独特的卖点,体验由于具有显著的不可模仿的特性,成为了一些企业获取竞争优势的重要源泉,它们的积极探索和成功运作,也极大地丰富了人们的体验感受。例如,在索尼公司推出随身听之前,消费者并没有想到可以如此方便地收听音乐;在苹果公司制造出个人电脑之前,消费者不曾期望自己能够用上如此神奇的机器;在第一个迪斯尼主题公园诞生之前,美国不会出现像现在这样大人、孩子同游迪斯尼的热闹景象。

3. 伴随着物质文明的进步,人们的生活水准和消费需求也在不断升级。在农业社会,人们追求的是温饱的基本满足,在工业化社会,生活水准由物质产品的数量来衡量,而在后工业社会,人们更加关心生活的质量,关心自己在心理上和精神上获得的满足程度,而体验可以说正是代表这种满足的经济提供物。

体验需要的出现预示着终端促销、情景营销和服务营销越来越重要,消费环境与场景成为吸引顾客新的亮点。

(三) 虚拟需要 (Virtual Need)

随着互联网络的渗透与覆盖速度呈指数级加快,虚拟社会的构筑已是势在必行。在由互联网络构筑的虚拟社会中,人的潜意识得到极大的张扬,他们往往表现出与现实生活中不一样或截然不同的特征和需要。关注他们的需要是企业网络营销成功的关键,而探测他们的需要必须从交换而非交易的角度出发。强调交换与交易的区别绝不是做文字游戏,二者的交替恰恰预示着营销观念的一种飞跃。传统意义上,交换与交易都属于同一范畴的概念,都只与商品或劳动产品发生关系,如政治

---

① 范秀成,陈英毅. 体验营销:企业赢得顾客的新思维. 经济管理, 2002, 22. 约瑟夫·派因,詹姆斯·吉尔摩. 体验经济. 夏业良,等,译. 北京:机械工业出版社, 2002: 13.

经济学中社会再生产过程四个环节（生产、分配、交换、消费）中的"交换"，日常生活中常说到的钱物交换、实物交换、现货交易、期货交易等都特指"商品或劳动产品的互换"。在我国权威的词典《辞海》和《现代汉语词典》中，涉及交换与交易经济内涵的词条也表达了同样的倾向：交换是"人们相互交换活动或劳动产品的过程⋯⋯劳动产品一旦在不同所有者之间作为交换的对象，就转化为商品"；交易"本指物物交换，后为买卖的通称"；"交换：以商品换商品；买卖商品"；"交易：买卖商品"。这种将二者混为一谈的理念一直持续到20世纪60年代。此时，西方许多营销学者和社会学家注意到一些企业开始关注社会问题，如捐款、参加公益活动、积极发展与公众和政府的关系；同时发现一些非营利组织和政府机构也开始登广告、做宣传。他们在研究这些组织的行为动因之后，发现现实生活中客观存在着非实物性的交换，人们彼此交换的内容不再只局限于传统意义上的劳动产品，而包括一些情感、精神上非物质的东西。如企业的捐款、参加公益活动是为了换取企业在公众心目中的良好形象；非营利组织和政府机构的营销活动则是为了获取企业和公众的支助与支持。于是，随着社会营销观念的兴起，交换就变成了"通过提供某种东西作为回报，从某人那儿取得所要的东西的行为"。"交易是由双方之间的价值交换所构成的"。"交易是交换活动的基本单元"。"商品和劳动产品"转变为"东西"，既扩大了交换的内涵，并将之与交易完全区别开来，又将企业从纯粹唯利是图的经济动物兽性中解脱出来，企业营销的视角一下子变得豁然开朗。企业营销活动的核心定位于交换，就预示着企业不能只关注交易的实现，还必须从长远利益考虑关注顾客和相关利益者交易之外的需要、欲望、兴趣等，通过满足这些需要为交易创造更好的条件。于是，营销观念出现了历史性大飞跃：交易营销演变为关系营销。

一般来讲，虚拟社会成员在虚拟空间中至少存在着四种基本需要：兴趣、关系、幻想和交易。①

兴趣是虚拟社会组建的原动力。最初许多虚拟空间的形成并非出于赢利的目的，而是一些有着共同兴趣和专业知识的人们出于情感和精神上的考虑而聚集而成，如早期的电子论坛、信息公告牌、××专业区等。此时，兴趣成为维系一个虚拟社会的纽带，也是虚拟社会发展的主要动力。但由于专业知识的限制，此时的虚拟空间也多分隔为一个个规模不大的虚拟社会，亚文化的界限比较分明。

人作为社会的人，需要彼此间建立一定的个人关系，分享彼此成长的经历。互联网络的出现加强了人们对关系的需要，人们可以不受时间和地域的限制，相互联络、探讨、学习，分享各自不同的生活经历。你既可以通过电子信箱与任何地点、任何年龄段、任何文化背景、任何性别的虚拟社会成员进行"远期式"联系、交

---

① John Hagel, Arthur G. Armstrong. 网络利益. 王国瑞，译. 新华出版社，1998.

流,也可以通过聊天室、交谈区与他们进行"即期式"交谈。关系需要的出现使得虚拟空间得以大大地拓展。

虚拟社会的出现,极大地扩展了人们的想象空间。由于彼此用文字和图像声音进行交流,而无须面对面地直视与交谈,所以个人可以完全活在自己的想象之中,可以按照自己的梦想虚构自己在虚拟社会中的人格魅力,可以自由地"扮演"各种角色,可以同时兼有多重性格或身份,个性得到极大地张扬。在幻想和游戏中,个人也得到了精神上的愉悦和一些人生哲理的体验。"虚拟"带来的神秘和幻想吸引着越来越多的人进入这个群落。

对交易的需要是在虚拟社会发育到一定程度后才出现的。在早期的联机世界里,存在着一种强大的反商业文化,成员们几乎完全没有利润和交易的动机。但当虚拟社会聚集了一定数量的成员后,人们发现它的快捷、交互式等特点能极大地降低交易成本,消费者、生产者和社会都可以从中获取更大的剩余。消费者拥有了更多的选择权和主动权,生产者则从中发掘了更多的战略资源。于是,虚拟社会越来越朝着商业化的方向发展,人类最初始的经济动机——交易的需要又被重新唤起,并成为整个虚拟社会的纽带和基础。也正是由于交易需要的出现,极大地丰富了兴趣、关系、幻想等需要的内涵,使它们更具有持续性和生命力,从而整个虚拟社会更加牢固和庞大;也正是由于交易需要的出现,虚拟社会才真正成为一个"社会":自由的进出,包容,现实,有目的性。

但交易需要的出现并未扼杀或限制兴趣、关系、幻想等需要的发展与延伸。它们也许或多或少地会带有一些商业文化的氛围,但在随着交易活动向纵深发展而日趋纷繁复杂的空间里,这些需要在虚拟社会成员的心目中日渐炽热,深刻地影响着他们的各种行为方式,这也是消费需求日趋个性化的一个重要原因。所以,只关注交易,而忽视兴趣、关系、幻想等这些情感上的交换,企业的网络营销必然是一种"近视"营销,无法在虚拟社会里成功地开发和保持顾客,获得战略性竞争优势。

(四) 绿色需要 (Green Need)

20世纪的高科技,在带来经济高增长的同时,也给生态环境造成了极重的负担:人口剧增、粮食不足、资源枯竭、能源短缺、环境污染。人类赖以生存的自然环境和社会环境,都已受到了极大的威胁。其中,环境污染、生态失衡是人类生存空间的最直接的问题。面对人类生存环境的不断恶化,在各种环保组织、环保主义者和各国政府的推动下,公众的环保意识逐步提高并付诸行动,其中一个最直接的行动就是崇尚绿色消费。所谓绿色消费,是指消费者意识到环境恶化已经影响其生活质量及生活方式,要求企业生产、销售对环境影响最小的绿色产品,以减少危害环境的消费"[1]。今天,越来越多的消费者把环境保护融入到自己的消费行为模式

---

[1] 甘碧群. 关于绿色营销几个问题探究. 外国经济与管理, 1997, 3.

中，主观上存在着保护环境、维护人类社会可持续发展的需要。根据美国知名调研公司盖洛普（Gallup）调查显示：超过75%的美国消费者在其购买决策中包含环保的标准。欧共体1992年进行的调查也显示，67%的荷兰人和82%的德国人在超级市场里购物时会考虑到环境污染问题；同年在英国进行的调查显示，英国有半数以上的消费者表示他们会根据是否有利于环境保护这个因素选购产品。自1987年以来，"绿色股"（废料处理公司的股票）价格在伦敦股票市场的增幅比全部股票的平均增幅高出70%。① 在我国，绿色食品、无污染用品也逐渐成为人们的新宠。

顾客的绿色需要大致体现于产品设计、生产及其市场营销的无污染化、无害化、清洁化等，包括清洁生产、清洁包装、清洁销售、清洁运输、清洁消费、清洁回收和再加工等。如产品方面：选择产品和技术时是否考虑到尽量减少对环境的污染，产品生产是否安全、环保，设计包装时是否考虑到降低消耗、减少污染与浪费，产品形体与售后服务是否节约和保护环境；定价方面：是否反映环境成本；分销方面：物流是否节约、减少污染，分销过程中是否存在"二次污染"，结算是否电子化；促销方面：是否采用绿色媒体，是否发布绿色广告，是否进行绿色公关与绿色推销；市场调研方面：市场调研中是否存在浪费与污染，是否进行无纸化调研，是否对环境问题进行调研等。越来越重要的绿色需要迫使企业必须实行绿色营销，在经营管理中贯彻自身利益、消费者利益和环境利益相结合的原则。

第三节 客户价值创造的途径

在全面了解和准确把握顾客需要的基础上，企业可以根据市场竞争的情况和自身的能力状况来设计、制造与顾客需要适合、接近或一致的价值方案或价值组合。

一、价值设计的战略选择

一般地讲，在为顾客设计价值方案或价值组合时，企业有两个基本的战略选择方向：市场竞争导向和顾客需求导向。

（一）市场竞争导向

市场竞争导向是指企业在设计顾客价值时，主要以市场上某一个或某些竞争对手的价值方案为参照对象，在照搬、模仿或修改的基础上，发展出提供给顾客的价值方案和价值组合。

实行市场竞争导向的企业首先需要弄清的问题是竞争者在哪里。一种流行的观

---

① Art Kleiner. What Does it Mean to Be Green? Harvard Business Review, July-August 1991：38-47；Ajay Menon & Anil Menon. Enviropreneurial Marketing Strategy：The Emergence of Corporate Environmentalism as Market Strategy. Journal of Marketing, January 1991, 61：51-67；www. epa. gov.

念是,企业应该从市场的观点而不是行业的观点来辨认企业的竞争者,即不仅仅将生产同种产品的企业视为竞争者,而且将与本企业满足相同顾客需要或服务于同一顾客群的企业也列入竞争者的范畴,因为后者对本企业市场份额造成的威胁是显而易见的。柯达公司在胶卷业一直担心崛起的竞争者——日本富士公司,但柯达面临的更大威胁是当前发明的"摄像机"。由佳能与索尼公司销售的摄像机能在电视上展现画面,可转录入硬盘,也能擦掉。可见,对胶卷业而言,更大的威胁是来自摄像机。联合利华和其他清洁剂制造商对超声波洗衣机的研究惶恐不安。如果成功了,该机器洗衣服无须清洁剂。到目前为止,它只能洗一些脏衣服和纤维织物。可见,对清洁剂行业而言,更大的威胁来自超声波洗衣机。在服务领域,这种竞争相同需求的情况更为明显,以至于根本不属于同一行业的企业,彼此之间不得不相互学习和竞争。如果有一个行业提供了某种服务,顾客接着就会希望其他行业也能这么做:那些经常坐飞机的顾客会把他们对服务的期望带到四面八方;如果顾客在进餐时不必排队等候,他们就会希望在旅馆及市场链的其他环节也能得到相同的服务。

　　实行市场竞争导向的企业第二个需要弄清楚的问题是:哪些竞争者值得学习和参照?在人们的传统观念中,声名显赫的大型企业和大型企业集团才是大家学习和模仿的榜样。其实,在今天,企业规模已经不再是产生市场竞争优势的必要条件和重要源泉。小企业需要向大企业学习,而大企业也有必要向小企业取经。所以,被参照的对象不仅仅是市场上处于绝对优势地位的市场领导者,也有可能是在规模上相对弱小的市场补缺者或市场新进者,它们在市场竞争中表现出来的创新性和灵活性是大企业无法比拟的。

　　实行市场竞争导向的企业第三个需要弄清楚的问题是竞争者的哪些做法值得学习和模仿以及如何有效地模仿与学习。一种常见的方法就是竞争标杆法(Benchmarking)①,或称为优胜基准法。企业可以将顾客需要中一些重要的属性确定出来,并按照重要性对它们进行排序或加权,然后对企业和选定的竞争者在不同属性上的性能表现进行评估,通过比较从而可以确定自己需要模仿、学习和改进的部分与环节。

　　(二) 顾客需求导向

　　企业在设计价值组合与方案时,还有一个与市场竞争导向截然不同的战略选择方向:顾客需求导向。在这种战略导向的指引下,企业为顾客提供的价值组合与方案紧跟顾客的需求变化而变化,通过观察顾客需要的演变,在企业资源和目标允许的情况下,决定为何种顾客或顾客群提供何种价值组合与方案。顾客需求导向不是要求企业一味地去满足顾客提出的各种要求,一味地去迎合顾客,而是应该发挥企

---

① 徐卉,陈磊. 基准营销. 北京:企业管理出版社,1996. Philip Kotler. 营销管理. 第8版. 梅汝和,等,译. 上海:上海人民出版社,1997:344-345,336-338.

业的主观能动性和考虑企业的自身状况。这是由于一方面顾客并不总能正确地表达出自己的真正所需,即使能准确理解自己的需要,也想象不出具体实现需要的载体应该具备何种特征和功能,消费和生产是两种截然不同的领域。另外,有时顾客的需求也可能是不现实的,是超出目前科学技术水平或道德范畴的。所以,企业必须主动承担挖掘、引导甚至改变顾客需求取向的责任,创造出符合生产力发展水平和社会规范的提供物,合适、合理地满足顾客的价值期望。另一方面,企业不是总能满足顾客的各种需要,也不能无限制地满足顾客的各种需要,必须在企业资源和能力允许的范围内去开发出最优的价值组合和方案。

实际上,市场竞争导向和顾客需求导向是两种理想的、极端的战略方向,今天更多的企业选择的是二者的综合,它们在设计顾客价值组合和方案时,既注意顾客也注意竞争者,它们追求的是一种市场导向,根据市场环境的变化而调整。

产品导向是既不注意顾客又不注意竞争者,这是在卖方市场形态下生产观念的一种典型表现。顾客导向与竞争者导向分别把重点挪到了顾客和竞争者身上,而市场导向则兼顾二者,既注意顾客需求的变化,也密切关注竞争者的行为动态,在顾客和竞争者之间取得良好的平衡。市场导向是一种务实、可行的战略选择。见图6-1。

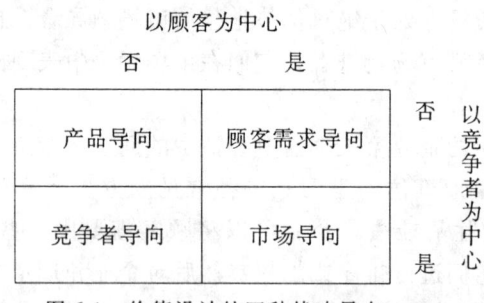

图6-1 价值设计的四种战略导向

二、价值设计的原则

在选定市场导向的战略方向之后,企业设计价值组合与方案时,还需把握商业化、差异化、互动性和灵活性的原则。

(一)根据客户终身价值的大小合理分配企业资源

商业化是我们一直在倡导的处理客户关系的一个基本原则。毕竟企业的资源是有限的、稀缺的,是存在机会成本的,这些都迫使企业必须寻找最佳的资源配置方式。所以,在市场竞争的压力下,企业不是去一味地追求顾客价值最大化(或消费者剩余最大化),而是应该寻求股东利益最大化和顾客利益最大化之间的平衡,寻求一种双赢局面。寻求这种平衡的一个基本前提就是根据客户终身价值的大小合理分配企业资源。这一点是许多企业忽视的，也是它们实施客户关系管理事倍功半的根源所在。在很多行业，尤其是服务行业，不同顾客的同一业务所耗费的资源是非常相近的，而不论业务量的大小。比如银行业中，顾客储蓄100元耗费银行的人力资源、物质资源和财力资源与储蓄10万元的顾客相当。不区分顾客的价值而平均分配企业的资源，只会使企业的赢利状况模糊，赢利水平下降，忠诚客户和重要客户大量流失。另外，企业合理分配资源的依据应该是顾客的终身价值，而不仅仅是他当前的利润贡献水平。一些耐用品行业和服务行业的企业已经将目光集中在在校大学生身上了，比如房地产、汽车、金融、保险、环保电器企业等，利用各种机会大力支持大学生的各项活动，加大企业、品牌甚至是产品概念的宣传力度，而不注重业务交易量和销售额，吸引它们的是这些在校大学生毕业以后稳定的收入、良好的信誉、持久的忠诚和持续的交易等。那些只顾眼前利益的企业根本无法与这些"提前下手"的企业相比，因为后者先期的关系投资已经在大学生的心目中先入为主，甚至根深蒂固，成为它们长期的竞争优势和利润基石。

（二）根据客户生命周期的变化合理调整价值组合

需要具有变化性，人的需要在不同的生命阶段呈现出显著的差异。这种差异是随着人的成长而必然存在的。比如处于年轻的单身阶段时，人几乎没有经济负担，属于娱乐导向型，喜欢新奇、刺激，是新观念的带头人；结婚了，人开始变得理性、现实，属于生活导向型了，耐用品的购买明显增多；等到年老了，健康、安全、关注和情感的需要则特别显著。所以，切实实施客户关系管理的企业应该密切注意客户在不同时期需要的变化，据此合理调整价值组合与方案，而不能刻舟求剑、坐井观天，忽视客户需要的显著变化。

在客户整个生命周期中，影响客户需求发生显著变化的因素除了其自身条件和所处的客观环境外，还有一个重要因素就是企业与客户之间的互动关系。按照一般的逻辑来讲，企业与客户之间的关系可以经历以下四个阶段：孕育期、形成期、稳定期和退化期。孕育期间，企业与客户还处于彼此熟悉、了解、考察的阶段，进行着试探性交易；形成期，彼此的关系快速发展，逐渐取得信任和一致，交易逐渐扩大并且顺畅；稳定期，彼此的关系进入成熟阶段，相互忠诚、信赖，交易几乎成为一种惯例和程式；退化期，关系水平发生逆转，承诺出现裂痕，交易开始谨慎和萎缩。不同的关系阶段，客户的需求、客户对企业的期望水平、客户对企业价值组合或方案的接受程度都会明显不同。正如人与人的一般交往一样，母子之间、夫妻之间、恋人之间、陌生人之间，彼此诉求的内容是明显不同的。企业一方面要注意不同关系时期客户需求与期望的差异，适时、适宜地提供客户愿意接受和可以接受的价值组合与方案，另一方面也要积极跟进，有效地推动客户关系朝企业发展的目标靠拢，通过不断提供高质量的产品、有价值的信息、优质的服务或者个性化的解决方案，促进客户与企业之间的关系健康、成熟、稳固地发展下去。

（三）互动、双向，充分发挥员工和客户的积极性与聪明才智

客户和员工知识是企业的一笔巨大财富。企业在设计顾客价值组合与方案时，应该注意积极挖掘这笔财富，充分发挥员工和客户的积极性与聪明才智。

由于顾客个性化的需求明显增强，他们喜欢向企业提出他们关于价值设计的想法、观点和意见，乐于参与到价值设计的过程中来，甚至希望在企业的帮助下自行设计自己的价值组合与方案，他们是DIY[①]一族，他们将这种积极参与的经历作为一种更高的需求和享受。企业应该通过各种途径收集客户的各种奇思妙想、意见甚至是抱怨，将它们作为企业设计价值组合与方案的思想源泉（现实中也确实存在着许多客户为企业提供了重要的新产品构思），同时可以积极鼓励一些客户参与到企业的价值组合与方案的设计中来，甚至在条件许可的情况下积极营造客户自己动手设计其价值方案的环境，满足客户自我实现的需要。

同时，在今天越来越扁平化的组织结构中，员工的知识也是不可忽略的。他们在授权的情况下，积累了丰富的与客户打交道的经验，更清楚客户的真实所需，对客户需求的发展变化也有一个准确的把握，他们（尤其是一线服务人员）是企业中最有资格代表客户的人员。所以，在设计客户价值组合与方案时，应该遵循从下到上的原则，在广泛征求员工（尤其是一线员工）的意见和想法的基础上来开发、设计顾客价值，必要的时候应该鼓励团队合作，邀请一线员工加入到设计开发工作中来。

（四）创造价值并不总意味着增加些什么

在为客户进行价值组合设计时，还有一个基本的原则是：不仅要学会做加法，更要学会做减法。

很多企业都信奉多多益善的原则，总以为价值组合里包含的东西越多，客户越喜欢。其实，要创造出客户观念中的价值，既可以通过增加某项被认同的价值也可以通过减少或缩小某些被认为具有负作用的方面来实现。创造价值并不总是意味着必须要增加一些东西。因为顾客对价值的感知不仅仅是利益的获取，而是利益与成本对比的结果，减少客户为获取利益而付出的成本，同样可以增加顾客的价值。在今天崇尚简约化风格的社会里，方便、省时、省力成为许多顾客重要的价值判断标准。

三、价值组合工具

从关于顾客需要的讨论中我们可以看出这样一个事实：价值可以从很多角度创造出来。

---

① DIY 是英文 Do It Yourself 的缩写，流行于电脑、电器等行业，许多业余爱好者喜欢自己动手来拼装、配置自己的电脑和电器。

Almquist 和 Slywotzky① 从传统的营销组合工具的角度提出了"价值主张"的概念,他们认为价值主张是指"在一定的价格上提供的包含一定价值的产品、服务或者产品与服务的结合",并列举了许多发达国家为客户提供的迅速增加的"价值主张"。由此可见,他们认为通过改进或者提高核心产品或服务或者调整价格可以实现价值创造。这种解释当然过于简单和狭隘。

Nickels 和 Wood② 认为创造价值的关键因素(他们将它称为"价值束")包括质量、性能、品牌、包装和商标、产品安全性、客户服务以及担保和保证等。很明显,"价值束"的内容要比"价值主张"宽广、详细了许多,除了核心产品与服务外,一些额外的特征、服务与保证也能使客户满意,也能为他们带来价值。

一个咨询委员会③在一份报告中指出价值的四个来源:流程(使商业流程最优化并且将时间视为一种有价值的客户资源),人(授权给员工使他们能够为客户服务),产品/服务/技术(产品和服务的竞争性特征与收益、降低生产故障),支持(随时为客户提供服务)。这个概括比较全面,它不仅将产品、服务以及它们的组合视为价值创造的来源,同时把流程、人员的因素也加进去,拓宽了传统营销组合工具的界限,符合关系营销的策略组合。

巴诺斯在这个委员会观点的基础上,进行了进一步的详细探讨,比较全面地列举了价值创造的途径与来源(巴诺斯将之称为价值的要素或者形式④):(1)产品价格的价值。这是价值最为基本的来源,通过低价同质或优质的产品为客户创造价值。(2)便利的价值。在客户需要的时间营业、保持位置的便利、提供多种获取服务等方法,使得客户可以很容易地获取他们需要的产品或者服务。(3)以选择为基础的价值。在客户的选择中给他们增加更多选项或者更多获取这些选项的方法就是为他们创造了价值。(4)以员工为基础的价值。通过员工高质量的服务水平、技巧与方法为客户增值,包括缩短反应时间和等待时间、提高服务的速度、谦逊礼貌地服务等。(5)信息价值。为客户提供更多的信息可以增加价值。客户得到这些信息后,可以根据知识做出选择,更舒心地进行决策,减少因不懂或不熟悉所带来的焦虑与不安。(6)关联的价值。客户有时候会从与某个特定的服务提供商的关联中获得快乐和一定程度的舒适感,这种关联带来了正面的贡献和价值。比如当

---

① Eric Almquist and Adrian Slywotzky. The emerging glut of products and services: implications for managers. MMC viewpoint, Fall 1999. http://www.marshmac.com/views/99fall.almquist.shtml.

② William G. Nickels and Marian Burk Wood. Marketing: relationships, quality, value. New York: Worth, 1997: 258.

③ Conference Board. Seminar Profile: developing and sustaining customer relationship excellence. New York: Member'Report, July 1997, 11: 6-7.

④ 杰姆·G. 巴诺斯. 客户关系管理成功奥秘——感知客户. 刘祥亚,等,译. 北京:机械工业出版社,2002:143-150.

企业在社会上拥有良好形象时，客户会骄傲地宣称他们是这家企业的客户，并因此而获得一定的满足。(7) 功能的价值。产品和服务的功能会增加客户获得的价值。(8) 关系的价值。增强企业的亲和力和客户对企业的归属感，使客户感到与企业进行交易感觉非常良好。(9) 特别客户的价值。为单个客户量身定制服务，让客户有被了解和重视的感觉。(10) 惊喜的价值。寻求机会用意外行动或计划打动客户，给客户带来惊喜、深刻的印象。(11) 社区价值。企业通过对地方经济和所在社区的贡献，通过利他和慈善行为为客户带来价值。(12) 记忆价值。通过引起客户很多年来一直保存在他/她记忆中的一些情景和经历来为客户创造价值。(13) 经历价值。经历价值与记忆价值密切相关，通过将服务经历转变为一种有纪念价值的经历来为客户创造价值。

巴诺斯对客户价值创造的途径进行详细而具体的阐述，为我们提出和研究价值组合工具的基本要素奠定了坚实的基础。只是他过于复杂烦琐的论述，并不利于我们对价值创造途径的认识、把握和运用，鉴于此，在研究、归纳以上学者论述的基础上，我们认为企业在为客户设计价值组合和方案时可以利用的工具主要包括：核心产品、服务支持和流程、人员互动等三个要素，见图6-2。下面一一进行论述。

（一）核心产品

核心产品是企业为客户提供价值最基本的工具与保障。核心产品与产品的核心利益既有联系又有区别。产品的核心利益是指产品给顾客带来的最基本的服务和利益。如面包能解除饥饿，水能止渴等。它与期望利益、附加利益和潜在利益一起构成产品利益的全部内涵。期望利益是指购买者购买产品时通常希望和默认的一组属性和条件。如食客希望面包新鲜、干净，旅客希望房间安静、有基本的家具和设施等。附加利益是指企业通过创新而增加的服务和利益，它能把企业的提供物与竞争者的提供物区别开来。如在面包上增加美丽图案，在客房里安装电视、摆上鲜花等。潜在利益是指产品最终可能实现的全部附加利益和新转换的利益，它表明增添附加利益的潜力，也指出了附加利益演变的方向。如全套家庭服务式旅馆就代表了对传统旅馆产品的新转换。核心利益是企业营销活动的立足点，产品开发也应在此基础上进行。期望利益是产品所能给予消费者最起码的满足，如果产品连顾客的期望利益都无法满足，那产品将很难在市场上立足，更不用说提升与发展了。附加利益是企业竞争的关键，是企业差异化营销的基础，是市场提升最有力的工具。潜在利益是企业提升的边界，它也为产品发展提供了方向。

核心产品是指企业为了在竞争性的市场上立住脚必须提供给客户的一些利益的集合。一般来说它是产品核心利益的集合，但它也包含由其他利益转变而成的核心利益的组合，比如10年前我们可能还视"售后服务"为一种附加利益，而今天它已经变成一种核心利益而包含在核心产品或服务之中了。所以，从这个角度来讲，核心产品是一个动态的集合概念，它的内涵随着竞争环境的变化而变化。

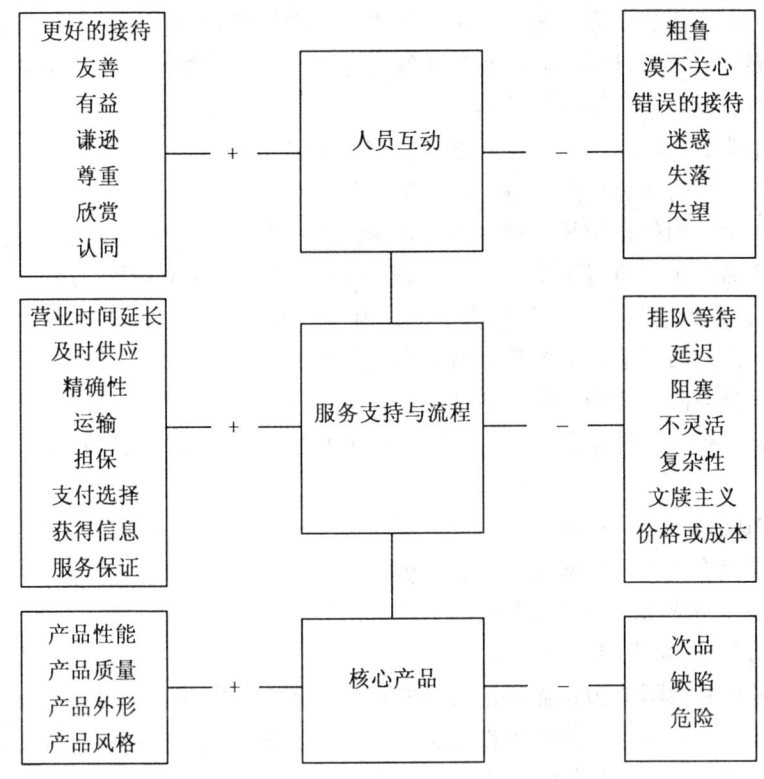

图 6-2 客户价值设计的基本框架

企业可以通过以下途径在核心产品领域为客户创造价值。

1. 产品革新。产品革新是指在产品性能、质量、外形和风格等方面的创新。按照产品革新的程度，我们可以将新产品分为：采用新原理、新结构、新技术、新材料制成的全新产品；在原有产品的基础上，部分采用新技术、新材料制成的性能有显著提高的换代产品；在原有产品基础上，为改善其性能、提高其质量而派生的改进产品；模仿他人革新产品的性能、质量、外形或风格的仿制产品。由于成本、技术和风险等因素的制约，多数企业在大多数情况下推出的新产品都属于换代产品、改进产品或仿制产品，当然，全新的产品往往给客户带来的价值更大。如灯泡、真空吸尘器、MP3、手机、电脑等产品的出现，彻底改变了人们的生活模式，赢得了广大客户的青睐。

2. 产品组合。由于方案需求的普及，多数客户出于便利的需要，希望企业能够提供一系列产品和服务的组合方案。越来越多的企业将核心产品和服务分解为不同元素，根据客户的需要进行不同类型的组合，并制定不同的价格。如旅行社将整个旅游服务分解为航班、景点、地陪、住宿、餐饮等部分，每个部分都提供多种选项，如航班有经济舱、商务舱、中途不转机、一次转机和两次转机等选项；地陪有自由行、部分景点安排导游和全程导游跟随等选项；客户可以自行从中选择合适的组合，并按照组合的等级支付费用。

今天企业所面临的一个棘手问题就是产品的同质化趋势越来越明显，模仿的速度越来越快，模仿的程度越来越深，模仿的范围也突破了行业和地区的界限，导致新产品的生命周期越来越短。这种情况带来了两个严重的后果。首先，要使客户相信企业的产品优于竞争对手变得异常困难，客户从核心产品中很难看到任何吸引他/她的价值，因为它与其他企业提供的产品基本一致。其次，如果不做任何事情来区分核心产品的话，最常见的后果就是愈演愈烈的价格战，因为此时客户只能选择价格作为区分不同企业的标准。恶性的价格战不仅会使企业与竞争者两败俱伤，甚至影响到整个行业的健康发展，也会降低服务水平，不利于建立客户忠诚和良好的客户关系。

尽管如此，核心产品仍然是企业为客户设计与提供价值最基本、起码的工具，它是整个客户价值体系的基石，是企业进入市场的基本条件。今天，有着卓越质量的优秀核心产品依然绝对是企业成功的基本前提。

（二）服务支持与流程

既然核心利益不能为企业带来关键的竞争优势，不能让客户感觉到有区别和有吸引力的价值，那么企业就应该把注意力集中在附加利益和潜在利益的创造上。这其中包括了外围的和支持性的服务，这些服务有助于核心产品的提供，比如运输系统、储存系统、支付系统、定价政策、信息沟通、投诉受理、担保、维修和技术支持、求助热线等。传统营销组合中的三个非产品因素（定价、分销和促销）都包括在其中。需要注意的是，支持性服务必须与核心产品整合起来，协调一致地为客户提供价值组合，彼此不能孤立地运作，否则会严重降低企业营销活动的效率。在提供支持性服务的时候，企业需要认真综合思考客户需求变化、成本变化与竞争对手的反应等因素。支持性服务的提供必然增加企业的运营成本，也会引起竞争对手的模仿与攻击，所以必须密切注意客户需求的变动趋势，有选择地为客户提供附加服务。

在企业提供支持性服务的过程中，一个需要遵循的重要的基本原则就是：承诺必须信守和履行。承诺是关系概念中一个至关重要的因素。关系营销要通过相互交换和履行承诺来实现，彼此的信赖相当重要。对一个服务提供者来说，建立关系意味着给予承诺；维持关系意味着履行承诺；加强关系意味着在先前承诺履行的基础上给予新的承诺。[1] 未兑现的高水平的承诺对客户关系造成的危害远比实现了的低

---

[1] Christian. Grönroos. Relationship approach to marketing in service contexts: the marketing and organizational behaviour interface. Journal of Business Research, 1990, 20: 3-11.

水平的承诺大,承诺引起顾客的期望,而只有承诺的信守和履行才能得到客户的信赖。企业在设计价值组合与方案时,一定要切合自身的实际情况给出承诺,并且承诺一经给出,就必须高标准地遵守和履行。

另外,由于服务支持内容的庞杂和活动范围的广泛,质量和速度必然成为影响顾客价值的一个重要因素。服务质量差距模型(如图6-3所示)揭示了现实运作中导致服务提供失败的五种差距。该模型的核心重点是客户差距,即客户期望和感知之间的差别,而导致客户差距的关键因素则是以下四个方面:

差距1:客户期望与企业对客户期望感知之间的差距:企业管理人员不能正确认知客户的需要,医院管理人员可能认为病人会根据伙食质量来评价医院的服务,而病人可能更加关心护士能否对病人的召唤作出迅速反应。

差距2:企业认知与服务质量规范之间的差距:企业可以正确认识到客户的需求,但没有建立特定的标准。医院管理者告诉护士服务要快捷,但对快没有数量标准。

差距3:服务质量规范和服务提供之间的差距:工作人员可能缺乏训练或劳累过度或没有能力或不愿意满足该标准。或者标准本身是相互抵触的,如既要求耐心倾听客户反映,又要服务快捷。

差距4:服务提供与外部传播之间的差距:客户的期望会受到服务提供者和广告的传播材料所作的允诺的影响。如果一个医院宣传册展示的房间富丽堂皇,但病人到达后发现房间很寒碜和破旧,那么问题就在于外部宣传材料扭曲了客户的期望。

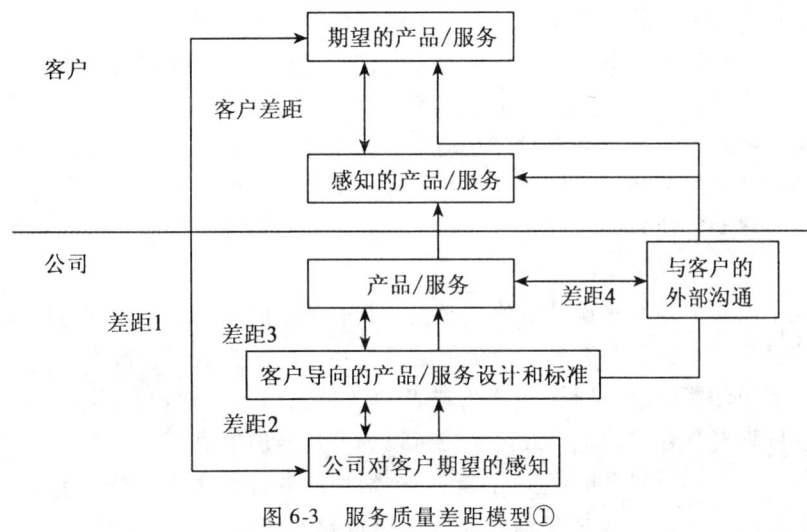

图6-3 服务质量差距模型①

---

① 瓦拉瑞尔·A.泽丝曼尔,玛丽·乔·比特纳.服务营销.张金成,白长虹,译.北京:机械工业出版社,2002:458.

服务的执行是通过人来实现的，不可控的因素太多，所以制定科学、标准化的流程是必要的。一方面，企业内部的运作流程必须是清晰、简捷、高效、严格的，这样有利于提高企业的运作效率和反应速度，有助于企业高质量地履行承诺。另一方面，与客户接触的流程必须是明了清晰、简捷可靠，有时候，取消一个获取服务的环节或程序会给客户带来极大的便利价值。

另外，服务质量保证与服务补缺也是弥补服务质量差距的重要手段。服务质量保证是对客户的一种服务承诺，可能是无条件的满意承诺或是服务属性承诺。如一些百货公司许诺如果客户购买服装后感觉不满意，可以在15天内无条件退货和换货；联邦快递公司承诺包裹将在确定的时间内送达；英国航空公司的广告词是：保证舒适，否则你将得到2.5万英里的航程；麦当劳公司宣称：热的食物，快速、友好的服务，双重检查，准确无误……我们干好自己的事，否则下次我们请客。服务承诺降低了客户的风险感并建立了对服务组织的信任，也为组织设立了清晰标准，使员工的士气和忠诚度也得到加强。当然企业一旦作出承诺就应该努力实现。当服务出现失误时，企业可以通过采取服务补救的措施，主动弥补失误产生的差距，如快速反应和应对，耐心倾听客户的抱怨与投诉，允许客户自行解决问题，公平对待客户，从补救过程中吸取经验等。

（三）人员互动

为客户带来价值的更高层次的来源与工具是企业员工与客户的互动。互动交往和沟通可以满足客户一些更高的需求。许多客户决定是否与一些企业继续往来和交易，一个主要的依据就是企业的员工是如何接待他们的。即使核心产品的各个方面都很好，甚至是出类拔萃的，但员工拙劣的接待仍然会导致客户流向别的企业。原因很明显，客户更喜欢友善、热情、善解人意、漂亮、礼貌并且富有同情心的员工，与员工的互动影响了客户对与互动有关的心理成本的估算。如果客户受到了尊重、同情和真正的关怀，他们感受到的心理成本将会较低，而收益较高，对互动中总的价值也将会有比较好的评价；而持续良好的互动经历可能成为客户永久的美好回忆。

在这个层次上为客户设计价值，必须与企业员工的激励机制设计有机地结合起来，企业必须认识到，为客户创造价值的关键在于能够为员工创造价值，只有员工满意了，客户才能满意。同样，减少或者消除员工粗鲁、冷漠、不热心、令人不快、不友好地对待客户的情形发生，也可以为客户增加价值。

另外，一个不可忽视的事实是：通过面对面或者打电话的方式进行人际间互动的情形越来越少了，越来越多的企业开始通过技术手段（如自动取款机、语音应答系统、电子邮件和互联网等）与客户和其他人互动，这种互动虽然可以保证企业与客户之间进行充分、广泛或简洁、便利的交流，但毫无疑问，那种人性化的亲密关系在逐渐淡化。

在网络环境下，我们可以通过设立各种区域来实现客户与企业员工的互动。（1）交流区——企业与顾客之间的交流。激发成员的兴趣、爱好，吸引他们访问企业营造的虚拟社会，并真实地传达自己的信息。（2）交谈区——顾客间的交流。为顾客提供自我表现和寻求联络的空间，将一些有着共同兴趣、爱好的人聚集在企业所营造的虚拟社会之中。在鼓励顾客间交流的同时，满足顾客对关系的需要，并可从中发掘顾客需要的变动趋势和企业的发展战略。（3）虚构区——顾客自我交流。企业在自己的网络文化区中可以设置一个虚构区或游戏区，允许顾客自行设计、虚构所需产品的特性、风格，自行营造虚构的消费环境，这样既满足了顾客幻想的需要，增强了企业网络文化的凝聚力，又为企业的产品设计和营销战略设计提供灵感和信息。（4）反馈区——交互重复交流。提供反馈信息公告牌，让顾客为企业作宣传，同时了解顾客使用后的满意程度及意见与建议，作为战略与策略调整的依据。（5）链接区——竞争交流。有针对性地设立链接区，提供相关新竞争者的快捷链接，这样既缩短顾客比较、选择的时间和成本，给予顾客更大的自主空间，更能促成持续交易的实现，又为企业树立不畏竞争的形象，增强人格化魅力。

互动的目的是希望增强客户对企业情感上的依赖，减少客户的迷惑感、失落感和失望感，各种非交易性质的互动活动是非常必要的。

第七章　传递客户价值

在当前的营销环境下，企业获取竞争优势的一个越来越重要的来源是企业为客户提供价值的方式。即便是非常理想、完美的价值组合与方案设计，只有交付和传递给客户并让他们切实享受，才能真正实现它的价值，才能为企业和客户带来真实的利益。价值的交付体系以及交付过程中的所有关键时刻①是客户关系管理体系中执行环节的重点，对它的忽略会使在此之前耗费的大量投入与精力付诸东流、功亏一篑。在价值交付和传递的过程中值得我们注意的是两条相互连接、彼此依托、一明一暗的主线。明线是客户接触过程，它直接影响着客户的感受，是价值传递的最前沿阵地，而另一条隐藏于其后的暗线是维持着整个交付传递系统正常运转的价值战略网，它为客户接触提供后台支持和最坚实的保障，保证价值组合与方案有条不紊、高效地传递、交付给客户。

第一节　价值战略网的构建

菲利普·科特勒在其《营销管理》中有过这样一段描述：西尔斯公司是李维公司的一个重要零售商。每天晚上，李维公司都可以通过电子信息交换系统，了解通过西尔斯公司以及其他商店所出售的牛仔服的尺码和样式。然后，李维公司通过电子信息系统向它的布料供应商米利肯公司订购第二天要送的货。米利肯公司则向杜邦公司纤维供应商订购纤维。通过这种方式，供应链上的成员利用最近的销售信息来生产要出售的产品，而不是根据可能与当前需求有较大差异的预计数来生产。见图7-1。这就是所谓的"快速反应系统"，科特勒在理论上将它界定为"价值让渡系统"。②

的确，今天的竞争已经不再仅仅局限于单个企业之间，更多的时候是由企业

---

① Carlzon 将这些关键时刻称为"见实效的时刻"，它包括产品实体的交付、发票的接收、客户来访接待、客户投诉接待以及反馈等。见 Carlzon, J. Moments of Truth. New York：Ballinger, 1987.

② Philip Kotler. 营销管理. 第8版. 梅汝和，等，译. 上海：上海人民出版社，1997：67-68.

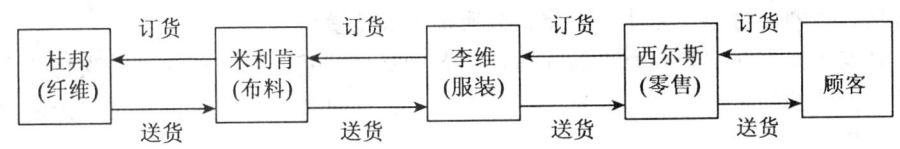

图 7-1 李维公司的价值让渡系统

集群组成的战略关系网络之间的竞争。企业在审视、构造自己价值链的同时,努力寻求各种层面、各种形式的合作,编织利益共同体和稳固的关系网,扩大获利的机会,增强抗风险的能力。可以预见,随着市场竞争的加剧,市场对企业灵活性要求的增强,越来越多的企业会构建、编织以价值传递或让渡为核心的战略关系网络(我们称之为价值战略网或价值网)。

一、价值链与价值战略网

价值链的概念是美国哈佛大学商学院教授迈克尔·波特(Michael Porter)在其经典名著《竞争优势》中提出来的。他认为,企业是一个创造价值、增加价值的实体,是通过经营流程这个链条实现的,在这个链条上集合了设计、生产、销售、交货和对产品起辅助作用的各种活动。波特进一步将这些活动按照在某一特定行业中创造价值和产生成本的过程,分解为在战略上相互关联的 9 项活动,这 9 项价值创造活动又分为 5 项基础活动和 4 项支持性活动。①

基础活动是指企业购进原材料,进行加工生产,将成品运出企业,到市场上销售到售后服务等依次进行的活动。具体地讲,运入后勤是指与接收、存储和分配相关联的各种活动,如原材料搬运、仓储、库存控制、车辆调度和向供应商退货等。生产操作是指与将投入转化为最终产品形式相关的各种活动,如机械加工、包装、组装、设备维护、检测、印刷和各种设施管理。运出后勤是指与集中、存储和将产品发送给买方有关的各种活动,如产成品库存管理、原材料搬运、送货车辆调度、订单处理和生产进度安排。市场销售是指与提供一种买方购买产品的方式和引导它们进行购买有关的各种活动,如广告、促销、销售队伍、报价、渠道选择、渠道关系和定价。服务是指提供服务以增加或保持产品价值有关的各种活动,如安装、维修、培训、零部件供应和产品调试。

辅助活动是指通过提供外购投入、技术、人力资源以及各种企业范围的职能来支持基础活动的各种活动。其中,采购是指购买用于企业价值链各种投入的活动。技术开发是改善产品和工艺的各种努力。人力资源管理是指涉及所有类型人员的招聘、雇用、培训、开发和报酬的各种活动。企业基础设施由大量活动组成,包括总

---

① 迈克尔·波特. 竞争优势. 陈小悦,译. 北京:华夏出版社,1997:36-60.

体管理、计划、财务、会计、法律、政府事务和质量管理。

采购、技术开发和人力资源管理都与各种具体的基础活动相联系并支持整个价值链。企业的基础设施与其他辅助活动不同，它通过整个价值链而不是单个活动起辅助作用。

通过对自己价值链的分析，企业可以检查出每项价值创造活动的成本和经营情况，并及时准确地寻找出改进措施。同时，企业还可以通过分析竞争者的价值链来探测其经营成本和经营状况，从中寻优胜基准和竞争优势。

不过，把企业业务流程分割为多个环节的价值链分析，并不是强调价值链只是一系列独立活动的集合。企业的成功不仅仅取决于单个部门、单一环节做得如何，还取决于各部门、各环节之间如何协调。

在企业里，部门利益最大化、本位主义的现象比较普遍，一些好的战略和推广计划往往因为部门间的相互推诿和不合作而搁置、流产、走样或过时。

组织行为学家和营销学家为改变这种状况，提出了许多理论观念和行动框架，如构建扁平化、学习型组织，实施项目团队管理，内部营销，全员营销等。在这里，从价值链的角度来看，我们可以通过加强核心业务的平滑管理来提高各部门、各环节的合作程度。这些核心业务包括：

新产品实现过程，包括识别、研究、发展和成功推出新产品的所有活动。

存货管理过程，涉及原材料、中间产品、产成品的存货管理的所有活动。

订单—付款过程，指从接受订单、按时送货到收取货款的全部活动。

顾客服务过程，包括帮助顾客较快地在企业里找到要去的部门，获得快速而满意的服务、答复和解决问题的办法。

以上这些活动由于涉及跨职能部门的投入和合作，而且对企业的经营发展起着至关重要的作用，所以对它们进行合理的流程规划和资源分配，可以极大地缓解企业的内耗，提高企业的市场反应能力和竞争能力。

波特的价值链概念为我们提供了一个分析的起点，是企业规划流程、强化内部管理、寻找自身竞争优势的有力工具。但是，事实上，每一个企业的价值链之间并不是孤立、割裂的，而是必然存在着或紧或松的某种联系。为了成功，企业必须超越自身的价值链，进入供应商、分销商和最终顾客价值链中寻找竞争优势，组建一个稳固的价值系统，以网络而不是单个企业对抗竞争对手。价值网实际上是企业价值链向企业外部各个方向的主动延伸。这种主动延伸的动力归根结底来源于企业的利益和发展目标。见图7-2。

客观上，通过合并、战略联盟、动态联盟、松散型合作等方式联结起来的价值链确实能够发挥一定的协同效应。这其中可能是由规模经济带来的扩大、加强效应，也可能是由范围经济带来的扩散、互补效应。

企业价值网中链接的对象主要包括客户、各类供应商、各类分销商和一些重要

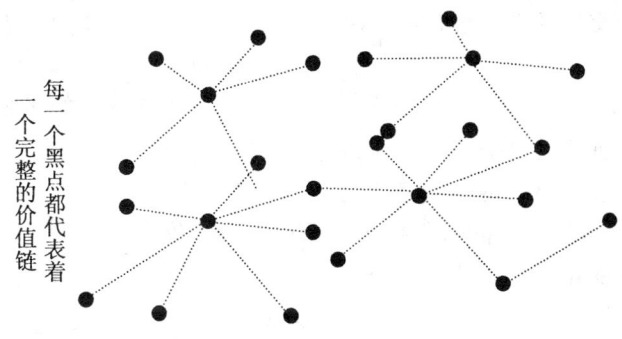

图 7-2 价值网模型

的影响组织或中介（如金融机构），有时也包括竞争者。

供应商价值链与企业价值链之间的各种联系为企业增强竞争优势提供了机会。如企业的采购和内部后勤活动与供应商的订单处理系统紧密结合，可以缩短企业对顾客要求的反应时间，同时缩减企业的库存成本；企业的技术开发和生产人员与供应商的应用工程人员协同工作，可以加速新产品概念的商品化、市场化。

与客户和销售渠道的各种联系与供应商的联系类似。销售渠道具有企业产品流通的价值链，企业和销售渠道价值链之间也有大量的接触点，如销售队伍、订单处理和外部后勤。顾客也有价值链，这一点往往被企业所忽视。一般地讲，顾客可以分为集团购买者和个体消费者。工业、商业和公共事业买方的价值链，从直观上是比较容易理解的，因为它们与企业的价值链类似；但是家庭买方、个体消费者的价值链，却不是那么容易识别，然而它又是非常重要的。分解个体消费者的价值链，可以在消费者购买行为过程的框架下进行。

值得注意的是，我们所指的价值网不是某种供应链术语的翻版。传统的供应链是一种"推式"战略，首先制造产品，然后由分销渠道将产品推向市场，希望会有人来买这些产品。与此相反，价值网是由顾客开始，允许顾客自行设计产品或价值组合，然后为满足顾客实际需要而组织生产。它不只是关注供应，而是关注为顾客、企业、供应商、分销商和其他利益相关者共同创造价值；它不是按照顺序连接起来的固定链条，而是一种包含客户/供应商合作、信息交流活动的强有力的高绩效网络。它所具有的特征[1]包括：

1. 战略性。价值网是一种战略性的关系网络，强调长远、互利的协作，谋求共存、增值与发展。
2. 以客户为中心。客户在价值网中处于中心位置。客户的需求引发价值网中

---

[1] 大卫·波维特. 价值网——打破供应链、挖掘隐利润. 仲伟俊, 等, 译. 北京：人民邮电出版社，2001：9.

的采购、生产与交货活动,客户指挥着价值网而不是被动地接受价值网供应给他的产品。

3. 合作与系统化。企业致力于使供应商、客户甚至竞争对手构成一个唯一的增值网络,每一种活动都被委派给能最有效地完成它的合作伙伴。因为合作、广泛的交流与信息管理,整个网络能完美无缺地交付产品。

4. 敏捷。正如前面科特勒所描述的那样,由于价值网络的支撑,企业可以很灵活地应对需求变化、技术革新、原材料短缺、新产品上市、市场快速增长或供应商网络再造等情况,并及时地做出相应的反应。

5. 高效共振。在价值网中,客户的需求信息不是一级一级地向上传递的,而是在所有相关者间产生一种共振、联动效应。当客户提出需求时,整个价值网络就开始高效、快速地反应,订单—交货的循环十分迅速,企业能够可靠、准时、完整地将订货送到客户手中或指定的地方。当然,在今天,高效的反应速度离不开通畅、高效的信息流,而通畅、高效的信息流离不开信息技术和网络技术的支持。

二、组建价值战略网的动因

那么,是什么动力和压力驱使越来越多的企业在传递价值时要采取价值网的形式呢?究其原因,大致可以归结为三个方面:

(一) 客户需求的变化

今天的顾客比以往任何时候都强调价格、速度和质量的兼得。他们的要求越来越"苛刻",总希望以最低的价格获得快捷的服务和个性化的产品,但实际上,价格(或成本)、速度和质量是彼此矛盾的概念。生活节奏的加快极大地增强了人们对速度的渴望,人们希望等待获取产品和享受服务的时间越短越好,隔夜甚至立等可取(或可享受)变得更加普遍。据统计,2005年仅中国邮政系统内速递业务就完成2.3亿件,同比增长15.7%;收入实现65.8亿元,同比增长19.4%。[①] 然而,在强调速度的同时,客户并没有降低他们一贯的对质量和价格的要求,相反,要求更高。一方面,他们需要专门为他们的需求而定制的、丰富多彩的综合价值组合或方案,而且希望以完美、快捷的方式传递,另一方面,他们支付的价格和其他成本不能太高。企业必须在标准化生产(可以极大地降低生产成本和价格)和定制化生产(用来满足客户个性化的需求)的矛盾中找到合理的平衡点。企业需要寻找新的创造价值和传递价值的模式来兼顾客户对速度、质量和价格的要求。

(二) 竞争环境的变化

当前全球竞争呈现的新特点归纳为四个方面:竞争的领域日益扩大,从劳动密集型行业的竞争向高技术及资金密集型行业的竞争转化,从有形产品扩展到无形产

---

① 中国邮政网.http://www.chinapost.gov.cn/fzgk/2005-nb/chn/04.htm.

品领域；竞争的内容日益扩大，从原来争夺市场的竞争发展到包括争夺市场、资金、技术、人才及战略伙伴在内的全面竞争，竞争策略从单纯的价格策略扩展为整合营销策略；竞争的主体发生了变化，跨国公司成为全球的竞争主角；竞争的形式发生了新的变化，从过去的"你死我活"的竞争形式演进为既竞争又联合的形式。①

很多企业都已经感受到，竞争正从意料不到的四面八方冒出来，并在全球舞台上激烈地展开。新产品，甚至整个市场，从出现、成熟到消失的时间越来越短，产品多样化已经达到了纷繁缭乱的程度。同时，模仿竞争迅速出现并正在影响着企业的赢利能力，原材料、资金、技术、人员、渠道、客户等，一切都变得那么稀缺而宝贵，变化和不确定性主宰了整个经营环境，竞争者们不得不从对抗走向了合作，共同在充满风险的市场寻求生存和发展的空间。以企业间合作的传统形式——兼并为例②，在全球五次较大规模的兼并浪潮中，企业兼并的规模一次比一次巨大，而且范围不断扩大，从最初的钢铁、铁路、冶金、纺织、汽车、石油等制造行业扩展到通信、信息、航空、金融和娱乐等服务行业。除了兼并以外，越来越多的企业开始寻求战略联盟、动态联盟（或灵捷竞争）等形式的合作，以培养新的或更大的竞争优势。

（三）技术环境的变化

企业需要通过各种形式和层次的合作来满足客户日益"苛刻"的需求，而互联网络、宽带技术、远程通讯技术、电子技术等的出现与发展，客观上为企业间组建战略性的、以客户为中心的、合作与系统化的、敏捷的、高效共振的价值网提供了保障，业务流程在信息技术和电子技术的支撑下进行着高效而快速的重构、链接与重组。

三、组建价值战略网的基本步骤

一般来讲，企业组建价值网，至少需要经历以下几个步骤：确定远景目标；寻找合作伙伴；寻找结合点；价值网试运行；价值网维护。

（一）确定远景目标

企业组建价值网的远景目标必须明确。远景目标是企业未来运作的方向，也是维系整个价值网的纽带和发展动力。一个好的远景目标将强化企业内部人员和价值网成员的责任感、方向感和对自身价值及作用的认识。当然，远景目标的确立必须

---

① 甘碧群. 国际市场营销学. 第二版. 武汉：武汉大学出版社，2001：22.
② 李肃，等. 美国五次企业兼并浪潮及启示. 管理世界. 1998，1. 周家雷. 西方企业并购理论与实践探析. 江淮论坛，1997，4. 王长征. 企业并购整合. 武汉：武汉大学出版社，2002：1-9.

依赖于对客户、竞争者、企业内部运作和市场环境等的详细分析,而且并不是一成不变的。远景目标中应该包含的元素有企业的战略定位和市场定位、战略规划与发展前景等。西尔斯(Sears)公司在 20 世纪 70 年代中期的远景目标是:西尔斯公司是一个为美国成了家的中产阶级服务的家用品商店。我们要想成为这些人的家庭、房间和汽车所需耐用品的主要分销商,我们要成为在功能上而不是在时尚上有广泛接受基础的非耐用品的主要分销商……要让美国的中产阶级因我们完善的服务、公平交易的良好声誉和我们的保证而对我们称赞不已……我们不是时尚店。我们不是为古怪的人或富有者服务。我们不是折扣商店也不是先锋店……我们进入的是美国中产阶级的世界,反映他们的需要、顾虑、困难、过失。我们必须审视自己的职责,努力扩展、发扬它。无论其他市场如何诱人,我们也不能动摇我们的任务、信心和职责。

(二)寻找合作伙伴

组建价值网的第二步就是根据企业远景目标去寻找兴趣相投、能最佳实现企业目标的合作伙伴。适当的合作伙伴至少应该具备以下三个条件:有助于企业战略远景目标的实现;可兼容;可信任。首先,合作伙伴应该拥有企业组建价值网所需要的某种资源、能力或优势,这种资源、能力或优势是企业所不具备的,或者企业表现得相对较弱,或者企业获取和发展的成本过高。其次,在操作层面上,企业与合作伙伴之间必须具有兼容的可能性。Bleeke 和 Ernst(1995)研究发现,竞争者之间、实力差距较大的企业之间、实力都很弱的企业之间的兼容性很差,而强强联合则很容易成功。[1] 这种兼容需要在企业规模与实力、利益、战略、文化、道德等多个方面进行考察,不具备兼容性的企业间根本无法组建成功的价值网。最后,合作双方必须相互信任,应该选择具有良好声誉的企业作为合作伙伴,减少价值网的不确定性和风险,促进价值网稳固、健康发展。

(三)寻找结合点

在确定了合作伙伴的大致范围后,可以开始分析各方的价值链,从而最终决定合作对象、结合点和链接方式。一般地讲,组建价值网的结合方向有三个:水平式、垂直式和环式。水平式是同属一类产业、生产同一类产品或处于同一加工阶段并面对同一市场的企业之间的链接。垂直式是存在着纵向联系,分别处于生产和流通过程的不同阶段的企业之间的链接。环式是属于不同产业但生产用途相同并具有竞争性的产品的企业之间的链接。见图 7-3。

在链接方式上,企业既可以采取以产权为纽带的合并,也可以通过涉及股权和资源转移的战略联盟来实现,还可以采用最新的不涉及股权和资源转移的虚拟式

---

[1] J. Bleeke & D. Ernst. Is your strategic alliance really a sale? Harvard Business Review, 1995, 73 (1): 97-105.

第七章　传递客户价值　143

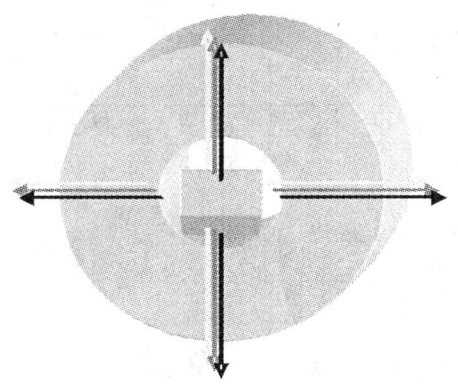

图 7-3　价值网发展的方向

的灵捷企业方式。

(四) 价值网试运行

在价值网初步搭建起来之后，企业可以开始进行试验性的运行，在试验中测试价值网的性能和存在的问题。在测试方面可以重点考虑的几个指标是顺畅性、灵活性和可靠性。顺畅性主要检验价值网中的信息流通、实体流通、资金流通、资源流通等是否顺畅。灵活性主要考察价值网对客户需求的共振反应能力，能否快捷高效地为客户创造价值并交付价值，能否满足客户的个性化需求，能否对需求和环境的变化及时做出反应。可靠性在于考察合作双方长期合作的诚意。这些都可以通过几次实际的客户价值传递实务来实现。

(五) 价值网维护

维护价值网的健康发展，最主要的问题是如何正确处理成员各方的利益冲突。冲突是一种不相容、不一致和不协调的交互过程，它广泛存在于社会主体的内部或之间。价值网的成员往往由于目标不一致、信息和认识上的差异、缺乏有效的沟通、文化上的差异、评价和补偿机制不合理等因素存在不同程度的冲突。面对冲突，企业首先应该树立积极的冲突观。尽管冲突有负面作用，但是冲突也是促进网络发展、变革、重组的根本动力。有学者[①]认为冲突具有三个建设性的功能：凝聚功能。通过冲突、矛盾和斗争有助于消除分歧、统一认识、协调行动，并增强成员的归属感。认知功能。通过对冲突的观察能够发现更多深层次的问题，为组织（网络）的良性运转提供预警。激活功能。有建设性的创意、信念和现有的观念、方法以及习惯的冲突对于保持组织活力、不断创新有着积极的意义。企业可以在充分沟通的基础上，采取协商、调解、仲裁或寻求外部意见的方式，合理处理冲突和

---

① 周振林，孔繁玲. 论组织冲突的功能. 中国行政管理，1994，6：20-21.

矛盾，维护、发展、变革或重组价值网络。见图7-4。

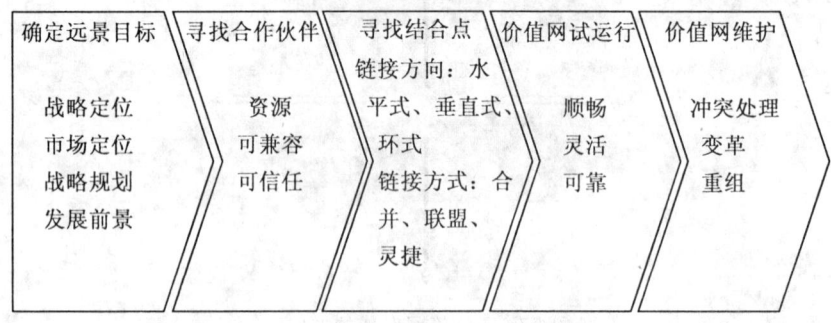

图7-4 价值网构建流程

第二节 客户接触界面的构建

价值网的构建为企业快速应对客户的需求与变化奠定了坚实的基础。但是，客户往往直接接触的并不是隐藏在供应链条中的价值网，能给他们直接感受的是营业员、接线生、客户经理、语言、文字、环境等编织而成的接触界面。客户价值的创造和交付能否成功，往往取决于客户与企业直接相互作用的这一段时间，取决于企业"临门一脚"的工夫。

一、客户接触方式的种类

随着技术的发展和竞争的加剧，企业与客户接触的方式越来越多，从最初的面对面的接触、信笺到现在的专业网站、电子邮件等，极大地扩展和方便了企业与客户的接触和联系，但同时也给客户接触界面的管理与整合带来了一定的难度。企业如何在众多的接触方式中选择最优的组合，成为企业获得客户满意、获取竞争优势的一个重要源泉。

一般来讲，企业与客户的接触方式有两种类型①：人员接触和非人员接触。人员接触还可以分为直接人员接触和间接人员接触两种。

1. 直接人员接触

直接人员接触是指客户与企业的工作人员进行面对面的接触和交流。直接人员

---

① Shostack 从服务的角度将接触分为远距离接触（不涉及人员交往或者人员交往间接发生）、间接人员接触（涉及口头而不是当面交往）、直接人员接触（客户直接与一位办事人员打交道）三种。G. L. Shostack. Planning the service encounter // J. A. Czepiel, M. R. Solomon and C. F. Surprenant (eds). The Service Encounter, Lexington Books, 1985：243-253.

接触有两种形式：一是工作现场接触，一是外出接触。工作现场接触一般是客户直接来到企业的工作场所与企业的专职接待人员或相关负责人员进行接触和交流，这些接待人员或相关负责人员包括柜台服务员、大堂经理、咨询员和其他专职服务人员等。比如客户到商场去购物、到餐厅吃饭、到银行储蓄、到机场坐飞机等，都属于工作现场接触。工作现场接触是最原始的接触方式，也一直是企业与客户接触的主要形式之一。随着市场环境的变化，坐等顾客上门的接触方式已经不能满足企业间竞争的需要，方便客户、主动上门为客户提供服务的接触方式成为一种流行。许多行业已经以这种"外出"的接触方式为传递价值的主要形式。如一些保险公司、销售公司的业务销售人员，他们将与客户接触的现场从企业的领地挪到客户方便的地方——客户的家里、客户的工作场所、客户娱乐的地方等。客户经理也是这种"外出接触"的主要表现形式，越来越多的企业实行了客户经理制，为大客户配备了专门的接触人员（一般称为"客户经理"），主动上门为他们提供各种业务服务。不过，尽管外出接触的方式越来越普及，但迄今为止，工作现场接触仍然是主要的直接人员接触方式，这可能跟人们的习惯有关，许多人仍然喜欢到企业的工作场所与企业的工作人员进行直接接触，他们有时也把这种直接接触作为他们消费内容中不可缺少的部分。

在直接人员接触中，一线人员的表现是至关重要的。他们的外在形象和前后一致的言论，对客户价值的良好实现具有重要的决定意义。

2. 间接人员接触

间接人员接触主要由口头组成，虽然客户与企业的员工打交道，但不是面对面交往。电话接触是间接接触的典型代表。一些信息服务类的企业通过电话的方式将他们的产品（信息、服务和知识）传递给客户。一些传统企业也开始通过电话接线生回答客户的各种问题、接受客户的投诉、办理相关业务。银行开通的电话银行业务可以让客户通过电话发出转账、汇兑等指令来完成相关业务，证券公司的客户可以通过电话向经纪人发出进货或出货的指令，移动通讯公司的客户可以通过免费专线电话完成开机、关机、开通国际直拨、查询话费等活动。这些活动的开展和完成都不需要客户亲自来到企业的工作场所，为客户节省了大量的时间成本和精力成本，极大地满足了客户对方便的需求。

3. 非人员接触

随着技术的发展和人力成本的提高，非人员接触逐渐成为企业传递客户价值的一种重要方式。非人员接触不涉及人员交往，或者人员交往间接发生。在整个接触过程中，没有口头声音的出现，更没有人与人面对面的接触，完全是通过文字、符号、技术（机器）等来实现。邮件是非人员接触中比较古老的一种方式，在今天，仍然有一些企业通过目录交易的方式来实现它们的销售目的，他们将产品目录和产品介绍书邮寄给客户，在确认客户的购买意图后，又通过邮寄的方式将产品送抵客户指定的地方。信用卡、自动取款机和自动售货机等也属于非人员接触,互联网络的出现与普及更是为非人员接触锦上添花。在非人员接触中,由于客户的全部接触都发生在管理者的权限之外,显然每一个细节都应该精心设计,并确保操作无误、快捷方便。

以上几种接触方式各有利弊,企业可以根据客户的需要和自身的情况来合理组织与搭配。见表7-1。

从质量控制的角度来看,工作现场接触相对而言是最可控的,间接人员接触其次,外出接触的可控性较差,非人员接触最差。

从成本的角度来看,直接人员接触的成本可能最高,间接人员接触的成本较低,非人员接触在人力资本日益昂贵的今天显得最为便宜。

从获取信息的角度来看,直接人员接触由于是面对面地与客户进行交流,所以可以全面、准确掌握客户的各种需求、反应和心理,可以较深入地与客户进行交流。间接人员接触由于缺乏面对面的交流,不能了解客户的表情,只能根据客户的声音来揣摩客户的心理,信息的虚假、错误成分要多一些。非人员接触有时根本无法获得客户心理特征方面的信息,只能根据客户的行为特征来辨别客户的需求偏好和习惯,信息反馈的速度和准确性比较差。

从顾客价值感知程度的角度来看,各种接触方式之间不存在可比性,不存在谁优谁劣的比较,因为不同的接触方式满足的需求不同。工作现场接触更多的是满足顾客对体验和安全等的需求,外出接触满足顾客对方便和尊重等的需求,间接人员接触满足顾客对便利和快速等的需求,非人员接触则满足顾客对简捷、时尚、求新等的需求。

表7-1　　　　　　　　　　不同接触方式之间的比较

比较项目	工作现场接触	外出接触	间接人员接触	非人员接触
可控性	4	2	3	1
成本	4	3	2	1
获取有效信息	3	4	2	1
价值感知	体验、安全	方便、尊重	便利、快速	简捷、时尚、新颖

注:比较是按照从大到小、从高到低、从多到少的顺序排列的,4表示最大、最高、最多。

二、客户接触模式

客户接触模式是企业对不同客户接触方式的组合。选择不同的客户接触模式,就会在接触界面、组织形式上面出现较大的差异。在现实企业运作的过程中,一般常见的有三种接触模式。

(一) 直接接触模式

直接接触模式是以企业与客户进行直接人员接触为主,它是许多传统企业所采用的一种模式,尤其是传统的工业企业和服务企业,如钢铁制造企业、重型机械制造企业、百货商店、餐饮店、运输企业等。在这种模式下,企业一般通过它的销售人员、服务人员或代表(或客户经理)来实现与客户的接触,实现客户价值的交付。这种接触模式的企业组织结构往往是层级式或金字塔式的,以部门职能来界定企业的接触界面。下面以一个虚拟的移动通讯企业来简单描述直接接触模式的企业组织结构。在直接接触模式下,只有移动通讯公司营业厅的营业员和客户经理成为企业与客户接触并传递客户价值的唯一渠道。见图7-5。

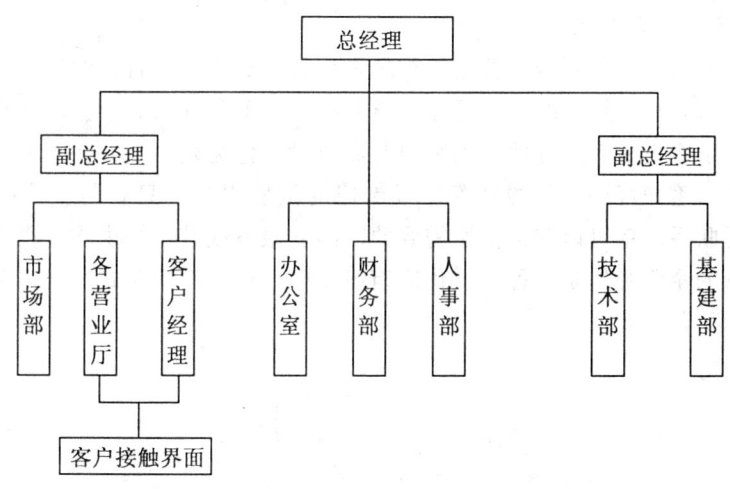

图 7-5 直接接触模式的企业组织结构简图

(二) 间接接触模式

间接接触模式是以企业与客户进行间接人员接触或非人员接触为主,它往往是一些新兴的服务行业乐于采用的一种接触模式。比如邮寄公司、网上商店、网络银行、网上证券公司等,这些企业仅仅依托电话、传真、网络和其他机器或仪器与客户进行交流和接触,并通过第三方或直接通过这些仪器将价值传递给客户。一些传统的企业也开始吸收间接接触模式的做法,纷纷开通800免费电话和呼叫中心、建立自己的网站,并与客户信息库连接起来,对客户的相关需求进行快速的反应。在间接接触模式下,企业的组织结构既可以是直线型,也可以是扁平化的。同样以虚拟的移动通讯企业为例,企业为适应市场环境的变化,纷纷建立了自己的呼叫中心,并开通了短信营业厅(通过手机短信发送指令来完成诸如开机、关机、停机、开通国际直拨等业务）。见图 7-6。

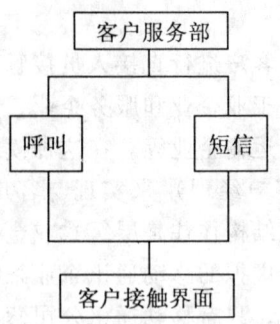

图 7-6　间接接触模式的企业组织结构简图

（三）全面接触模式

全面接触模式是受到全员营销思想的影响而形成的，它将企业所有的工作人员都视为企业的客户接触界面，它是任务导向型，而不是部门导向型的。它所努力营造的是：给予客户最大的方便。当客户有需要时，他无须一定要找到专职的接触人员（营业员、客户经理、接线生等）或专门的接触渠道，只要与企业中的任何一个人员取得联系，就可以获得他所需要的产品、服务或其他提供物。很明显，这种接触模式下的企业必然是一种扁平化的组织结构，动态的团队式合作是常见的工作方式。见图 7-7。

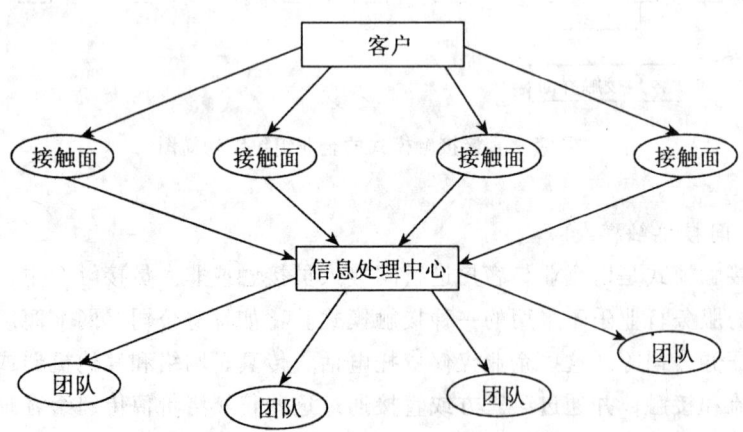

图 7-7　全面接触模式的企业组织结构简图

三、客户接触界面构建的步骤

企业在构建自己的客户接触界面时,一般至少必须经过以下几个步骤(见图7-8):

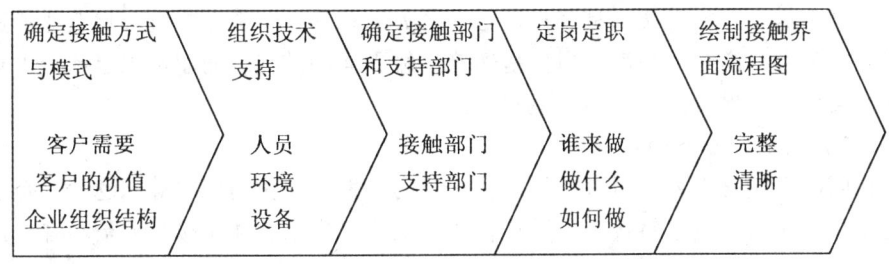

图7-8 客户接触界面构建流程

(一)确定接触方式与模式

企业在选择客户接触的方式与模式时,应该考虑三个方面的因素:客户的需要、客户的价值和自身组织结构的特点。如前所述,工作现场接触更多的是满足顾客对体验和安全等的需求,外出接触满足顾客对方便和尊重等的需求,间接人员接触满足顾客对便利和快速等的需求,非人员接触则满足顾客对简捷、时尚、求新等的需求。客户的需要是企业选择接触模式的首要因素。当然,企业也必须同时考虑各种接触方式的成本以及客户对企业的利润贡献。高成本、细致周到的客户接触方式应该适用于高价值的客户,如外出接触中的客户经理等;而低成本、粗略的客户接触方式应该适用于低价值的客户,如非人员接触中的自动取款机、自动售货机等。这样才能实现客户关系管理的商业化目的。不同的接触模式需要不同的组织结构。并不是所有长期看来对组织有利的事物都会获得组织所有成员(或权威成员)的认可,组织结构的变迁是最容易受到组织成员抵制的一项工程。企业在选择客户接触模式时,还必须考虑企业现存的组织结构特点,估计客户接触模式与现存组织结构的兼容性,估计改革的成本与必要性。

(二)组织技术支持

不同的接触方式和模式需要不同的技术支持。直接人员接触需要营造工作环境、招收工作人员等,非人员接触则需要购置、安装相关仪器、机器和设施,而间接人员接触则可能对上述需要都做出准备。

(三)确定接触部门和支持部门

根据接触方式和模式的规定,企业可以很容易地确定出企业的哪些部门和人员将成为客户的接触界面。在前面的移动通讯企业的例子中,直接接触模式中的营业场所和客户经理是企业的主要接触界面，间接接触模式中的呼叫中心和短信营业厅是企业的主要接触界面，而全面接触模式中处处都是企业接触客户的界面。在确定接触部门的同时，企业必须将相关的支持部门勾勒出来，确定接触界面和他们的关系和链接点，确保接触界面与价值网的整合。

（四）定岗定职

职责不清、互相推诿，是客户接触中最大的忌讳，一般会严重影响企业传递价值的效率和客户满意的程度。岗位是连接接触界面的结点，而职责规定和行为规范是确保岗位保质保量发挥作用的根本保证。

（五）绘制接触界面流程图

在明确了接触界面、后台支持以及相互的关系、岗位与职责等问题后，企业应该运用相关的图形技术将接触界面流程清晰地绘制出来，便于接触人员和客户按图索骥。

第八章 客户周期管理

分析客户的贡献价值,并为客户设计和传递价值,是一个长期持续的过程。在这个过程中,客户与企业的关系是逐步发展起来的,由陌生、熟悉、亲密到无法分离。企业应该充分认识不同阶段的差异,有针对性地制定关系策略,稳步推进客户关系朝高层次迈进;同时注意不同阶段之间的紧密衔接和客户关系管理政策的一致性,互相呼应,平稳过渡。一般而言,客户周期管理包括客户获取、客户保持与开发以及客户流失等方面的内容。通过本章的学习,你需要掌握客户获取的定义;客户获取的战略流程;客户获取绩效的评价指标体系;客户保持与开发的途径;客户保持绩效的评价指标体系;流失客户的管理对策等。

第一节 客户获取管理

关系营销理论的兴起将企业关注的焦点从吸引新客户转移到保持已有客户上,但它并没有抹杀获取新客户的重要性。许多关系营销理论的先驱和权威都将顾客获取与顾客保持视为企业营销活动中不可偏颇、紧密相联、浑然一体的两个环节。所以,问题的关键不在于孰轻孰重,而是如何将顾客获取与顾客保持有机的联系起来,为企业构造连贯、系统的顾客政策。客户获取管理是客户周期管理的第一个阶段,企业在客户关系的初始阶段贯穿客户关系管理理念的精髓,将会为实现顾客资产最大化奠定良好基础。

一、客户获取的定义

怎样界定企业已经成功地获取了某一位新顾客呢?对这个看似简单问题的回答揭示着不同的营销哲学理念。现实中存在着两种截然不同的界定视角:交易观和过程观。前者认为当顾客发生第一次购买行为时,该顾客即被视为已经获得。这种观念似乎已经成为一种共识。过程观则提出了不同的标准,它认为只有当顾客发生第一次再购买行为时,该顾客才能被视为已经获得。很明显,过程观是按照一个完整的消费者购买决策流程来界定顾客获取,是从关系发展的角度来开展顾客获取活动。在过程观的指引下,企业衡量顾客获取部门的业绩是以顾客再一次购买的情况为标准,这就迫使其必须在与顾客接触的初始阶段就要从关系营销的角度出发,必然将顾客获取与保持联系起来,考虑顾客获取活动对顾客保持效果的影响。从理论上来讲,过程观也使得顾客获取与顾客保持两个阶段非常紧密的衔接起来,顾客发生第一次再购买活动之后,就进入了顾客保持阶段,即顾客保持开始于顾客获取结束之时。见表8-1。

表8-1　　　　　　　　　　交易观与过程观的区别

	成功获取的时点	关注的焦点	与顾客保持的衔接	对待顾客的态度
交易观	发生第一次购买	购买阶段	出现断层	短期、一锤子买卖
过程观	发生第一次再购买	购买决策过程	紧密相连	发展长期关系

由于顾客获取活动发生在企业与顾客主动接触的初始阶段,自然在影响顾客初始印象、体验与预期等方面意义重大,也直接影响到企业与顾客关系的发展以及顾客保持成功的几率。即使是保持率非常高的公司也必须不断获取新的顾客,顾客获取越多,顾客资源库越大,顾客保持的基础则越充实;顾客获取质量越高,获取活动越有针对性,关系与销售增进的可能性就越强。

二、客户获取战略规划

从战略规划的层面考虑顾客获取的流程,可以提高获取效率和效果,明确责任与成绩,找出差距与问题,为培养长期忠诚顾客奠定良好基础。科学可行的获取战略流程必须具备以下特征:(1)闭合性。这是战略流程的一般特性,流程必须是首尾相连的闭环,保证战略可以持续不断的执行,而且本次流程的运行结果将成为下次决策制定的前提和基础。(2)内敛性。必须突出顾客获取环节的特性,与顾客保持环节有所区别;而且各个环节之间紧密联系,不会在实际运作中出现断层和真空地带。(3)外延性。必须与顾客保持以及企业整体的客户关系管理体系整合在一起,共同实现顾客资产最大化的目标。

基于以上考虑,顾客获取的战略流程可以分为以下四个步骤:根据相关的信息确定潜在的获取目标范围,并评估这些目标的价值潜力;根据企业资源和能力选择最优获取战略;从建立长期关系的角度出发设计获取活动方案;方案执行并对执行效果进行评估。见图8-1。

(一)确定潜在目标范围

潜在目标顾客的广度与企业的战略发展方向紧密相关。根据产品与市场两个维度,我们可以将企业的业务增长方向划分为市场渗透、市场开发、产品开发与多元化四种。很明显,市场渗透与产品开发都是在现有市场上拓展业务,所以潜在目标

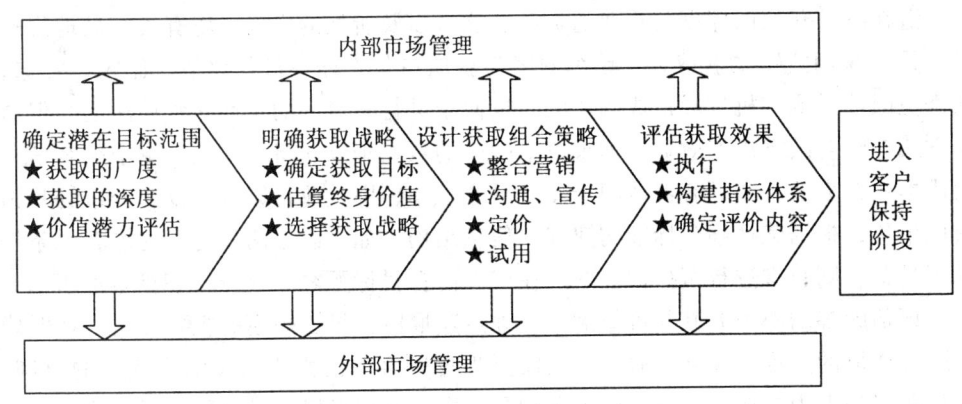

图 8-1 关系营销框架下的顾客获取战略流程

顾客局限于与现有顾客具有相似特征的群体或个人，企业可以充分利用客户数据库进行有针对性的发放传单、广告宣传、样品和其他跟进活动。不过二者的侧重点或着力点应有所不同。市场渗透由于是在现有产品上做文章，所以需要充分发挥现有顾客的忠诚效应和正面口传效应，将现有顾客的消费体验作为吸引新客户的有力诱因。对于产品开发，由于有了产品性能或特征方面的革新，所以与原有产品的显著差异可以成为吸引新客户的最佳诱因。对于市场开发与多元化，由于要进入新的市场区域，原有客户数据库不一定具有借鉴意义，而搜集潜在顾客的人口统计与行为特征、购买习惯和财务状况等方面的信息存在一定的难度，所以获取活动的针对性和效率相应降低。如果企业面对非常庞大的潜在顾客群体，则可以在顾客细分的基础上，在每个顾客群体中选取适量的样本对象进行获取测试，根据样本反应的结果来确定整个群体的获取力度。市场开发战略除了可以运用现有顾客的体验作为获取新顾客的诱因外，还可以重点强调企业为新的市场区域所做出的适应性或定制化调整，以显示企业对新市场区域的足够重视。多元化战略吸引新顾客的有力工具来源于企业自身或其品牌（当使用品牌延伸策略时）的魅力。见表 8-2。

表 8-2　　　　　　　　获取广度与业务发展方向

业务发展方向	获取广度	获取的最佳诱因
市场渗透	现有市场	现有顾客的消费体验、态度和情感
产品开发		新产品的独特特征、效用与感受
市场开发	新的市场区域	定制化或适应性
多元化		企业或品牌的魅力特性

潜在顾客获取的深度与企业的资源、能力以及所处的市场环境有关。最理想的状态是"拉网式"的获取，以单个顾客为获取单位，逐一进行评估、比较、甄选，既避免因抽样或随机选择造成的遗漏，也便于进行一对一的个性化营销活动，但这种方式有时会缺乏成本效益。如果单个顾客的数据难以获得，或获取单个顾客信息的成本效益太低，或顾客群体间个体差异非常小，则企业可以考虑以细分市场片为获取单位，根据某些细分标准构建客户信息结构。如果以上两种情形的主客观条件都不具备，则只有进行试探性获取，在广大潜在目标顾客中寻找"积极响应者"。

评估顾客的潜力尤其是价值潜力是确定获取阶段投资规模的主要依据。在明确了顾客获取的广度和深度之后，企业需要根据顾客的潜力进一步缩小获取的范围。这里顾客的潜力主要包括支付能力和购买倾向，我们可以通过层层分析一些与收入和支出相关的指标来预测顾客的价值潜力。这些指标包括收入、可支配收入、可任意支配收入、需要类别支出比例、产品类别支出比例、企业支出比例和品牌支出比例。收入是最原始的依据，一般而言，收入越高，支付能力越强；不过要考虑税收和强制性或义务性费用扣缴的因素，因为这个部分个人无法支配，不能用于消费。余下的可支配收入中，有一部分必须根据业已存在的契约如期支付出去，如住房与汽车贷款的偿还、保险费的交纳、教育基金的储蓄等，剩余的可任意支配的部分才是一般消费型企业争夺的焦点。但是，并不是说潜在顾客的可任意支配收入越高，其获取潜力越大，其购买某一品牌的倾向越强，中间可能会经历不同需要、不同产品类别、不同企业和不同品牌之间的竞争，最后分配的结果才是企业某一品牌的顾客价值潜力。不过企业也不能局限于当前的收入状况和支出比例，可以考虑是否存在通过调整竞争策略来扩大顾客价值潜力的可能，从长远的角度考察顾客价值潜力。见表8-3。

表8-3　　　　　　　　　　　顾客价值潜力评估与提升

价值潜力评价指标	竞争的类型	提升潜力的途径
收入	——	扶持企业客户发展
可支配收入		——
可任意支配收入	契约之间的竞争	签订固定契约
需要支出比例	需要之间的竞争	突出特定需要的重要性
产品类别支出比例	产品类别之间的竞争	突出行业的特色
企业支出比例	企业之间的竞争	提升企业的竞争力
品牌支出比例	品牌之间的竞争	扩大品牌的知名度、美誉度

(二) 明确获取战略

量化顾客获取目标,是每一个企业市场部门必做的事情,因为它直接关系到企业的市场占有率、市场地位甚至战略性竞争优势。这些数字、比率和指标也是导致企业营销部门急功近利的主要原因。应该根据企业发展的规划以及市场发展的趋势来合理确定新增顾客的规模,并且将顾客获取数量与顾客保持状况结合起来,详细评估顾客获取的质量水平。

顾客获取战略选择的基础是顾客终身价值(Customer Lifetime Value)的大小与构成。顾客终身价值综合考虑了顾客未来的利润贡献、资金的时间价值、预期的投资报酬率、关系期限以及投资风险等因素。一个基本的前提是:只要顾客的终身价值为正值,该客户就值得获取。一般而言,潜在顾客的终身价值(或者其保持收益)越大,获取的投入也应该越大;在顾客终身价值一致时,贡献利润主要集中在关系时限前期的顾客,其获取力度应该高于贡献利润集中在关系时限后期的顾客,因为前者的获取投资回收的风险较小。见图8-2。

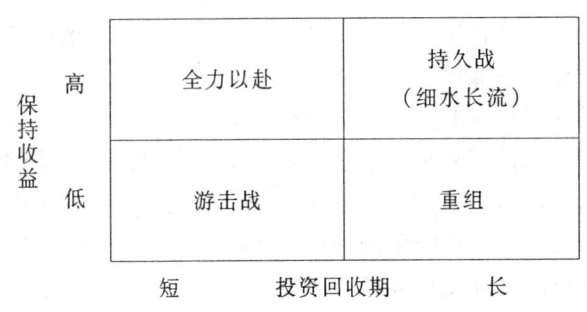

图 8-2 基于顾客终身价值的获取战略选择

未来收益高,而且在关系交往的前期就可以收回大部分获取投资,这种类型的顾客需要全力获取。未来收益高但获取投资回收期长的顾客,企业需要适当削减顾客获取投资,转入顾客保持工作中,增强顾客的忠诚感,避免因顾客流失而导致投资无法收回的损失。此时在顾客获取阶段的投资越大,未来的风险则越高。对于未来收益低但投资回收期短的顾客,企业基本可以采取灵活、放任的态度,不需要进行大规模的获取活动,根据市场和企业竞争的需要适当出击,获取投资不宜太高。对于保持收益低且投资回收期长的顾客,需要在分析的基础上进行重组,如果有可能通过竞争策略调整提高顾客的终身价值,则可以采取"细水长流"的获取战略,否则放弃获取。

(三) 设计获取组合策略

在具体设计顾客获取策略时,除了需要在整合营销传播的框架内进行规划,还有一点必须时刻牢记的原则:获取策略必须考虑对顾客保持的影响。

夸大的宣传对顾客获取有利，但对顾客保持有害。沟通、宣传活动对顾客的预期、体验以及随后的满意度产生直接的影响。有些企业追求短期利益，在顾客获取阶段乐于夸大产品的性能和功效，添加根本不存在的特征，或进行概念炒作，大肆宣传一些根本无关紧要的产品新意，尽管吸引了许多新顾客，但无疑为今后的顾客保持工作带来极大的隐患，顾客的抱怨、投诉、不满、流失，都在产品使用之后随之而来，企业需要花费更多的资源去处理，以维持顾客持续交易，有时还会承担损害商誉的风险。

顾客获取阶段的定价不一定要与顾客保持阶段维持在同一水平。企业既可以在产品导入市场的初期采取低价渗透的策略，待到获得一定的市场地位和市场认可后再适当提升价位；也可以一开始就确定高价格的撇脂策略，等到赚取足够的利润之后再降低价位、清空库存。决策的关键是两种策略使用的最佳时机。如果顾客关注企业未来在保持方面的投入，看重未来的增殖服务，有可能成为忠诚型客户，那获取阶段的定价可以适当调低，以低价吸引潜在顾客购买和使用，以后随着服务项目的增加和服务质量的提升而调高价格。如果预计顾客在未来会越来越对价格敏感，或者产品更新换代的速度较快，产品生命周期较短，可以考虑在获取阶段采取高价策略，在保持阶段逐渐调低价位。

产品试用也是获取顾客的一个有效途径。不仅食品、饮料、服务这些日常消费品可以通过免费品尝、试用来吸引潜在顾客尝试，为购买奠定基础；而且住房、汽车等耐用品也可以通过参观、试住、试驾来获取初次体验。试用同样会对顾客的预期、体验以及满意度产生直接的影响，企业需要注意试用体验与实际使用体验的一致性，如果试用环境与实际使用环境存在较大的客观差异，必要时应该提醒和告知消费者，帮助其调整预期到合理的水平。

（四）评估获取效果

完整的获取绩效评价指标体系应该包括获取的数量、获取率、获取成本、全部新客户投资额、获取成本在获取资产中的比重、全部新客户投资在销售收入与利润中的比重、获取资产[①]在顾客终身价值中的比重等。见表8-4。

---

① 获取资产的计算一般包括以下几个环节：（1）确定接触的潜在顾客数量；（2）确定因接触或推销所发生的营销与服务方面的费用；（3）确定最后真正成为实际顾客的数量；（4）计算新顾客第一次购买所产生的销售收入与利润；（5）（4）－（2）／（3）＝平均每个客户的获取资产。

表 8-4　　　　　　　　　　　获取绩效评估指标体系

获取绩效评价指标	评价内容
获取的数量	衡量获取运动的效果以及是否达到企业预定的获取目标
获取率	衡量确定潜在目标范围的科学性、合理性以及获取组合策略的效率与效果
获取成本	与顾客的保持收益相比较，确定今后的获取运动规模
全部新客户投资额	与设备投资、产品研发投资等相比较，确定企业投资结构是否合理、均衡
获取成本在获取资产中的比重	衡量获取投资的回收周期，比重大，则回收风险大
全部新客户投资在销售收入与利润中的比重	衡量企业是否有能力（或需要）扩大对新顾客获取的投资额
获取资产在顾客终身价值中的比重	综合评价获取活动的绩效以及未来顾客保持活动的投资额度

三、客户获取的途径

在执行客户获取战略的过程中，企业可以使用多种途径和方法来接近、获取有价值的客户。接近客户包括两个层次的含义：一是指企业客户服务人员和客户之间在空间距离上的接近；二是指客户服务人员和客户之间消除感情上的隔阂，逐步趋于同一目标。接近客户的方法多种多样，要注意掌握各种方法并综合运用。常用的方法包括：商品接近法，利用商品的某些特征来引发客户的兴趣，从而接近客户；介绍接近法，通过自我介绍或他人介绍来接近客户，介绍的内容包括姓名、工作单位、拜访的目的等情况；社交接近法，通过与客户开展社会往来、形成和谐的人际关系来接近客户；馈赠接近法，通过赠送礼物，博得客户的欢心，取得他们的好感，从而拉近与客户的关系；赞美接近法，利用一般客户的虚荣心，以称赞的语言博得客户的好感，接近客户；反复接近法，在一两次接近不能达成交易的情况下，采用多次进行推销访问来接近客户；服务接近法，通过为客户提供有效并符合需要的某项服务（如维修服务、信息服务、免费试用服务、咨询服务等）来博得客户的好感，赢得客户的信任来接近客户；利益接近法，利用商品或服务能为客户带来的实际利益以引起客户的兴趣并接近客户；好奇接近法，通过引发客户的好奇心来接近客户；求教接近法，通过请客户帮忙来解答疑难问题，从而接近客户；问题接近法，通过直接向客户提问的方式来接近客户；调查接近法，利用市场调查的机会接近客户。

在客户接近和获取活动中，可以借助的途径也是多种多样的。在产业市场或组织市场（B-B）中，常用的途径包括人员推销、公共关系、公司网站、电话、电子邮件。

1. 公共关系。成功的公关活动能够增加企业和产品在媒体上和相关群体内的曝光率，提高企业产品的知名度与美誉度。比如一些医药企业开展以"学术交流为主题"的公关活动，通过主办、协办或赞助一些专业医学学会与大型医疗机构的学术年会、专题讨论和日常学术交流活动，与医院的主治医师和主任医师们（关键核心客户）建立良好、稳固的关系，赋予药品和企业较高的学术含金量，这些对药品的销售起到了十分重要的推进作用。另外，有些企业喜欢赞助一些公益事业、慈善活动或体育赛事，或在行业性期刊杂志和论坛上有目的地发表一些新闻报导，通过媒体的宣传与转载，低成本地扩大宣传覆盖范围，成为吸引新客户的重要源泉。

2. 公司网站。现在越来越多的人喜欢在网络上收集信息，"上网"成为很多人的一种生活习惯。由于搜索引擎技术的发展，只要输入关键词，客户就能够很容易地在网络上找到他们所需要的产品信息和企业信息。所以，如果企业希望扩大公司网站对新客户的吸引力，可以考虑通过"网络竞价排名"，尽量提高公司在搜索引擎网站上的排名名次；或者在一些知名门户网站、专业论坛上建立链接，方便潜在客户点击公司网站。当然公司网站的内容也十分重要，清晰、美观的网页布局，友好而互动的界面，真实而全面的信息，都是吸引和获取客户的关键因素。

3. 电话。企业可以通过呼入和呼出电话来获取客户。有的时候，客户会通过企业提供的免费电话或咨询电话，主动与企业取得联系，所以企业应该考虑如何让潜在的客户能够方便地获取电话号码，如通过户外广告牌、公司网站、宣传单、企业名片等广泛而有针对性地提供。一旦客户电话呼入，应该立即与企业的客户信息库对接，将客户相关信息详细记录下来。企业也可以通过销售人员和客户经理主动与潜在客户电话联系，从而获取客户。在打电话之前，要考虑好与客户联系的目标、内容和理由，最好将想法提纲挈领地写下来。一份电话提纲至少应该包括通话的目的、观点或理由、可能出现的异议以及结果。尽量避免吐词不清、缺乏准备、论据松散、手头无资料、繁琐而晦涩的语言、不自信的自我介绍、缺乏对异议的迅速反应、缺乏目标等致命错误。见图8-3。

```
                    电话准备
客户_____基本特征_____
电话号码_____
目的_____
可能出现的异议_____
结果_____
```

图 8-3　电话准备提纲

4. 电子邮件。越来越多的企业开始使用电子邮件来获取新客户。使用电子邮件的好处在于：一是覆盖范围广，现在几乎每一个人都有一个或几个电子邮箱，查看邮件成为很多人的日常习惯；二是成本低廉，在很短的时间内可以同时发送成千上万封邮件，且基本没有什么"邮费"或"邮资"；三是给予客户一定的自主权，在方便和感兴趣的时候阅读邮件，而且内容可以保留一段时间，有些企业在邮件里就直接附加客户代表、联系方式和企业网站链接等信息，方便客户做进一步的联系和收集信息。

5. 人员推销。与消费品市场相比，组织市场中的产品更加复杂，客户更加理性而专业，客户数量少而集中，所以采取人员推销的方式更加有利于为客户详细讲解产品的特性与功能，面对面的交流也容易引起客户的兴趣。除了上门推广之外，越来越多的企业倾向于在各种行业展销会、博览会和学术论坛上派出推销人员或客户代表，集中而有效地获取新客户。比如一年两次的中国进出口商品交易会（也称"广交会"）吸引大量来自全球各地的客商，一些企业可以在这些交易会上完成全年 50%~80% 的销售额。

消费市场（B-C）更多使用广告、短信、销售促进、终端促销等途径来获取客户。

1. 广告。通过大众媒体传播的广告具有覆盖范围广、可信度高等特点。为了提高广告对客户的吸引力和有效性，企业需要在沟通目标、广告预算、内容设计、媒体选择和效果测试等方面进行合理规划，比如内容设计方面，可以考虑侧重价格、质量、性能等理性诉求，也可以运用幽默、性感、恐惧、夸张等感性诉求增强广告内容的吸引力。媒体选择也是十分重要的环节，现在可供选择的媒体非常繁多，除了电视、杂志、报纸、电台等传统媒体之外，网络、户外建筑物、飞页、传单、小册子、包装袋、T恤、帽子、电话黄页、传真、电影等都可以成为传播广告信息的载体。

2. 短信。短信简称 SMS（Short Message Service，短消息服务），是手机之间或个人电脑通过互联网与手机之间互相发送短信息的服务。国家信息产业部统计资料显示，2006年5月全国移动电话用户已逾4亿，短信业务保持了持续增长的态势，累计达1 679.5亿条，比上年同期增长46.3%，依旧是运营商移动增值业务收入的主体。① 由于短信沟通具有速度快、分众性、定向性、精确性、蔓延性、灵活性、互动性和低成本等优点，短信平台已经被业内人士喻为是继报纸、广播、电视及互联网之后的"第五媒体"，越来越多的企业选择通过短信平台将信息群发或分发给特定的员工、顾客、潜在顾客和其他相关利益者，与他们互动交流。

3. 销售促进。各种促销活动也是吸引新客户的重要手段，比如折价券、优惠券、赠品、抽奖、免费样品、减价优惠、以旧换新、包退包换等，一些企业通过在销售现场（或称为"销售终端"）和媒体上开展各种促销活动，或者与相关企业进行联合促销，增强产品的吸引力和客户的购买欲望。

除此之外，处于消费市场中的企业也运用邮件、电子邮件、公司网站、公关活动和电话等途径来获取新客户。

当然，并不是所有的行业或领域在顾客获取之后，就必然要进入顾客保持阶段。它们可能根本就不存在顾客保持的可能性，或者在一定时段内暂时不需要考虑顾客保持的问题。对于这些行业和领域而言，顾客获取的效率和效果则显得更加重要。

第一种情形是低保持率的行业，如婚嫁服务、丧礼服务、二手汽车或住房交易，几乎大多数人只会一生消费一次，根本不存在顾客保持的可能。

第二种情形是低购买频率的行业，如一些单位价值较高的高档耐用品，如住房、电器、轿车等，尽管存在一生消费几次的可能性，但大多数人的购买间歇是比较漫长的，可能是10年、15年甚至更长，顾客保持发挥的直接效应十分微弱。

第三种情形是高保持率，且高转换成本的行业，如银行、保险服务等。虽然这些行业内的顾客需要经常消费和光顾，但由于预先的契约关系，而且违约的成本较高，顾客转换蒙受的损失重大，所以潜在顾客一旦成为真实顾客，流失、背叛的几率就非常小，而且关系时间越长，流失的可能性越小。这样，客观上也导致获取新顾客的难度增强。

最后一种情形发生在新兴市场、不发达市场中。此时尽可能多地获取新顾客成为企业营销部门的第一要务，必须周密地考虑顾客获取的行动计划，在新兴市场和不发达市场上获取最大的市场份额。

以上这些特殊的情形对我们上面探讨的顾客获取战略流程有所影响，与顾客保持阶段的衔接可以取消或延缓，但这并不表明可以取消顾客获取阶段的战略视野，采取"交易观"类型的短期思维。在这些特殊情形中，顾客获取阶段的行为还是

---

① 中国信息产业部官方网站．http：//www.mii.gov.cn/art/2006/06/21/art_166_16207.html.

会直接影响到企业未来的经济效益。在低保持率的行业中，尽管大多数人一生只会消费一次，但是他仅有的消费体验将成为其周围潜在消费者的重要参考，直接影响他们的购买倾向与品牌偏好，顾客的口传效应不可忽视。在低购买频率的行业中，除了这种口传效应，顾客还是存在重复购买的可能性，有时候可能存在附加产品和服务的购买行为，获取阶段的长远考虑有助于提升顾客的品牌忠诚度。高保持率、高转换成本的行业，还是存在顾客流失的可能性，有时顾客确实无法忍受企业低劣的产品质量或服务态度，或者经受不住竞争对手的诱惑，发生品牌转换的事实，这些顾客一旦流失，再获取的难度无疑更大。至于面对新兴市场和不发达市场，当市场开发趋于饱和甚至过度时，顾客保持工作就开始提上议事日程，此时获取阶段沉淀的印象、态度与情感将成为顾客保持的基石。

第二节　客户保持管理

在成功获取新客户之后，企业需要根据客户终身价值的大小和构成，确定与客户建立何种类型的关系，提供相应的产品和服务，实现客户保持或忠诚。客户保持是客户成功获取之后的延续，如果不能留住有价值的客户，前期的获取客户所发生的费用与支出就无法弥补；客户保持也是客户开发与客户忠诚的基石，如果客户背叛或流失，企业就无法实施升级销售和交叉销售等客户开发活动，客户忠诚的培养也不能延续和持续。

一、客户保持的界定

如同客户获取一样，客户保持也是看似简单但不容易界定的概念。如何确定一个客户已经被保持了呢？当然，从一般情况来说，如果客户在一定时期内持续地购买企业的产品和服务，就可以视为这个客户被成功保留。但这个概念里有两个值得深究的问题：一是"一定时期"到底应该是多久？以一个会计年度（12个月）作为"一定时期"的界定显然是不合理的，因为很多产品的平均购买周期（购买周期是指客户两次购买行为之间相隔的时间）都超过了12个月，有的长达数年，所以企业应该在了解客户购买周期的基础上来确定"一定时期"的期限，比如汽车经销商发现客户平均每4年更换一辆汽车，那么考察客户在6年或8年时间内的购买情况，更能反应客户保持的真实状况。原则上，"一定时期"应该大于客户的购买周期。二是是否一定要"持续购买"？如果顾客的购买周期比较长，在短期内无法监测到客户"持续购买"行为是否发生，比如笔记本电脑的平均购买周期是5年，那么只有在5年以后才能知道客户是否重复购买了企业的产品，如果以"持续购买"作为客户保持的标准，那么至少5年间是无法确定客户的关系状态，这样对计算客户的保持率以及客户关系政策都会产生一定的影响，所以针对购买周期长的产品,我们可以用"持续购买意愿"来替代实际的"持续购买"行为,如果客户表明有意愿在下次购买同类产品时依然会选择企业的产品,那么这个客户就应该被视为成功保持。

与客户保持相对应的概念就是客户流失或背叛。客户流失分为"有声"流失和"无声"流失。所谓"有声"流失是指当客户决定不再购买和使用企业的产品与服务的时候,该客户会通过某种沟通渠道明确告知企业,以停止产品与服务的供应。"无声"流失的客户则不会将其流失的意愿主动告知企业的相关人员,而悄然流向其他的产品服务提供商。在多数情况下,客户流失都会采取"无声"的形式,所以使得企业越来越难以及时识别有多少客户现时是被保留的。

在前面论及关系和终身价值的内涵时,我们已经看到客户保持的效益十分显著。对企业而言,首先,只有长期留住客户,才可能获得客户的终身价值;失去一个客户,不仅仅失去其当前的利润贡献,更是其一生的贡献价值。其次,长期留住客户,使得企业可以在更长时间内分摊获取该客户的成本,有更多的机会与客户接触,培养个人感情和品牌忠诚。客户的忠诚感一旦形成,他们会购买更多的产品和新产品、附加产品和相关产品;降低价格敏感度,缓解企业价格竞争的压力;正面地口传和推荐企业和产品,帮助企业获取更多的新客户;有效帮助企业抵御竞争对手的进攻,保证市场份额稳步增长;还会降低交易成本,提高员工满意度。所以,有效地保持客户,提高客户保持率,对企业的盈利能力影响重大。

但在客户保持活动中,企业需要避免两个误区:努力实现100%的客户保持率;客户保持率最大化等同于利润最大化。企业没有必要实现100%的客户保持率,客户流失是不可避免的,而且适度的客户流失有时更加有利于企业的良性发展,因为客户的价值不是固定不变的,而且客户的需求也会随着各种因素的变化而变化,当客户的确不再对企业的产品和服务有客观需求,或蜕变为低价值客户,或挽留成本严重超过利润贡献,那主动放弃该客户会提高企业的整体盈利水平,方便企业集中资源更好地服务于有价值的客户。所以,在提高客户保持率的同时,要监测其对企业利润的影响,不要因为盲目地保持客户而损害了企业的长期盈利能力。

二、客户保持的策略

在客户成功获取之后,我们可以通过客户组合分析来确定客户保持的目标群体。很明显,终身价值高、战略重要性高、管理难度低的客户是重点保持的对象;而其他的客户群体可以采取有选择地保留策略,根据其价值变化的趋势来调整保持的力度。一般来讲,我们可以把企业的客户保持策略分为正面保持和负面保持两种,正面保持策略包括满足和超出客户预期、提供额外价值、创造联系、形成信赖等,而负面保持策略主要是通过提高退出成本和惩罚背叛行为来达到留住客户的目的。我们鼓励企业多使用正面的保持策略,而一定要慎用负面保持策略。通过提高转换成本和惩罚背叛行为等策略而保留的客户，他们往往会有一种被动、不乐意甚至上当受骗的感觉，有的时候这种感觉越强，背叛的意愿则更大，在再次购买时会重新考虑新的供应商；同时，即便客户迫于合同条款的限制，当前暂时无法退出，他们也会把这种不满传递给周围的人群，无疑将大大增加企业获取新客户的难度。下面我们对正面保持策略一一进行介绍。

(一) 满足和超出客户预期

满足客户的期望是保持客户的基本要求。如果客户的需求与期望没有得到正确的识别与满足，很难想象客户还会愿意继续与企业保持交易关系。当客户对企业提供的价值感受与其期望相吻合的时候，客户就会产生满意的感觉，而持续的满意有助于产生客户忠诚。当客户对企业提供的价值感受超出其期望的时候，客户就会有兴奋、愉悦甚至惊喜的感觉，尽管这种感觉很难持续，但它往往对客户忠诚产生非常重要的正面影响。

客户满意、兴奋、愉悦和惊喜的状态产生于其对企业提供物的感知与期望之间的比较。所以，理论上我们可以从两个方面来影响客户的最终感受：管理客户的认知与管理客户的预期。就某一次具体的购买行为或消费行为而言，客户的预期往往先于客户的实际感知。客户可以从多个方面获得相关信息，从而在实际购买和消费行为发生之前形成一定的预期。客户获取信息形成预期的渠道可以是客户过去的购买经验，朋友和伙伴的各种言论，也可以是企业和竞争者的信息与许诺等。如果企业夸大宣传和承诺，将客户的期望抬得过高，无疑会给企业的经营带来巨大压力，由于超出企业的能力范围而无法兑现承诺，客户很可能会更加失望；而如果企业将期望定得太低，则无法对客户产生足够的吸引力。与此同时，由于竞争的加剧与信息传播速度的加快，客户期望出现普遍化延伸的趋势，不仅竞争对手的行为会影响客户对企业提供物的期望，在其他行业的体验也会延伸到客户对企业所在行业的服务预期。所以，在管理客户认知与期望的时候，企业一定要尊崇两个基本原则：做到才能说到；说到一定做到。首先要了解企业的能力与客户的需求，实事求是地给出承诺。比如很多银行为了解决客户长时间排队等候的问题，都给出了"等候时间最长不超过30分钟"的服务承诺，然而由于受到服务人员、网点、规模等资源的限制，这种承诺无法兑现，从而激起客户更大的抱怨。其次，企业一旦做出承诺，就一定要确保承诺得到履行，通过合理设计流程、加强对执行环节的监控等手段为客户提供符合或超出承诺的服务。比如一些企业承诺对客户的要求进行快速反应和处理，为了让客户真实感受到企业的反应速度快，企业要求每一个员工必须在电话铃声响三次之前接听电话，并且不得互相推诿，否则将在平时的业绩考核中得到负面的评价。

满足和超出客户期望并不是要求企业在各个方面都做得最好，关键是识别目标客户认为重要的属性并给予满足。客户可能对产品和服务的多个属性都有一定的期望,比如产品质量、服务反应速度、价格稳定、服务人员素质等,这些属性对客户而言不可能是同等重要的,只要在客户认为非常重要的属性上表现优异,就可以抓住客户的心,长期地保持该客户。戴尔公司发现客户在网上购买电脑,特别在意订单处理速度与准确性、价格优惠程度、产品服务质量和网站界面友好程度等属性,戴尔公司根据自身的能力,集中精力在订单处理、产品质量和售后服务等三个方面提高绩效,深得目标客户的喜爱。

识别客户对多种属性的偏好,可以采取多种方法。直接询问法是通过问卷调查的形式,进行运用分值分配法或语意差别量表法,直接探测出客户对各种属性的偏好程度。比如商学院MBA项目调查时,可以直接询问潜在学员,他们在选择学校时更看重学校的声望、未来学校生活体验、学术实力、教学能力还是毕业生就业情况等,可以设定100分的分值,让每一个被调查的人员将这100分分配到5个属性上;也可以用1~5的刻度,让被调查者对各个属性逐一进行评估,"5"表示最重要,"1"表示最不重要,中间的"2、3、4"等数字体现程度的差异。当客户不知道或不愿意直接告诉真实想法,就可以采用投射法和联合分析法来间接探测客户对各个属性的偏好。投射法有看图说话、故事接龙、词语联想和第三人称技术等;而联合分析的方法则是将所有属性的所有水平罗列出来,然后将它们排列组合成具体的产品,通过让客户按照他们对各个具体产品的喜爱程度进行排序,然后据此分析测量出各个属性的权重。

(二)提供额外价值

为客户提供额外价值是保持客户的重要手段。对企业而言,为客户提供额外的价值,多多少少会增加一些成本;只要提供额外价值所获得的收益能够弥补额外的成本支出,企业就应该尽量寻求为客户提供额外价值的途径。目前企业通常采用忠诚计划、客户俱乐部/会所和销售促进等方式为客户提供额外价值。

1. 忠诚计划(Loyalty Schemes)是对客户忠诚行为的一种奖励制度安排,最先在酬宾赠券和配给券中出现。例如,在始于20世纪30年代的S&H绿色酬宾赠券计划中,零售商向客户支付与其购买量成比例的酬宾赠券,客户的购买量被记录下来,日后凭酬宾赠物券可以购买商品,此种赠券可被视为一种具有一定价值的"代币"。企业使用形形色色的赠券作为代币来奖赏顾客的购买行为。在19世纪初,这种奖赏仅仅针对那些使用现金而非信用卡进行支付的顾客,而后逐渐面向所有发生购买行为的消费者。第二次世界大战以后,竞争狂潮在数十家企业之间愈演愈烈。有的企业提供2倍、3倍甚至是4倍的赠券。企业间竞争的升级使得赠券计划的优势侵蚀殆尽。20世纪60年代中期,超级市场开始直接出售折扣商品,意欲以此排挤其他商家。今天,客户忠诚计划往往与"会员制"紧密结合在一起,在客户关系管理系统的支撑下,与客户信息库进行无缝对接,根据会员客户的行为信息和背景信息来确定奖励的内容和程度。

第八章　客户周期管理

在制定忠诚计划时，企业需要重点考虑以下几个问题：

让利多少？也就是说对客户忠诚行为的奖励程度要多大？让利越多，也就意味着企业承担的额外成本越大。用"积分"换奖励是现在多数企业采用的一种方式。招商银行的信用卡客户消费每满人民币20元可获得1分，满美元2元可获得1分，积分按消费逐笔折算累加，当积分达到一定额度，即可免费换取各种商品，如350分可以换取2008年北京奥运徽章，1 000分可以换取NBA保温杯，20 000分则可以换取天然珍珠项链。

如何奖励？范围多大？奖励的方式与范围同样至关重要。企业可以直接奖励忠诚客户现金、物品或给予折扣、价格优惠和附加利益；也可以采取积分、赠券、印花等形式，等客户达到一定的分数或收齐规定的印花后再兑现各种奖励；还可以与其他企业合作提供奖励。奖励覆盖的范围可以是全体会员客户，也可以是部分会员客户，多数企业会对不同层级的客户给予不同程度的奖励，如希尔顿酒店按照每年平均入住酒店的次数从低到高依次将客户分为蓝卡、银卡、金卡和钻石卡4个层级，客户每消费1美元即可获得10个积分，当积分达到5 000分时，可以获得周末客房的半价优惠，而达到25 000分则免费获得周末客房；客户每次入住还可以免费获得指定航班的500英里航程。在积分方面，银卡客户可以额外获得15%的积分奖励，而金卡、钻石卡客户的奖励额度分别是25%、50%。

客户反应会如何？忠诚计划的目的是为了刺激客户的持续购买和消费行为。如果客户反应非常积极，那企业应该做好充分的应对准备，计算好因此需要付出的人力、物力和财力，切忌措手不及，引致客户的强烈不满。现在，由于忠诚计划的普及，奖励方式与手段的趋同化，忠诚计划对客户的刺激作用越来越不显著。企业也应该认真研究客户的行为信息和背景信息，合理设计奖励的幅度、方式和范围。

客户能否方便获得？这里涉及两个层面的问题，一是客户是否能够方便获得积分、赠券或印花？多数企业运用公司网站或呼叫中心语音查询系统来帮助客户及时查询积分情况，同时通过大众媒体和宣传单来发放赠券与印花，保证客户可以方便获得。二是客户兑换奖励是否便利？企业可以在售卖点（服务）现场或专门设立兑换点来为客户提供奖励，也可以采取会员卡的形式，将奖励信息储存在会员卡中，方便客户携带跨区域、跨企业进行抵扣消费。

2. 客户俱乐部/会所（Customer Clubs）是企业保留客户的一种组织形式，俱乐部或会所的客户可以享受企业提供的一系列额外利益或特权。建立客户俱乐部的初始成本一般比较高昂，所以大多数企业都希望俱乐部在发挥保持客户作用的同时，可以盈亏平衡甚至获得利润。所以，大多数客户俱乐部都实行会员制，如果客户想加入，必须进行注册，提供个人详细信息，有的俱乐部还收取一定的注册费和会费。一方面，企业可以从客户提供的详细信息中更加深入了解客户的需求、偏好与行为模式，开发、设计和传递更加合适的客户价值；另一方面，运用俱乐部的形式开展一些群体活动，提高客户的品牌认知感、归属感，还可以进行交叉销售和向上销售等客户开发的工作，获得额外的收益。客户通过参加俱乐部，可以获得一系列的特权，比如购买会员专属的产品或服务、即时获得最新产品的信息并试用、价格折扣和促销优惠、服务通讯和特别提醒等。

多数企业都建立了自己的客户俱乐部，比较著名的如斯沃奇俱乐部、滚石发烧友俱乐部、帮宝适亲子会所、哈雷机车手会所、大众汽车俱乐部等。

3. 销售促进（Sales Promotions）是一种直接刺激客户再次购买的手段。与忠诚计划和客户俱乐部相比，它往往具有短期的效用。销售促进也可以用于客户获取，但在客户保持阶段使用的销售促进更加侧重于鼓励客户重复购买。在这个阶段，经常使用的促销手段包括：

附赠优惠券。客户如果购买产品，就可以获得一定数量的优惠券，在下次购买的时候出示优惠券则可以享受价格折扣或数量折扣等优惠。优惠券可以印刷在产品包装上，也可以放置于产品包装内。

现金返还。在客户购买产品之后，企业给予客户一定的现金折让。多数企业在采用现金返还策略时，有意将它和价格折扣区别开来，并不是在客户购买产品的当时就返还现金，而是要求客户在购买产品之后，把购货发票和产品代码的复印件以及现金返还券邮寄给公司的专门机构，由专门机构核实后将汇出现金或寄出支票。通过这个过程加深客户对企业产品的印象，再次提供客户与企业沟通交流的机会，同时企业也确认了客户的相关关键信息，比如联系地址、工作单位和购买行为等。

有奖促销。一般有两种形式，一是客户用商品的购买凭证如发票去换取奖品，此方式赠送的奖品常常在购物的零售点送给客户，奖品通常体积较大，无法与产品包装在一起，但可以摆放在产品附近，方便客户在购买时一起带走。另外一种是将奖品与产品一起包装，通过客户的购买行为送到他们手中。

竞赛抽奖。在客户购买产品之后，要求客户将写有其名字的纸条放入抽奖箱中，或者将客户回执邮寄给公司，通过随机抽取，确定获奖名单并给予预先承诺的奖品。并非每个参与者都可以得到价值不菲的奖品，但每一位参赛者都有机会，而且购买次数越多，中奖的机会也越多，所以容易引起客户踊跃参加购买活动。

（三）创造联系

保持客户的第三个策略是创造联系。在企业与客户之间可以有许多种联系，如人际关系的联系、技术联系、法律联系、流程联系等，这些联系总体而言可以分为两大类：社会联系和结构联系。

社会联系是指企业员工与客户之间通过发展良好的人际关系而形成的某种联系。企业员工需要通过了解客户的各种个人需求与爱好，将企业的服务个别化、私人化，从而增进与客户的感情交流。有的员工还善于通过发展地缘关系或亲缘关系来加强与客户的情感联系。在B-B商业环境里，往往具有相同规模、文化或地理位置的企业之间容易建立社会联系。

结构联系是基于企业与客户的共同投入而形成的相互依赖,并因此买卖双方都获得了收益。这些共同投入也是对买卖双方关系的一种捆绑,是提高各自转换成本的重要源泉。结构联系的表现形式多种多样,如通过提供多种折扣和优惠而形成的财务捆绑;通过签订合同形成的法律捆绑;通过投资、合资或产权交易而形成的资本捆绑;通过熟悉彼此流程、组织结构和优劣势而形成知识捆绑;通过技术合作开发与共享而形成的技术捆绑;通过准时制生产、价值网构建而形成的流程捆绑;通过新产品合作开发、项目共同论证和建设等形成的项目捆绑;通过提供多个产品、全方位服务或一揽子解决方案而形成的产品组合/方案捆绑。

与结构联系相比较,社会联系较容易被打破,社会联系连接的是个人,结构联系连接的是组织。有的时候,个人之间的关系出现破裂,但不会影响到组织之间的稳定联系。

(四) 形成信赖

客户保持的最后一个策略是创造客户对企业的信赖,这也是客户保持的最高境界。一旦客户对企业形成信赖,他们往往对企业的产品和服务感到非常满意;深信企业优于竞争对手;专注于企业的产品和服务;不为竞争对手的短期利益所引诱。客户信赖可以分为三个层面:基于产品形成的信赖、基于关系形成的信赖和基于价值观形成的信赖。

当客户觉得企业的产品在满足其需求方面无可替代,在各个方面都表现得无可挑剔,客户则对企业的产品形成了信赖。当客户对企业的某个工作人员、工作团队或整个公司形成情感上的强烈依附,将它们视为最亲密的伙伴,视为自己生活中不可缺少的一部分时,关系型的信赖就因此而形成。如果客户完全认可企业的价值观和企业文化,并觉得与自己的价值观、人生观完全一致,那就形成了基于价值观的信赖。无论是产品信赖、关系信赖还是价值观信赖,都是一个长期的过程,企业需要在日常的价值设计、传递与提供过程中,注意与客户的互动,满足客户的需求与期望,影响客户的购买行为与价值观,在持续的交往过程中建立信任与信赖,最终形成长期的伙伴关系。

三、客户保持效果评估

客户保持的效果可以通过计算一系列指标来体现。客户流失率或客户保持率是反映客户保持效果的主要指标。客户保持率高,则客户流失率低。根据前面客户保持的定义,客户保持率是指在一定时期内,期末被保持的客户数占期初客户总数的比例。

$$客户保持率 = \frac{期末客户余额(扣除期间获取的新客户数)}{期初客户总数} \times 100\%$$

$$客户流失率 = \frac{期末客户流失数}{期初客户总数} \times 100\% = 1 - 客户保持率$$

比如，甲企业出售的产品一般购买周期为 8 个月，为了与会计年度一致，甲企业将计算客户保持率的时期定义为 1 年，年初甲企业客户关系管理系统中存有 1 万个客户记录，年末客户总数为 1 万 6 千人，其中有 7 千人是期间通过各种手段获取的新客户，所以实际保留的老客户只有 9 千人，所以这个期间甲企业的客户保持率为 90%（9 千/1 万 * 100%），客户流失率则是 10%（1 - 90%）。

计算整个企业总的客户保持率可以反映企业客户保持工作的总体绩效，但不能揭示出客户保持的真实情况和内在结构。企业如果单凭总体客户保持率来衡量客户保持工作的效果，往往会出现较大的偏差，因为客户在购买量、服务成本和购买行为方面存在差异，客户或客户群体之间的贡献价值有所区别。如果甲企业 2005 年和 2006 年的客户保持率都是 90%，但 2005 年 10% 的流失客户属于高价值客户，他们的消费总额占据整个企业销售总额的 30%，或者他们的贡献利润占企业净利润的 50%；而 2006 年 10% 的流失客户属于低价值客户，他们的消费总额只占据整个企业销售总额的 5%，或者他们的贡献利润占企业净利润的 3%，很明显，尽管两年的总体客户保持率是一样的，但实际上 2005 年的情况要比 2006 年严重得多，说明企业经过一系列的调整和努力，经营状况已经得到极大的改善。所以，为了让客户保持效果得到更加准确的反映，我们还需要计算企业的"基于销售额的客户保持率"或"基于利润的客户保持率"。在计算的过程中，如果产品价格发生变动，应该剔除价格波动的因素，可以按照期初或期末的价格统一计算销售收入和利润。

$$基于销售额的客户保持率 = \frac{期末保持客户的消费总额}{期初企业销售收入} \times 100\%$$

$$基于利润的客户保持率 = \frac{期末保持客户的贡献利润额}{期初企业净利润} \times 100\%$$

除了保持率之外，还有一个重要的指标是客户的支出构成，或者称为"钱包份额"（Share of Wallet），它是指在客户的同类支出中，各个企业的销售额所占的比例。比如张三属于品牌忠诚者，每次只购买中华牌牙膏，所以中华牙膏在张三这里的钱包份额是 100%；而李四属于品牌怀疑者，每次购买牙膏时，喜欢多买几个品牌比照使用，如果李四每次购买牙膏的支出为 100 元，其中 50 元用于购买冷酸灵，30 元用于购买中华，20 元用于购买佳洁士，那么各个品牌的钱包份额分别是 50%、30% 和 20%。钱包份额的概念引进了竞争的因素，企业在考核客户保持绩效的时候，不能仅仅局限于企业内部，还要时刻注意观察客户行为的变化以及竞争环境的局势。比如客户王五去年从 IBM 公司购买 20 台办公电脑，同时又从 DELL 公司购买 10 台；今年随着业务规模的扩大，王五需要购买 50 台办公电脑，其中

30台从IBM公司购得，其余20台从DELL公司那里购买。所以，在计算客户保持率或根据销售额、利润调整后的客户保持率的时候，两家公司都会认为客户保持工作得到大大改善，但从各自的钱包份额来看，DELL公司应该比IBM公司更加乐观，因为前者的钱包份额达到了67%（20/30），高出后者的60%（30/50）。

另外，企业还可以计算各个细分客户群体内的客户保持率和钱包份额，估算他们的保持成本，从而更加细致地确定企业客户保持工作的绩效。见表8-5。

表8-5　　　　　　　　　　保持绩效评估指标体系

保持绩效评价指标	评价内容
保持的数量	衡量保持运动的效果以及是否达到企业预定的获取目标
保持率	衡量保持工作的整体效果
保持成本	与顾客的保持收益相比较，确定今后的保持运动规模
基于销售额的保持率	衡量保持客户的销售贡献程度
基于利润额的保持率	衡量保持客户的利润贡献程度
钱包份额	衡量企业保持客户的竞争能力
各个细分群体的保持率	衡量企业在各个群体中的保持效果

第三节　客户开发管理

在客户关系逐渐稳定之后，企业应该考虑如何着手开展客户开发的工作。IBM公司曾经设计一套薪酬制度用于激励销售团队开展扩展销售活动。如果客户拥有IBM的商业计算机系统，销售人员不仅要向这些客户推销系统附加的硬件设备，还要着力兜售一些外围设备如磁盘或磁带驱动器、打孔卡片和其他相关产品与服务，也包括新的升级系统。IBM的战略是不仅要获取新客户并保留他们，还要竭力争取从每一个客户身上获得更多的利润或收益。IBM公司推行的这种战略就是客户开发管理。

一、客户开发的界定

客户开发是一种以企业与客户的现有关系为基础，以客户为中心，发现客户多种需求，去销售更多的产品，满足其多种需求的营销方式。

很多管理人员往往将客户开发与交叉销售相混淆，实际上客户开发的内涵要宽于交叉销售。交叉销售的产品之间往往具有一定的关联性，销售人员往往以先前已经出售给客户的产品或公司的主打产品为基础,将一些与之功能或效用相关的其他产品推荐给客户。如销售个人电脑的业务人员同时向客户推销打印机;商业银行在个人金融业务方面推出各种存款产品、理财产品、贷款产品、中间业务产品以及各种个人金融服务的交叉销售。客户开发不强调产品之间存在某种功能或效用上的关联性,而强调客户多种需求的满足。客户开发过程中提供的产品之间可以是有关联的,也可以是毫无关系的,关键是客户是否需要。所以,交叉销售只是客户开发的一种形式而已,比如移动通讯公司向客户推销语音信箱新业务,既是交叉销售,也是客户开发行为;而联合某个金融机构向客户提供移动通讯信用卡,是客户开发活动,而不是交叉销售行为,因为信用卡与移动通讯服务之间没有效用上的关联性,但是却满足了客户的多种需求。

客户开发实际上是客户需求的开发,通过分析客户的行为,发现客户新的需求,为客户提供更多更好的服务。客户开发工作不仅可以提高顾客满意度和忠诚度,稳固客户关系,还可以给企业创造更多的利润与销售,提高企业的盈利水平与竞争能力。

二、客户开发的流程

企业的客户开发工作大致可以分为三个阶段。首先要根据客户的需求与企业的能力确定新增产品或服务的类型与数量;其次要预测和评估客户开发的可行性和效果;最后有针对性地开展客户亲和管理的活动。

（一）客户挖掘与产品开发

客户开发的成功与否很大程度上依赖于企业对客户的熟悉程度。完善的客户数据库是企业了解客户的重要保障。一方面,企业在分析客户数据的基础上,识别出哪些客户存在着交叉销售、升级销售等业务开发的需求。以往大多数企业都会在客户关系变得成熟稳定之后才开始着手客户开发的工作,因为对客户的熟悉需要一定的时间和投入,盲目的客户开发工作有可能会对客户的满意度和忠诚度产生负面的影响。但是,今天在相关技术的支撑下,客户开发的工作可以在客户获取之后立即进行,网络技术和其他信息技术缩短了企业了解客户的过程。当客户在亚马逊等网上商店开户、浏览或购物之后,网站通过分析客户的登记资料、浏览痕迹和交易数据,推断出客户可能还会对其他哪些产品有购买兴趣,然后将这些产品信息张贴在客户的个人账户中或个人网页上,或者通过电子邮件将产品信息发送给客户个人。

另一方面,在锁定客户需求之后,企业必须明确自身能够为客户提供哪些产品和服务。由于客户开发工作往往突破了企业与客户现有业务交易的范围,需要企业为客户提供新的产品与服务。这些新的产品与服务可以从企业内部或外部两个途径获得,而企业内部获取又可以分为两种形式:现有产品的重新组合与新产品的开发。如果企业已经进行了多元化的扩张,企业就可以考虑在不同业务单元之间进行搭配或组合，为客户提供一揽子服务或全方位服务。海尔集团业务几乎覆盖了全部的家用电器产品，所以在客户购买空调之后，还可以向客户推荐洗衣机、冰箱、电脑、手机和小家电等；在海尔涉足家居装饰装潢业务之后，"海尔之家"又成为客户开发的一个重要渠道。如果目前的业务没有能够为客户开发提供的新产品或服务，那企业就必须考虑启动新产品开发的项目，既可以要求自身的研发部门独立承担新产品开发的任务，也可以委托外部研发机构进行开发，甚至可以直接从外部购买成品，与现有产品进行搭配销售。在选择自行开发还是外部购买时，企业可以考虑以下几个因素：

1. 客户需求水平与不确定性。一般而言，从企业外部获取客户开发所需要的产品和服务，比企业自行开发的风险低。所以，当客户开发的需求比较低或者不稳定，交叉销售、升级销售等业务开发的条件还不十分成熟，企业应该倾向于从外部购买产品和服务，反之，就可以在企业内部自行开发。

2. 企业研发的能力。有的时候，企业并不具备研发和生产客户开发所需产品与服务的能力，或者缺乏相关的专业人士与专家，或者缺乏相应的生产设备与设施，外部采购可以帮助企业集中精力于主业上。

3. 企业外包管理的能力。如果企业一旦决定将客户开发所需要的产品或服务外包出去，就应该着手组建采购团队，对产品及供应商进行挑选和评估，全程监控产品的质量。如果企业缺乏外包管理的能力或人才，潜在的风险也非常大。

4. 外包产品和服务的质量。如果外包产品与服务的质量低于客户预期的标准，或者外包质量不够稳定，企业不仅无法获取客户开发的利益，之前的主营业务也会受到负面的影响。企业在选择供应商的时候，可以考虑优先选择采取相同和相似质量控制标准与系统的厂商。

5. 外包的风险。外包的风险包括供应商破产、所有者变更导致成本和质量发生变化、产品质量出现波动、违约等。为了尽量降低这些风险发生的概率，企业需要从各个职能部门（如财务、法律、生产和营销等部门）抽调人手，组成工作团队，对外包合同的签订与执行进行严密的监控。

6. 成本结构对比。在对比自行开发和外包的成本结构时，企业应该全面考虑各种显性和隐性成本，从中选择成本效益更优的方案。有些企业在评估内部开发的成本时，只计算了直接成本，忽略了管理费用、财务费用等间接成本，造成成本的低估；或者只计算当前产量规模下的成本，忽略了规模经济、范围经济和学习曲线的效应，没有看到随着产量增加、与其他业务的协同以及工作效率的提高而导致平均成本的降低。

（二）客户开发绩效预测

预测和评估客户开发的可行性和效果，需要考虑以下几个因素：反应率、购买数量、提供成本以及盈利情况。

1. 反应率。客户对开发的产品及服务的反应率直接影响客户开发的成本与效率,对整个客户的贡献价值也有着重要的影响。客户的反应率越高,则客户开发的成本越低,企业就可以提供更多的产品与服务,并从中获得更多的收入和利润。影响客户反应率的因素包括:(1) 产品和服务的价值。产品与服务的感知价值越高,客户的反应率越高。(2) 与公司以往产品的匹配程度。匹配程度越高,客户越容易将以往消费体验延伸到新产品上,从而产生更高的反应率。(3) 企业的亲和力。企业的亲和力与感召力越高,客户的反应率越高。(4) 客户支付的成本。客户为获取新产品与服务的总成本越高,反应率越低。(5) 客户沟通的情况。企业传递的信息越有针对性,客户对产品和服务产生兴趣和购买欲望的可能性越大。

2. 购买数量。一般而言,客户反应率越高,客户越有可能购买更多的产品与服务。但有的时候也不排除例外的情形发生,客户的反应率高,但客户的购买量小。影响客户购买产品数量的因素除了以上影响反应率的因素之外,还取决于产品的类型与价格。

3. 提供成本。决定提供成本的因素包括产品与服务的类型、客户的特征以及企业接触客户的效率等。客户数据库和其他技术的运用可以极大提高企业接触客户的效率,如果企业有完善的客户资料,识别、寻找和联系客户就是一件非常容易而便捷的事情,无须花费太多的成本。如果客户生活缺乏规律,居住或工作地方比较偏远,或者没有任何通讯方式而只能登门拜访,购买的产品属于非标准产品等,都会提高企业的提供成本。

4. 盈利情况。产品的反应率、购买数量以及提供成本直接决定其盈利状况。有购买意愿的客户数量越多,每个客户购买的产品数量越多,企业为客户提供产品的成本越低,客户开发的盈利越大。企业不要局限在单一产品或服务的盈利状况上,而是应该关注客户开发的利益和整体客户价值的提升。

(三) 客户亲和管理

一旦选定了客户开发的对象和内容之后,企业需要借助现有的关系基础和新开发的产品与服务,提高企业整体的感召力与亲和力,维系和升华客户与企业之间的关系。企业在客户开发阶段的亲和力,一方面取决于客户与企业的已有关系状况,客户与企业的关系越稳定、紧密,企业越具有亲和力,客户开发的推行就越可能成功;另一方面,在开发过程中,如果客户对企业的专业能力越信任,企业越具有亲和力。经过客户获取和维系阶段的活动之后,留存的客户基本对企业现有的业务产生了一定的信任,尤其是企业的专业能力,客户之所以选择企业作为稳定的供应商,正是因为他们觉得企业能够比其他竞争对手能够更加专业地满足其需求。但是,这种信任并不会自然过渡到客户开发所推出的新产品与服务上,企业需要转移或重新培养客户的专业信任。比如国美电器公司在销售家用电器产品方面获得了广大客户的专业信任,但是当它向服装行业扩张时,大部分消费者对国美电器在服装销售方面是否具备足够的专业水准表示怀疑。

培养客户对新产品和服务的专业信任,是客户亲和管理的重点。企业首先要识别出自己的核心竞争力,在对比主要竞争对手优劣势的基础上,找出自己独特的竞争优势,并将它转化为一种专业能力。其次,需要评估这种专业能力对客户而言是否显著,它能否扩散到其他产品和服务领域。一般而言,产品的相关性越强,企业的专业扩散性越明显。联邦快递公司在包裹运输方面具有高效、精准、安全、周到等专业特征,得到了广大客户的认可。如果公司为客户增加报刊订阅或账单查询等服务,很容易获得客户的信任;而开发出理财服务或电子邮件服务等,就不容易获得客户的青睐了。原先的专业能力很容易扩散到报刊订阅或账单查询等服务上,而客户不会仅仅依据联邦快递在包裹运输领域的杰出表现,就把家庭理财的重任轻易交给该公司打理,因为他对公司在该领域的专业能力缺乏足够的信任。第三,在专业扩散性评估的基础上,企业需要着手设计和实施客户亲和管理的具体方案,如果原先的专业能力很容易扩散到新的产品上,企业可以依托原有的品牌形象、企业形象和营销手段,以旧带新,逐渐让客户接受新的产品与服务;如果客户并不认可企业在新领域的专业能力,企业可以考虑采取新品牌、新事业部的策略,重新打造客户信任;或者采取合作营销的方式,与在该领域的知名企业进行联合促销或形成战略联盟,如麦当劳在软饮料方面就一直依托可口可乐的支持。最后,企业需要对整个亲和管理过程进行监控,及时发现问题和调整策略,以免损害原有产品和企业的利益,破坏与客户良好而稳定的关系基础。

三、客户开发的方法与工具

客户开发为企业提供了一个增进客户关系、提高客户资产的显著机会,但也同样会给企业带来增加成本、损害信誉的潜在危机,所以客户开发的工作一定要小心谨慎,要建立在科学、定量的分析基础之上,不要仅凭经验或直觉而盲目决策。

(一)客户数据库

客户数据库和数据库营销技术可以帮助企业更有效地识别潜在客户需求,开发合适的产品与服务,设计有针对性的沟通传播策略和其他营销策略,显著提高客户开发工作的效率与效果。在进行客户开发工作的过程中,企业需要注意收集和分析每个客户购买行为的历史信息,特别是购买的产品种类、数量和价格,购买日期,购买地点等信息,这些都是客户开发所需要的基本数据。

(二)数据挖掘

客户开发所进行的数据挖掘可以有很多不同的方法,比如产品交叉分析、客户匹配分析和客户反应分析等。产品交叉分析是为了识别出哪些产品和服务最有可能同时购买。客户匹配分析则是通过识别出哪些客户具有相似的购买行为,进而为客户推荐其他客户已经购买过的产品。客户反应分析是利用一些统计方法来识别出哪些客户对新产品与服务具有较高的反应率。

产品交叉分析往往是测量每两个产品之间同时被购买的可能性。假设我们要测量 A 产品和 B 产品之间的交叉性,首先要从客户数据库中统计出以客户为单位,有多少人次购买了 A 产品而没有购买 B 产品(记为 P_a),有多少人次购买了 B 产品而没有购买 A 产品(记为 P_b),有多少人次同时购买了 A 和 B 两个产品(记为 P_{ab}),那 A 产品与 B 产品之间的交叉性就表示为 $CB_{ab} = P_{ab} / (P_a * P_b)$,如果 CB_{ab} 的值大于 1,则表示 A 产品与 B 产品被客户同时购买的可能性高,可以考虑进行搭配销售,CB_{ab} 的值越大,搭配销售的成功几率越大;如果 CB_{ab} 的值小于 1,则表示 A 产品与 B 产品被客户同时购买的可能性低,捆绑销售的效果不会很好。

客户匹配分析是基于相似的购买行为预示着相似的品味与兴趣的假设之上的。如果两个客户在某个阶段购买了基本相同的产品类型或品牌,那么他们在其他产品方面也会有共同的偏好与购买欲望。比如张三和李四都购买了 Z5 系列的宝马车和 IBM 的 X 系列笔记本电脑,如果张三还购买了 ipod 的 MP4 播放器而李四暂时还没有购买,我们就可以向他推荐,应该会得到他的青睐的。亚马逊网上书店通过分析顾客的浏览与交易数据,识别出购买相同或类似书籍的群体,然后有针对性地向客户推荐其他客户已经买过的书籍。

客户反应分析可以利用客户的一些数据如购买间歇、购买频率、购买金额、人口统计特征等进行分类,然后从各个群体中随机抽样出一些样本,进行小范围的测试,识别出对新产品最有兴趣的群体,然后对他们进行有针对性的宣传推广。

(三)绩效考核

评估客户开发效果的指标主要是现有客户额外购买所产生的销售额及利润的变化情况。具体指标包括:

现有客户开发的销售额及利润变化额度,用于衡量企业的客户开发活动所获得的收益。如果现有客户额外购买的支出和贡献利润有所增加,说明客户开发的工作取得一定的效果。

现有客户开发的销售额及利润变化幅度,用于衡量企业的客户开发活动的长期发展状况,如果变化幅度呈持续增长趋势,说明企业的客户开发潜力巨大,可以成为企业今后利润增长的新源泉。

现有客户开发的销售额及利润与企业整体销售额及利润的对比,用于衡量客户开发工作对企业整体发展的贡献。现有客户开发的销售额及利润与新客户的销售额及利润的对比,可以衡量企业资源分配的合理性。如果客户开发的销售额及利润低于新客户的,说明企业应该集中更多的资源来获取更多的新客户。

第四节　客户流失管理

在一个竞争的环境下，不满意的客户最有可能的反应性行为就是结束与企业的交易，另觅卖家。这就是现今的企业普遍遇到的比较头疼的一个问题：客户流失。今天，客户流失和员工流失一样，都应该受到企业的密切关注。

一、对待流失客户的决策误区

但是，企业往往容易在一些数字面前迷失方向，一旦出现客户流失，尤其是流失客户的数额较大（即便这个数额在整个客户总数中占较小的比例）时，企业就会如临大敌，惊慌失措，容易出现许多不理性的行为与对策。这些主要表现在三个方面：

（一）盲目争取挽留所有流失客户

在处理流失客户问题时，"商业化"的原则又是容易被忽视的对象。首先表现在企业在不估算客户流失损失的基础上盲目争取挽留所有流失的客户。从理论上来讲，客户流失的损失与客户的终身价值以及客户保持时间有关，客户的终身价值越大，则客户流失的损失越大；客户保持的时间越长，则客户流失的损失越小。在其他条件不变的情况下，客户流失损失与客户终身价值成正比，与客户保持的时间成反比。由此可以看出，不同的客户由于其不同的终身价值、处于不同的阶段和环境，其对于企业而言的利润损失是不同的，企业应该竭力挽留、争取损失大的客户，而损失小的客户可以自然放弃，无须花费太多的精力和财力去做无益的事情。

（二）不择手段

忽视"商业化"原则的第二个表现是在不区分客户流失原因和不估算挽留手段的成本与后果的基础上不择手段挽留流失客户。客户除了不满意的原因而流失以外，还存在其他客观方面的原因，如渠道和竞争等。而且，即便是因为不满意而流失的客户，其具体不满意的原因也有所区别，可能是对流程方面的原因，也可能是情感方面的原因，也可能是综合原因。对不同的原因所采取的对策应不同，企业不能一刀切，不分清原因而强加挽留。同时，不同挽留手段的成本与后果是不同的，企业经常使用的降价、促销、积分、俱乐部计划等手段的成本和所产生的后果是不同的，而且同一种手段对不同的客户所引起的成本和产生的效果也可能是不同的。

（三）典型的"事后驱动型"

对客户流失的处理往往是在客户流失已经成为事实之后进行的，没有预防，只有补救，没有与客户的信息库有机地结合起来，企业的处境十分被动。

二、流失客户管理步骤

基于以上考虑，我们认为一个合理、科学的流失客户管理程序应该从建立客户流失预警系统开始，在分析客户流失原因、客户流失损失以及挽留客户成本的基础上进行理性决策。

（一）确定客户流失警戒点

企业可以比照同行业的平均水平或行业竞争基准（即企业的主要竞争对手或跟随对象）的情况，结合自己的竞争战略，来确定客户流失的警戒点。现实中，有些企业还根据客户规模的大小制定了非常详细的分层流失警戒点，如：

超级大客户流失率的警戒点为 *‰；

大客户流失率的警戒点为#‰；

一般客户流失率的警戒点为 &‰。

这种分层制定流失率警戒点的做法值得借鉴，它有利于企业更清楚地了解到底是哪些客户离企业而去，企业应该采取什么样的行动来应对。

（二）分析客户流失原因

在企业制定客户流失率警戒点、关注客户流失情况的同时，一旦客户的流失率超过了警戒点，企业应该采取相应的对策。企业必须找出导致客户流失的具体原因。可能是一些客观的原因导致了客户的流失，如客户的死亡或破产，客户搬迁至企业销售网络无法覆盖的地区等；也可能是企业自身的原因导致客户的离去，如客户感觉企业的服务太差，产品太次，价格太高；还有可能市场上出现了一个有力的竞争对手，它为客户提供了更有价值的提供物。实行分层客户流失率分析的企业还需要注意的是：客户流失的原因可能是因为他流向了别的层级的客户群，这既可能是向上流动，从一般客户升格为大客户甚至是超级大客户；也可能是向下流动，从超级大客户沦落为一般客户甚至普通客户。不同层级之间客户的流动也是企业需要重点研究的内容。企业最好设计一个流失率分布图，以显示因各种原因离开企业的客户的比例，从而可以发觉导致客户流失的主要原因。

（三）估算客户流失损失

企业应该估算一下客户流失导致的利润损失。在计算利润损失时，必须注意的一点是：流失一个客户，对企业来说，损失的不仅仅是他与企业一次交易所获取的利润，而是这个客户为企业提供的终身价值，即这位客户在正常年限内持续购买所产生的全部利润。另外，不同的客户群为企业提供的价值总额也会不同，企业有必要分开进行计算。下面举例说明：

- 一家电信运营商在某地区拥有 100 000 个用户，其中月通话总费用在 300 元以上的大客户有 10 000 个，占总用户的比例为 10%。
- 今年，竞争对手猛烈的价格战，导致公司丧失了 5‰的用户，也就是 500 个用户,其中大客户占到 10%,即 50 个。

- 按照以往的数据估算,公司平均每流失 1 个普通用户,年营业收入就要损失 1 000 元;而平均每流失 1 个大客户,年营业收入会损失 4 000 元,所以,今年公司一共要损失营业收入 650 000(50×4 000+450×1 000)。
- 公司的盈利率一般保持在 20%,所以今年公司将损失 130 000 元的利润。
- 明年,公司还会损失这么多利润,年复一年,直到用户的自然年限。

(四) 估算降低流失率的费用

同时,企业需要估算一下降低流失率所需要的费用。这可能包括在营销活动各个环节的改造费用,如新产品利益的提供、服务改善、价格优惠、渠道改进与重组、加大广告投入,开展公共关系等。企业同样可以按照客户的分层来分别计算降低流失率所需的费用。

(五) 决定流失客户对策

决定是否需要降低客户流失率,重新招回已经离开的客户。这一点可以通过比较第二步和第三步的结果来实现,如果费用低于所损失的利润,企业就应该花这笔钱。这里二者结果的比较,我们提倡采用财务管理中的净现值法来进行,将企业流失客户的未来损失贴现到基期(也就是今年),贴现率可以是市场利率,也可以是企业/行业的平均盈利率。

$$V = C - \sum_{k=1}^{n} \frac{S_K}{(1+i)^K}$$

或者

$$V = \sum_{k=1}^{n} \frac{C_K}{(1+i)^K} - \sum_{k=1}^{n} \frac{S_K}{(1+i)^K}$$

其中,n 为客户的自然年限,C_K 为第 k 年的费用,S_K 为第 k 年的损失,i 为预定的贴现率。

当 $V>0$ 时,表明重新招回已流失的客户得不偿失;当 $V \leq 0$ 时,表明企业应该考虑降低客户的流失率。

第九章 评估客户满意

客户关系管理运作系统中一个具有反馈性和全局性的重要课题是对其运行质量的监测。准确监测和合理评估客户关系管理系统的运行质量，是整个客户关系管理运作系统中不可或缺的部分，不仅有助于企业行为和决策的合理化，也有助于良好客户关系的持续增进，因为有的时候，企业关注自己行为的效果，尤其是客户心目中的效果，本身也能给客户带来极大的满足，客户在此过程中得到了尊重和交流。本章将重点探讨反映客户关系管理运作质量的核心指标——客户满意度，力图从定性和定量的角度确定评价客户满意度的指标体系。

第一节 客户满意概述

本节所要解决的重点问题有两个：一是为什么要选取客户满意度作为评判客户关系管理体系运行质量的决定性标准，二是如何界定客户满意的基本内涵。第一个问题的解决有赖于对质量观念的回顾与探讨。

一、质量观与客户满意

随着经济的发展和社会的进步，人们的质量观念也在不断的演变着。在过去的20世纪里，人们对质量的理解大致经历了四个阶段：最早的质量观是20世纪40年代流行的符合性质量观。符合性质量概念以符合现行标准（国家标准、地区标准、行业标准或企业标准）的程度作为衡量依据，"符合标准"就是合格的产品质量，符合的程度反映了产品质量的水平。到了20世纪60年代，适用性质量观出现。适用性质量概念以适合顾客需要的程度作为衡量的依据，从使用的角度而不是生产的角度定义产品质量，认为质量就是产品的"适用性"。质量是"产品在使用时能够成功满足用户需要的程度"。质量涉及设计开发、制造、销售、服务等过程，形成了广义的质量概念。从"符合性"到"适用性"，反映了人们在对质量的认识过程中，已经开始把顾客需求放在首要位置。

进入20世纪80年代以后，满意性质量观出现，质量管理进入到全面质量管理（TQM）阶段，它将质量定义为"一组固有特性满足要求的程度"。它不仅包括符合标准的要求，而且以顾客及其他相关方满意为衡量依据，体现"以顾客为关注焦点"的原则。到了20世纪90年代，由于摩托罗拉、通用电气等世界顶级企业相继推行6Sigma管理，一种全新的卓越质量理念开始逐渐成为主流。质量意味着没有缺陷（J. Welch, 2001）。卓越质量往往使顾客对质量的感知远远超出其期望，使顾客感到惊喜。根据卓越质量理念，质量的衡量依据主要有三项：一是体现顾客价值，追求顾客满意和顾客忠诚；二是降低资源成本，减少差错和缺陷；三是降低和抵御风险。其实质是为顾客提供卓越的、富有魅力的质量，从而赢得顾客，在竞争中获胜。

从质量管理的发展、质量理念的演进历程来看，注重顾客需求、追求顾客价值、追求顾客满意和忠诚，越来越成为质量的核心内容。人们对质量的界定逐渐从内向型转变为外向型，使用者而不是提供者成为质量评判的决定者。见表9-1。

表9-1　　　　　　　　　　两种不同质量观的区别

内向的质量观点	外向的质量观点
产品与规范比较	与竞争产品和最好的产品比较
检验合格	在产品全寿命期使顾客都满意
防止工厂内部缺陷和外部工作现场缺陷	商品和服务两方面都满足顾客需求
针对制造	涵盖所有功能
使用内部质量度量	以顾客为导向质量度量
将质量视为技术问题	将质量视为经营问题
质量管理者的事	高层管理者的直接参与

很明显，在这种外向型的质量观点中，顾客满意是一个核心因素。理论界和实业界对质量的界定都紧密围绕着这个核心因素而展开。在ISO9000族标准中，术语"质量"用于表示：达到持续的顾客满意。这种持续的顾客满意是在组织承诺持续改进其效率和有效性的情况下，通过满足顾客的需求和期望来实现的。

另一个公认的权威机构——美国质量管理学会认为，质量是一个产品或服务的特色和品质的总和，这些品质特色将影响产品去满足各种明显的或隐含的需要的能力。[①]

可以看出，这些都是顾客导向的质量定义。顾客有一系列的需要、要求和期望。当企业所售的产品和服务符合或超越了顾客的期望，就说明企业的产品和服务是高质量的；而如果企业所售的产品和服务低于顾客的期望，则说明企业提供的是低质量的产品和服务。

---

① Philip Kotler. 营销管理. 第8版. 梅汝和，等，译. 上海：上海人民出版社，1997：83.

顾客导向的质量具备以下几个特征：

1. 质量是为顾客所感知的，而不是企业或国家所规定的；
2. 质量体现在企业的每一项活动中，而不仅仅是在企业的产品中；
3. 质量必须不断改进，而不是固步自封，因为顾客的期望是不断提高的；
4. 质量未必要求更高成本，高成本也未必能创造出高质量，关键在于能否满足顾客的需要和期望。

客户是整个客户关系管理体系的价值主体，通过评估客户的满意度来判断客户关系管理运作体系的质量状况，不仅符合这种顾客导向型、外向型的质量观，而且也具有很强的可操作性。

从监督的角度来讲，结果监测的可操作性优于过程监测。比如，在客户接触过程中，企业无法对一线接触人员尤其是外出接触人员的工作绩效直接进行监测，或者监测的成本高而效果差，而通过一线接触人员的工作结果——客户满意程度的反馈，则可以很好地检测出一线接触人员的绩效。

基于以上考虑，我们选择客户的满意程度作为评判客户关系管理体系运行质量优劣的决定性标准。

二、客户满意界定

在研究客户满意度之前，必须理清客户满意的内涵。一般来讲，在学术研究中，客户满意根据时间上的差异划分为两种观念：交易型和累积型。交易型观念认为客户的满意是客户对与企业最近的一次交易的评价。累积型观念则认为，满意是随着时间的推移，客户对某一提供物（价值组合与方案）的全部消费经验的整体评价。交易型观念便于对具体提供物（价值组合与方案）的效果进行判断，是即时的、短期的；而累积型观念则便于从企业的过去、现在和未来综合判断其业绩状况，是连续的、长期的，此时的满意不仅涉及提供物（价值组合与方案）本身，还同企业形象、企业文化及物质设施等有着千丝万缕的联系。在综合考虑两种观念的基础上，一个比较公认的定义是：客户满意是一种心理活动，是客户通过对一个提供物（或价值组合与方案）的可感知的效果（或结果）与他的期望值相比较后所形成的感觉状态。

可见，满意水平是可感知效果和期望值之间差异的函数。如果效果低于期望，客户就会不满意；如果可感知效果与期望相匹配，客户就满意；如果可感知效果超过期望，客户就会高度满意。

很明显，客户对提供物（价值组合与方案）的可感知效果是在提供物（价值组合与方案）消费过程中产生的，但是客户又是如何形成他们的期望值呢？一般来说，期望是在客户过去的购买经验、朋友和伙伴的各种言论、销售者和竞争者的信息和许诺等基础上形成的。从这里我们可以看出，可感知的效果和期望值都不是固定不变的，它们会随着市场环境、社会文化环境的变化而出现波动；二者也不是彼此孤立的，这一次的可感知效果可能就是下一次期望值的基础。所以，企业要警惕"营销近视症"，切忌只关注提供物（价值组合与方案）的生产和销售而忽视市场大环境的变化。同时，企业只有真正从客户的需求出发，不断创新，才能持续让客户满意。

从客户满意的定义中，我们可以归纳出客户满意的四个特性：

1. 心理感受。客户满意是客户在消费企业提供的提供物（价值组合与方案）之后所感到的满足状态，是个体的一种心理体验。

2. 相对性。客户满意是相对的，没有绝对的满意。因此，企业应该不断创新，向绝对满意趋近。

3. 个体性。客户满意有鲜明的个体差异。张三十分满意的提供物（价值组合与方案），李四可能十分不满意，因此不能追求统一的满意模式，而应因人而异，提供有差异的满意服务。

4. 道德性。客户满意是建立在道德、法律和社会责任的基础上的，有悖于道德、法律和社会责任的满意行为不是客户满意的本意。

客户满意可以从不同的角度进行分类。①

从社会发展过程中的满足趋势来看，客户满意可以分为三个逐次递进的层次：(1) 物质满意层，即客户在对企业提供的提供物（价值组合与方案）核心层的消费过程中所产生的满意。物质满意层次的支撑是提供物（价值组合与方案）的使用价值，如提供物（价值组合与方案）的功能、质量、设计和包装等。它是客户满意中最基础的层次。(2) 精神满意层，即客户在对企业提供的提供物（价值组合与方案）形式层和外延层的消费过程中产生的满意。精神满意层的支撑是提供物（价值组合与方案）的外观、色彩、装潢品位和服务等。(3) 社会满意层，即客户在对企业提供的提供物（价值组合与方案）的消费过程中所体验到的社会利益维护程度，主要指客户整体（全体公众）的社会满意程度。社会满意层的支撑是提供物（价值组合与方案）的道德价值、政治价值和生态价值。提供物（价值组合与方案）的道德价值是指在提供物（价值组合与方案）的消费过程中不会产生与社会道德相抵触的现象；提供物（价值组合与方案）的政治价值是指在提供物（价值组合与方案）的消费过程中不会导致政治动荡、社会不安；提供物（价值组合与方案）的生态价值是指在提供物（价值组合与方案）的消费过程中不会破坏生态平衡。

---

① 符国群. 消费者行为学. 武汉：武汉大学出版社，2000：393-395. 甘碧群. 市场营销学. 武汉：武汉大学出版社，2002：40. 李蔚. 推销革命——超越 CI 的 CS 战略. 成都：四川大学出版社，1995：84.

从客户满意的对象来看，客户满意可以分为：(1) 市场营销系统满意，即客户对市场营销系统与运行状况和从中所获得的所有利益所做的主观评价。比如，流通渠道是否通畅、高效；广告是否真实、清晰、健康；包装、标签是否符合要求与规定，等等。(2) 企业满意，即客户对与企业交往所获得的各种利益的主观评价。(3) 提供物（价值组合与方案）满意，即客户对某一具体提供物（价值组合与方案）及其利益的主观评价。

从购买过程的阶段来看，客户满意可以分为：(1) 购买前的满意，即对信息、提供物（价值组合与方案）的可获得性，以及购买前与企业、提供物（价值组合与方案）的间接接触中是否满意的评价。(2) 购买中的满意，即在对不同提供物（价值组合与方案）、不同店铺的比较、挑选中是否获得满足。(3) 购买后的满意，即在使用和消费提供物（价值组合与方案）过程中是否满意，以及厂家提供的售后服务、保证是否令人满意。

三、研究客户满意的意义

客户满意（Customer Satisfaction）对企业来讲至关重要。满足客户需要，归根结底，就是要使客户满意。良好的产品、服务或提供物，最大限度地使客户满意，是企业在激烈的竞争中制胜的法宝。只有让客户满意，他们才会对企业或产品给予良好的评价，才会形成品牌忠诚和重复购买，才会形成持久、良好的客户关系，企业也才能持续经营，财源滚滚。相反，如果客户在购买企业的提供物或服务后，得到的不是满足，而是不满，那么，他们不仅在未来会远离企业的提供物，结束与企业的客户关系，而且还可能将不满和负面的信息扩散至其他消费者，给企业造成严重的后果。

客户满意的重要性主要体现在：

1. 客户满意可以使客户忠诚。忠诚客户是企业最宝贵的资产，因为忠诚客户倾向于重复购买，交易成本低，企业能够从中获取最高的边际利润。尽管忠诚的客户不一定就是满意的客户，但满意的客户却更有可能成为忠诚客户（Richard L. Oliver）。客户忠诚理论上可以分为主观忠诚和客观忠诚。主观忠诚主要缘于持续的满意，而客观忠诚则是一些现实因素所造成的。如物资的匮乏导致客户对稀缺品牌的忠诚；分销渠道的不畅，导致客户对可以获取的品牌形成忠诚，等等。而一旦这些客观制约因素消失，客户的忠诚就很难持续下去。只有使客户满意，才能驱动客户在主观上形成对企业或品牌的忠诚，才能更稳妥有效地留住客户。

2. 客户满意有利于提高企业的利润。因为，满意的客户通常愿意为提供物支付更高的价格，对价格上涨也有更大的容忍度，这就为企业制定较高的毛利水平提供了余地。同时，企业还可以将增加的利润再投资一部分用于提高客户的满意水平，进一步加大企业的赢利空间和竞争力，促成企业良性、持续发展。

3. 客户满意可以降低企业的经营成本。这种降低主要来自三个方面：（1）交易成本降低。由于满意客户在重复购买时，对提供物和购买过程有所了解，因此交易成本会降低；而与一般客户相比，满意客户购买数量更大、品种更多，从而进一步降低交易成本。(2)"失败成本"降低。在与满意客户的交易中，企业用于退换提供物、弥补操作失误、处理客户抱怨等方面的开支会极大地减少，因此失败成本会降低。(3) 获取新客户的成本降低。满意客户会将其经历通过积极的口头传播告诉他人，这无疑会使企业能以较低的成本获取大量的新客户。

4. 客户满意有利于企业与客户更亲密的接触，从而更好地挖掘出客户的真实需要。满意的客户更乐于与企业进行积极的交流，他们会将使用提供物/服务的感受主动告知企业，或者主动向企业提出有关提供物方面的建议，在碰到企业的市场调研活动时，他们也会更积极地配合。他们的真诚流露，有助于企业及时准确地发现市场机会，更好地满足客户的需要，提升企业的竞争力。

5. 客户满意有利于提高企业的整体声誉，提高企业防御市场风险的能力。长期使客户满意的企业，其知名度和美誉度都会获得极大的提升，这有利于企业建立自己的品牌资产以及推广新提供物，也有利于企业同主要的合作伙伴，如供应商、分销商等，以及其他潜在盟友发展良好稳固的关系，使得企业能够在竞争日益激烈的市场环境中有效地抵御各种各样的冲击，获得稳健、健康的发展。

第二节　客户满意度评价

客户满意度，简而言之，就是客户满意的程度。Oliver（1997）给予"满意度"的正式定义是"满意度是客户满足情况的反馈，是对产品或者服务性能以及产品或者服务本身的评价，给出了（或者正在给出）一个与消费的满足感有关的快乐水平，包括低于或者超过满足感的水平"。[1] 客户的满意程度与客户的容忍区域的大小有关。容忍区域（Zone of Tolerance）[2] 代表着客户的一系列期望，这些期望与渴求的价值（客户希望能得到的价值水平）和必要的价值（客户愿意接受的价值水平）有关。在这两个水平之间存在着的就是容忍区域。如果客户的经历落在容忍区域之内，客户大概会对价值感到满意或者说这种价值会被认为是可以接受的；如果落到了必要的价值水平以下，那这种价值就会被认为是不可接受的，结

---

[1] Richard Oliver. Satisfaction. New York：McGraw-Hill，1997.

[2] Robert Johnston. The zone of tolerance：exploring the relationship between service and satisfaction with the overall service. International Journal of Service Industry Management，1995，5（2）：46-61；瓦拉瑞尔 A. 泽丝曼尔 玛丽 J. 比特纳. 服务营销. 张金成，白长虹，译. 机械工业出版社，2002：50-51.

果也会是不令人满意的;如果经历的价值水平超过了渴求的价值水平,客户就可能会十分满意,甚至会产生惊喜。① 见图9-1和图9-2。

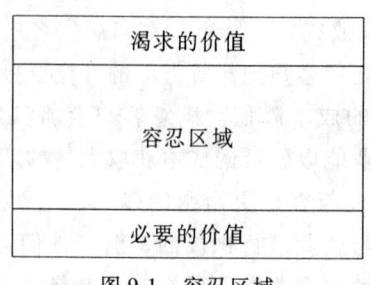

图9-1 容忍区域

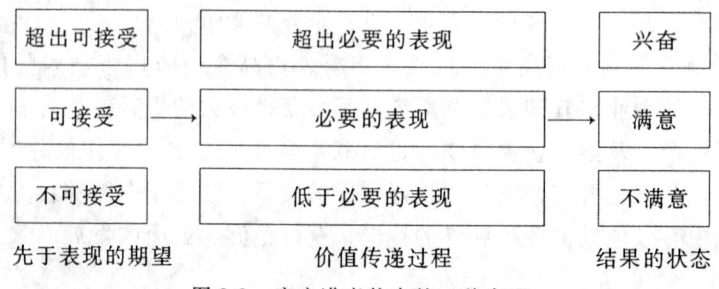

图9-2 客户满意状态的三种表现

(根据Robert Johnston的三种容忍范围②整理、改编而得)

客户满意状态的三种表现(兴奋、满意和不满意)可以通过一系列结果导向(反映绩效水平)的评价指标体系反映出来。

一、客户满意度评价指标体系的有关论述

测量客户的满意度,核心的问题是确定客户满意指标体系。

客户满意指标是一组与提供物有关的、能反映客户对提供物满意程度的项目因素。

---

① 派因和吉尔摩从体验的角度对客户满意的一系列概念进行了全新的诠释,他们用等式的形式将它们描绘出来:客户满意=客户期望值-体验值;客户损失=客户真正期望所得-不得不接受的所得;客户惊喜=客户感觉到的-期望得到的;客户悬念=客户还不知道的-对过去的记忆。约瑟夫·派因,詹姆斯·吉尔摩.体验经济.夏业良,等,译.北京:机械工业出版社,2002:81, 102, 104.

② Robert Johnston. The zone of tolerance: exploring the relationship between service and satisfaction with the overall service. International Journal of Service Industry Management, 1995, 5 (2): 48.

由于客户对提供物需求的强度不同,而提供物又由许多部分组成,每个组成部分又有许多属性,如果提供物的某个部分或属性不符合客户要求时,他们都会做出否定的评价,产生不满意感。可见,影响客户满意水平的因素非常繁多,所以,如何从中选择既能全面反映客户满意状况又有代表性的项目,建立科学的指标体系成为正确测量客户满意度的关键。

国内外的许多学者从不同的角度提出了略有差异的客户满意度评价指标体系,为我们的具体研究提供了极其有益的借鉴。

(一) 客户满意度评价的维度

在确定详细具体的指标体系之前,需要明确客户满意度评价的大致方向、内容和维度,在维度构建的框架内来细化客户满意度评价指标体系。由于服务的无形性,对它的满意程度的测量明显要难于有形产品,所以学者们喜欢将客户满意度评价研究的重点集中在服务领域,很多经典的评价维度和指标体系都来源于服务营销专家的智慧与实践。

服务营销的著名专家 Berry, Parasuraman 和 Zeithaml 从一般性原则的角度出发,提出消费者在评价服务的质量和满意程度时,会主要考虑 5 个维度[①]:

可靠性:可靠性被定义为准确可靠地执行所承诺服务的能力。从更广泛的意义上说,可靠性意味着企业按照其承诺行事,包括送货、提供服务、问题解决、定价方面的承诺。顾客喜欢与信守承诺的企业打交道,特别是那些能信守关于核心服务方面承诺的企业。

响应性:响应性是指帮助顾客及提供便捷服务的自发性。该维度强调在处理顾客要求、询问、投诉、问题时的专注和快捷。响应性表现在顾客在获得帮助、询问的答案及对问题的注意前等待的时间上,也包括为客户提供其所需要服务的柔性和能力。

安全性:安全性被定义为雇员的知识和谦恭态度,及其能使客户信任的能力。它包括客户身体上的安全性、财务上的安全性和对企业及其员工的信任程度。在客户感知服务包含高风险、客户不能确定自己有能力评价服务的产出、客户关系形成的早期阶段等情况下,安全性这一维度可能特别重要。

移情性:移情性是企业给予客户的关心和个性化服务。移情性的本质是通过个

---

① Berry 等人最先提出的是决定服务质量的 10 个因素,它们是可靠性、响应性、能力、可接近性、礼仪、沟通、可信度、安全性、理解和有形性等,后来在此基础上才抽象出决定服务质量和客户满意程度的五个维度. A. Parasuraman, V. A. Zeithaml, and L. L. Berry. A conceptual model of service quality and its implications for future research. Journal of Marketing, Fall 1985, 49: 41-50; 瓦拉瑞尔 A. 泽丝曼尔 玛丽 J. 比特纳. 服务营销. 张金成, 白长虹, 译. 机械工业出版社, 2002: 80-82.

性化的或者定制化的服务使每个客户感到自己是唯一和特殊的。

有形性：有形性被定义为有形的工具、设备、人员和书面材料的外表。一般新客户喜欢用它来评价服务的质量及满意程度。

另一个服务营销的著名专家格罗鲁斯在综合 Bitner，Rust 和 Oliver 等人的研究基础上，从评价内容的角度出发，提出了客户感知质量和满意程度的 7 项标准①：

职业化程度和技能——客户认为服务提供者及其员工、经营系统和有形资源应当具有以专业方式来解决他们问题的知识和技能。

态度与行为——客户认为企业员工（与客户接触的员工）应当关注他们，并且积极主动地解决他们在接受服务过程中所面临的问题。

易获得性与灵活性——服务的地点、时间、服务企业员工和运营系统应当根据客户的要求灵活地加以设计和运营，这样客户可以很容易地接受企业的服务；如果客户有要求，也可以根据客户的要求灵活地对服务做出调整。

可靠性与可信度——如果服务提供者及其员工能够信守诺言而且全心全意地为客户服务，那么，客户就会对企业产生信任感，认为企业是非常可靠的。

服务补救能力——如果出现客户意料之外的事情或服务失误，企业应当立即和主动地采取措施来控制局面，并找到新的、客户可以接受的解决方案。

服务环境组合——服务的有形环境和其他环境应当对服务过程起到有力的支持作用。

声誉与信用——客户对服务提供者应当具有信任感，服务应当是"物有所值"的，客户可以与企业一起分享良好的服务绩效和价值。

Berry 等人和格罗鲁斯的评价维度尽管角度不同，但彼此的一致性是非常明显的。他们都是从客户的角度来评判企业所提供的服务的质量状况以及给客户带来的满足程度，而且涉及的内容非常全面，评价的项目不仅包括服务的结果方面，也广泛涵盖了服务提供的过程，如格罗鲁斯的评价维度中"职业化程度与技能"、"声誉与信用"是与服务结果有关的评价维度，而"态度与行为"、"易获得性与灵活性"、"可靠性与可信度"、"服务补救能力"和"服务环境组合"等都是与服务过程有关的评价维度，并且这些维度都或多或少地必须遵循"可靠性"、"响应性"、"安全性"、"移情性"、"有形性"等一般性原则。

尽管 Berry 等人的研究具有普遍的指导意义，但是，他们的局限性也是很明显的。首先，他们的研究毕竟是从服务的角度出发的，并不能涵盖所有的行业和市场，评价维度不具有普遍适用性。其次，他们并没有指出各个维度之间的相对权重，也没有指出寻找和界定相对权重的方法和途径，给实际的运作带来一定的困

---

① 克里斯汀·格罗鲁斯. 服务管理与营销. 第二版. 韩经纶，等，译. 北京：电子工业出版社，2002：59.

扰。最后，他们的研究在强调关系、承诺、互动的今天需要做适当的扩展。

为了有效地避免第一种和第三种情况，我们需要从新的角度来确定客户满意度评价的维度。巴诺斯（Barnes，2002）①的研究为我们提供了很好的借鉴。他另辟蹊径，从客户价值内涵的角度提出了客户满意度评价维度。根据 Maslow 的需求层次理论，巴诺斯将一个企业或组织提供给客户的东西相对应地分为 5 个层次，这些东西可以被称为"供给"或者是"价值主张"，不管企业或者组织是何种类型的，它们都会在这 5 个层次中的每一个层次上为客户提供一些东西。这 5 个层次按照从下到上的顺序分别是核心产品或服务、流程和系统支持、技术表现、与组织的互动、情感要素等。我们在价值设计的论述中，在这 5 个层次的基础上，抽象出了三个层次的价值内涵：核心产品、服务支持与流程以及人员互动。我们可以将顾客价值的三个层次列为评价客户满意度的主要维度。我们认为，从价值内涵的本身来评价客户满意度，具有本原性和深入性，在越来越忽视价值载体（实体产品和服务）而重视价值内涵的今天，这种评价维度非常适用。

（二）客户满意度评价的指标体系

在客户满意度评价的具体指标体系方面，也有很多学者进行了理论性和实证性的探讨。美国学者 Dutka ②认为不同行业与市场中的客户满意度评价指标具有一定的同质性，事实上存在着一个可以适用于许多不同产品和服务的通用指标体系，这个抽象的、普遍适用的指标体系分为三个方面：与产品有关的指标、与服务有关的指标和与购买有关的指标。其中，与产品有关的指标具体包括价值—价格的关系、产品质量、产品利益、产品特色、产品设计、产品可靠性和统一性、产品或服务的范围等；与服务有关的指标具体包括保修期或担保期、送货服务、处理顾客抱怨、问题的解决等；与购买有关的指标具体包括礼貌、沟通、获得的难易和方便程度、企业名誉、企业竞争实力等。当然，处于不同行业和市场的企业每次在具体运用这些指标时，还必须进一步定义、阐述、解释和细化。

国内学者李蔚③认为服务满意度指标体系应该包括：绩效（指服务的核心功能及它所达到的程度，绩效通常是结果导向），保证（指核心服务功能提供的过程中的正确性及回应性，它强调的是服务过程中的态度，因此它是过程导向的），完整性（涉及所提供的服务的多样性以及是否周到），便于使用（指有关服务的可接近性、简易性以及使用的灵巧）和情绪/环境（指核心服务功能以外的感受）等内

---

① 杰姆·G.巴诺斯.客户关系管理成功奥秘——感知客户.刘祥亚，等，译.北京：机械工业出版社，2002：94-104.

② 阿伦·杜卡.美国市场营销学会顾客满意度手册.北京：宇宙出版社，香港：科文（香港）出版有限公司，1998：58.

③ 李蔚.推销革命——超越 CI 的 CS 战略.成都：四川大学出版社，1995：88-97.

容。产品满意度指标体系则可以从品质（品质方面包括功能、使用寿命、用料、可靠性、安全性、经济性），设计（设计方面包括色彩、包装、造型、体积、装饰、质感、手感、质地），数量（数量方面包括容量、成套性、供求平衡），时间（时间方面包括及时性、随时性），价格（价格方面包括最低价位、最低价质比即产品价位和质量的比值、心理价格、商值即产品价位与产品使用时间之比），服务（服务方面包括全面性、适应性、配套性、全纵深性、全过程性、态度、价格、方便性），品位（品位方面包括名牌感、风格化、个性化、多样化、特殊化、身份感）等方面进行评估。

二、CRM 体系中的客户满意度评价指标体系

综合以上学者的研究，我们从客户价值内涵的角度出发，认为 CRM 体系中客户满意度的评价指标体系可以归结为三大类，每一大类下面又包含具体的评价指标和项目。

（一）核心产品满意度评价指标

在容忍区域理论中，核心产品层次属于必要的价值范畴；在赫茨伯格的双因素理论[①]中，核心产品层次属于保健因素的范畴。所以它所包括的具体指标主要侧重于基本价值和利益的考察。比如产品性能（产品主要特点在运用中的水平）、产品特色（产品基本功能的某些增补）、产品的一致性（产品的设计和使用与产品说明书所列的标准一致）、产品的耐用性（产品的使用寿命）、产品的可靠性（在一定的时间内产品将保持不坏的可能性）、产品的可维修性（产品出了故障或用坏后可以修理的容易程度）、产品的安全性（在使用和处置的过程中不会有伤害人身和财产的隐患）、产品的外形和风格（产品给予客户的视觉和感觉效果）、产品的性价比（性能与价格的比较）等。

（二）服务支持与流程满意度评价指标

在这个层面主要考察的是企业的可靠性、对客户需求的反应速度与反应质量以及差异化的情况，具体的指标比如：可靠性（在指定的时间内完成服务、准确结账、精确提供、企业财务数据和客户数据记录准确）、响应性（及时服务、迅速回复客户打来的电话、对客户抱怨的即时处理、即刻办理邮寄服务）、方便性（营业的时间便利、通过电话可以很容易联系到服务、接受服务等待的时间不长、服务地

---

① 双因素理论是美国心理学家弗雷德里克·赫茨伯格（Frederick Herzberg）于 1959 年提出来的，他认为影响人们对工作的满意因素分为保健因素和激励因素，保健因素诸如规章制度、工资水平、福利待遇、工作条件等，它们对人的行为不起激励作用，但这些因素如果得不到保证，就会引起人们的不满。核心产品所具备的基本价值和利益也是一种保健因素，它不能引起客户的满意或惊喜，但是没有它的存在，就肯定会引起客户的不满。

点便利、支付方式可以自由选择、信息获取方便）等。

（三）人员互动满意度评价指标

在这个层面主要考察企业给予客户的信任感、尊重感和理解程度。具体的指标包括：礼仪（考虑客户的立场、与客户接触员工的外表干净而整洁、友善地接待）、沟通（用客户听得懂的语言表达、耐心倾听客户的陈述、向客户确认能解决的问题、邀请客户参与）、理解（了解客户的特殊需求、提供个性化的关心、认出老客户）等。

由于不同企业的具体情况不同，我们不可能提供一个全面、详细、具体而普遍适用的客户满意度评价指标体系，这里只能做一个初步的理论性探讨，提出客户满意度评价的大致框架，具体内容的充实需要结合具体的情况来实现，在有些情况下可能还要增加或减少一些指标以满足特殊的要求。

在确定了客户满意指标体系后，企业还需要解决的一个技术性问题是如何决定各个指标之间的权重。很明显，每一个指标对客户满意度的影响程度是不一样的，有些指标的影响程度大，而有些指标的影响程度小。这种影响程度的差异有时还因人和因时而表现出来。有的客户非常在意的某些指标可能对其他客户来说并不是那么重要；有的客户在某种状况下非常在意的指标到了另外一种环境下却又变得次要。所以，由企业单方面确定的权重肯定过于武断而不科学，企业应该在与客户充分交流的基础上来确定指标彼此之间的相对权重，这可以通过一些试验性的调查、访谈来实现。同时，对于一些重要价值客户，企业甚至可以像定制化产品那样来定制化指标权重，在持续的交往过程中，企业不仅要关注不同客户之间满意程度的比较、与竞争者客户满意程度的比较，更要注意客户满意程度的历史纵向比较，通过客户自身感受的提高来增强企业与客户之间良好的关系。

在确定了客户满意指标体系后，接下来就是客户满意跟踪调查。

企业可以通过以下七个渠道来收集顾客方面的信息：顾客投诉；与顾客的直接沟通；问卷和调查；密切关注的团体；消费者组织的报告；各种媒体的报告；行业研究的结果。其中，问卷和调查是比较全面的一种常用方法。客户满意跟踪调查的结果应该与客户信息库对接起来。

第十章 客户经理管理

有学者曾经说过,服务营销成功的核心因素有三个,第一个因素是人,第二个因素是人,第三个因素还是人。这种论断从一个侧面充分说明人在管理活动中的决定性作用。客户经理作为客户关系管理的直接决策者和执行者,在企业的客户关系管理体系中起着至关重要的枢纽作用。通过本章的学习,你需要掌握客户经理的层级架构、职责范围和工作流程;如何选拔与培养客户经理;如何向客户经理合理授权;如何通过创新的手段来有效地激励客户经理。

第一节 客户经理制

客户经理制最早出现在20世纪80年代发达国家的商业银行领域。随后,国内的银行、保险、邮政、电力和通讯等部门逐渐引进和实施这种管理制度,规范客户管理的行为,提高服务的水平与质量。

一、客户经理制的基本含义

客户经理是许多行业都使用的一类岗位头衔,是专门进行客户获取、客户维系和客户开发等客户关系管理工作的专职管理人员。在美国银行业,它是指在业务部门或分行的业务第一线工作的业务代表,全职管理特定的银行客户,全面协调客户与银行的业务关系,全力向客户推销银行产品和服务项目。

由于以往对客户经理的作用不够重视,客户经理人员素质不高,在整个企业组织结构中的地位低下,工作职责混乱,对企业的客户关系管理工作造成严重的危害。客户经理制就是为了规范客户经理的管理,从制度设计、人力资源安排、服务内容和流程等方面,系统规划客户经理的工作内容与行为,提高客户经理工作效率与效果,增进企业与客户之间的关系。客户经理制的主要内容包括客户经理的配备范围,客户经理的设置,客户经理的职责和权限,客户经理的素质要求,客户经理的工作流程,客户经理的选聘、管理与奖惩等内容。下面以商业银行为例简要说明各项内容的基本内涵。

(一)客户经理的配置范围

一般情况下,企业只为大客户、关键客户或有发展潜力的客户配备专职客户经理。如有些商业银行规定：凡有利于银行的经营和发展，能为银行带来比较稳定且较大经济效益的优质客户，都应配备客户经理。优质客户的范围包括：能按时付息的信贷户、有大量低成本存款的无贷户、能给银行带来较多收益的同业往来和有较大潜力的中间业务客户等。

（二）客户经理的设置

设置客户经理，要根据每一个客户的不同情况而定，原则上可根据客户规模的大小，存、贷款余额的多少，分别设置初级客户经理、中级客户经理和高级客户经理。客户经理的工作目标也要根据每一个客户的不同情况而定。选配客户经理可以不受区域范围和专业限制。

（三）客户经理的职责和权限

客户经理的职责可以概括为：对客户宣传和贯彻落实国家的金融方针、政策；建立客户管理台账，掌握客户存、贷款变化趋势；争取单位存款和基本账户，做好贷款营销，积极为客户办理代收代付、票据解付、信息咨询、财务顾问、资信调查、中介服务等中间业务；推广新的业务品种，为客户寻找合作伙伴，拓展购销渠道，组织联谊活动；根据客户的需要和业务发展，协调本行各部门为客户提供全方位金融服务等。

（四）客户经理的素质要求

客户经理应该具有较高的政治素质、良好的业务素质和一定的公关营销能力；必须具备一定的知识、技能和良好的职业道德；必须加强对自身的素质修养，做到敬业爱岗、遵纪守法、办事效率高、经营作风稳健，具有开拓创新精神；客户经理也要提高自己的工作技能，不断适应客户、市场和商业银行业务经营的需要。

（五）客户经理的工作流程

客户经理要清楚各种业务的工作步骤、牵涉的相关部门与岗位、审批权限与时限等。比如个人住房公积金贷款业务，首先是由借款申请人提出书面贷款申请，并提交有关资料，由银行负责受理后交住房公积金管理部门或直接向住房公积金管理部门申请，等待住房公积金管理部门审批；借款申请经住房公积金管理部门审批通过后，由银行通知借款人签订借款合同和担保合同，并办理抵押登记及其他必须手续；之后，借款人来银行填制贷款转存凭据，银行按借款合同约定将贷款资金一次或分次划入售房人在银行开立的售房款账户内；借款人按照合同约定的还款计划和还款方式，归还贷款本息；在贷款到期日前，借款人如提前结清贷款，须按借款合同约定，提前向银行或向住房公积金管理部门提出申请，由住房公积金管理部门审批。

（六）客户经理的选聘、管理与奖惩

客户经理可以实行应聘制，对其实行动态管理，对业绩显著、贡献突出的客户经理给予奖励，并可晋升为高一级客户经理，对不适应工作的客户经理予以降低等级或解聘。

二、客户经理的层级架构

由于不同企业的业务性质不同,企业规模和客户规模各异,客户经理的组织架构也有所区别。企业可以根据实际工作的需要,选择合适的客户经理组织结构。目前已有的客户经理组织架构包括以下几种类型:

(一)根据客户性质构建的客户经理层级

很多企业服务的客户群体中既有企事业单位,又有个人消费者或家庭,由于二者的需求和购买行为存在较大差异,所以有必要将客户经理区分开来,分别设置集团大客户部和个人大客户部。如果企业客户数量庞大,还可以根据实际情况设立多个分部。见图10-1。

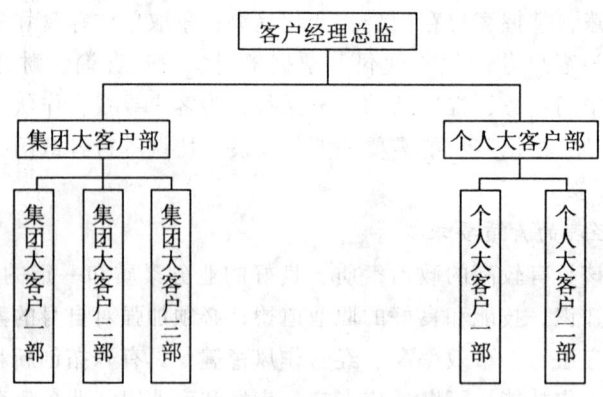

图10-1 基于客户性质的客户经理层级

(二)根据客户价值构建的客户经理层级

由于客户贡献价值不同,企业为客户提供的服务也应有所不同。企业可以将关键客户和有发展潜力的客户,根据其价值大小或战略意义分为不同的层级,如铂金客户、黄金客户、钢铁客户,或者顶级客户、重要客户、一般客户。为不同层级的客户配备不同的客户经理。见图10-2。

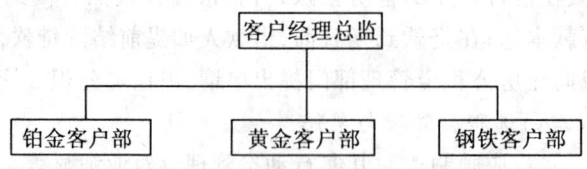

图10-2 基于客户价值的客户经理层级

（三）根据工作职责构建的客户经理层级

企业也可以根据客户经理的工作职责来进行专业化分工，用不同的部门或小组来完成不同的工作内容，如客户关系管理、客户服务管理、客户信息管理、客户投诉管理和呼叫中心管理等。见图10-3。

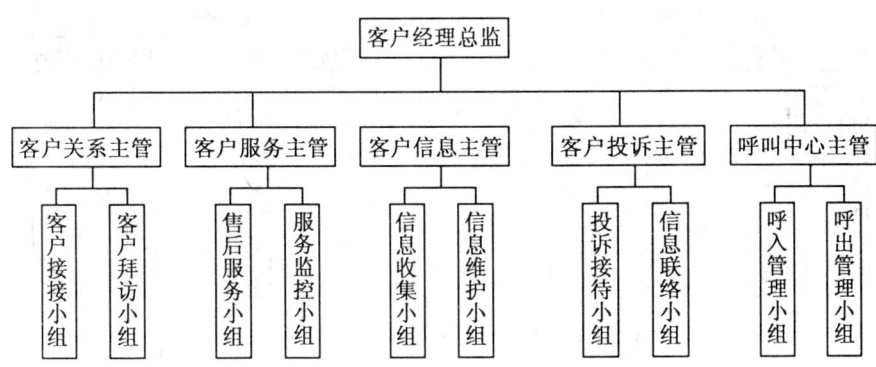

图 10-3　基于工作职责的客户经理层级

（四）根据区域划分构建的客户经理层级

如果企业的客户经理数量庞大，地理位置比较分散，还可以考虑按照区域来构建客户经理的组织结构。如果是跨国经营的公司，还必须考虑到国内业务与国外业务的区别。见图10-4。

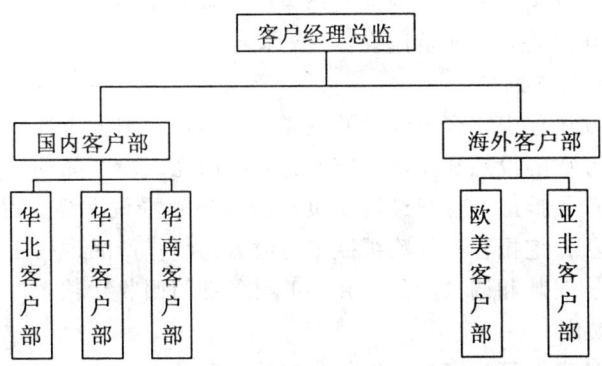

图 10-4　基于区域划分的客户经理层级

（五）根据工作级别构建的客户经理层级

有些企业为了激励客户经理，同时促进工作经验丰富的客户经理帮助新进人员，设置了客户经理的等级和管辖范围。见图10-5。

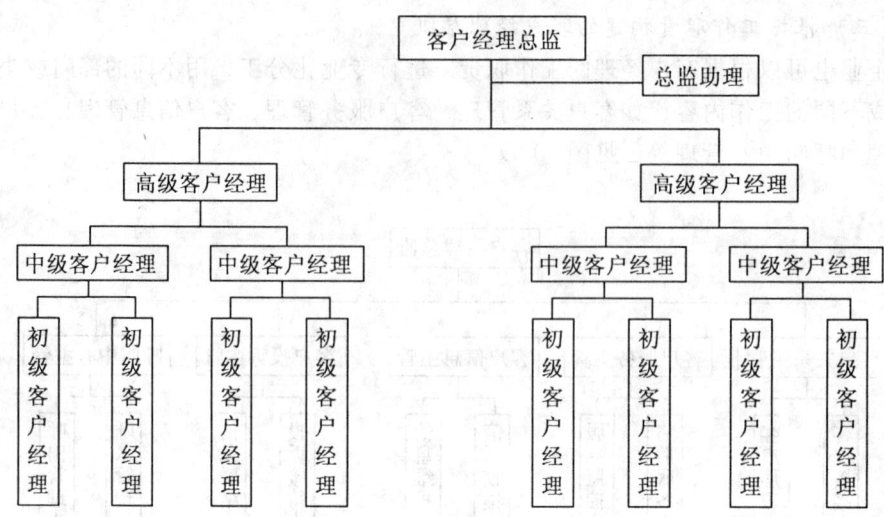

图 10-5 基于工作级别的客户经理层级

三、客户经理的工作任务

尽管不同行业、不同级别、不同客户群体的客户经理工作内容有所不同,但基本的工作任务还是具有共性的。一般而言,客户经理的职责主要有:

(一) 客户发展与管理

这包括确定潜在目标范围,搜寻潜在客户,明确获取战略,设计和执行获取组合策略,评估获取效果,确定和调整关系策略,设计和执行客户维系与开发策略,评估客户保持与开发绩效,挽留流失客户等。

(二) 产品开发与推广

在新产品开发过程中,客户经理的主要职责是负责掌握市场动态,了解客户需求,提出新产品开发的设想和要求,协助有关部门完成新产品的研发、测试与试销等工作。一旦新产品推出,客户经理要负责向客户解释说明新产品的功能、特性、利益以及使用方法,挖掘客户的购买欲望与潜力,制作产品说明书与交易合同,协助有关部门运输、安装和调试产品,并协助财务部门回收货款。

(三) 公关宣传

客户经理应该定期拜访客户,宣传公司的经营理念、企业文化和价值观,介绍企业的发展现状与规划。同时,还应该组织或参加一些联谊活动、公益活动、展销会和交易会等,成为企业的社会形象代表,负责对客户进行公关宣传,不断提高企业的社会知名度。

(四) 客户信息管理

客户经理要注意收集客户的重要信息,并及时归档,以用于客户服务和营销决策。同时,要定期对客户信息进行核查,维护和更新客户信息,确保客户数据库的时效性。另外,客户经理还要运用各种手段收集市场信息,实施市场调查,掌握国家政策动态、行业发展动态、本地经济发展动态、同业竞争动态,及时反馈给有关部门,为领导决策和从事市场开发工作的部门提供可靠的信息情报资料。

四、客户经理的工作流程

确定客户经理的工作流程,首先需要将其工作任务分解成各个工作环节或步骤,明确各个步骤之间的先后次序与逻辑关系;其次要理清与其他部门、岗位的工作环节的联系及互动机制,确定各个环节的审批权限;最后还需要规定整个工作流程运行的时限。下面我们通过描绘工作流程图,对客户经理的一些主要工作任务进行一般规划。

(一)建立客户档案,收集客户信息

见图10-6。

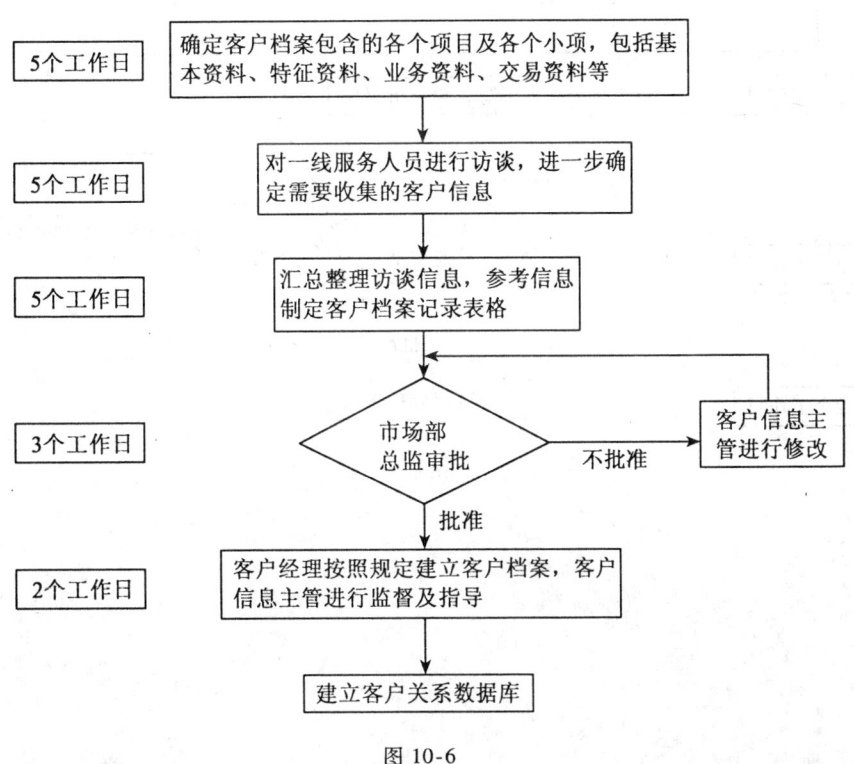

图 10-6

(二) 分析客户档案资料，定期撰写客户分析报告

见图 10-7。

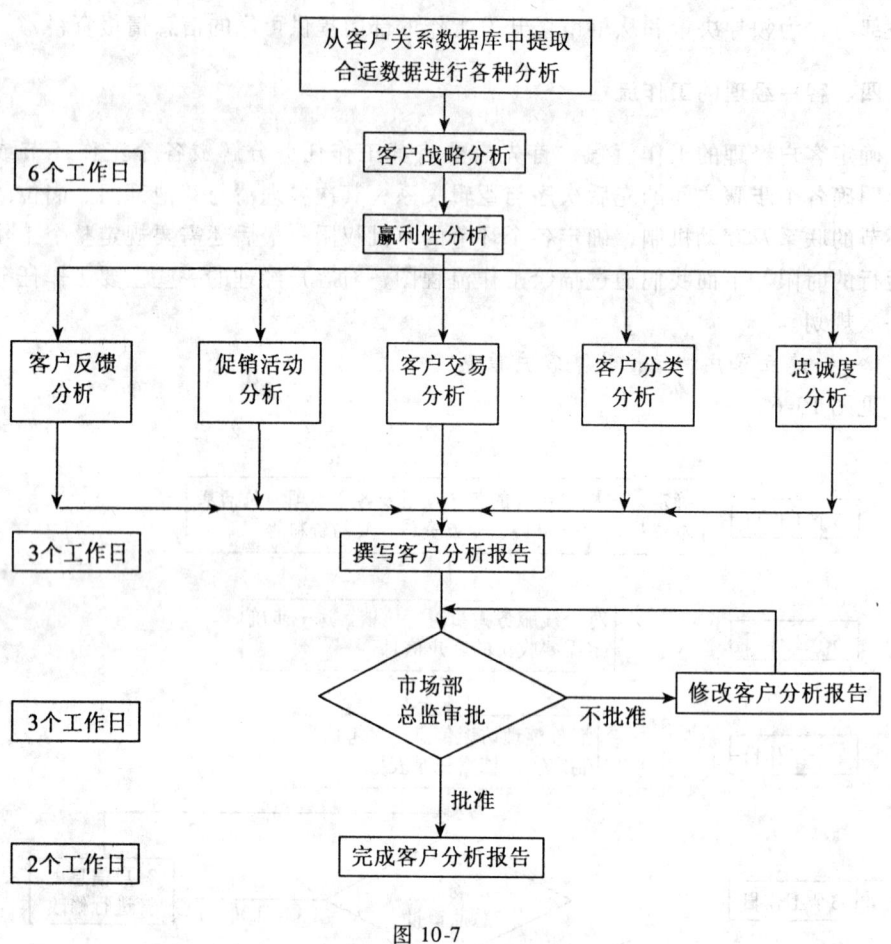

图 10-7

第十章 客户经理管理

（三）策划和负责实施客户关怀计划

见图10-8。

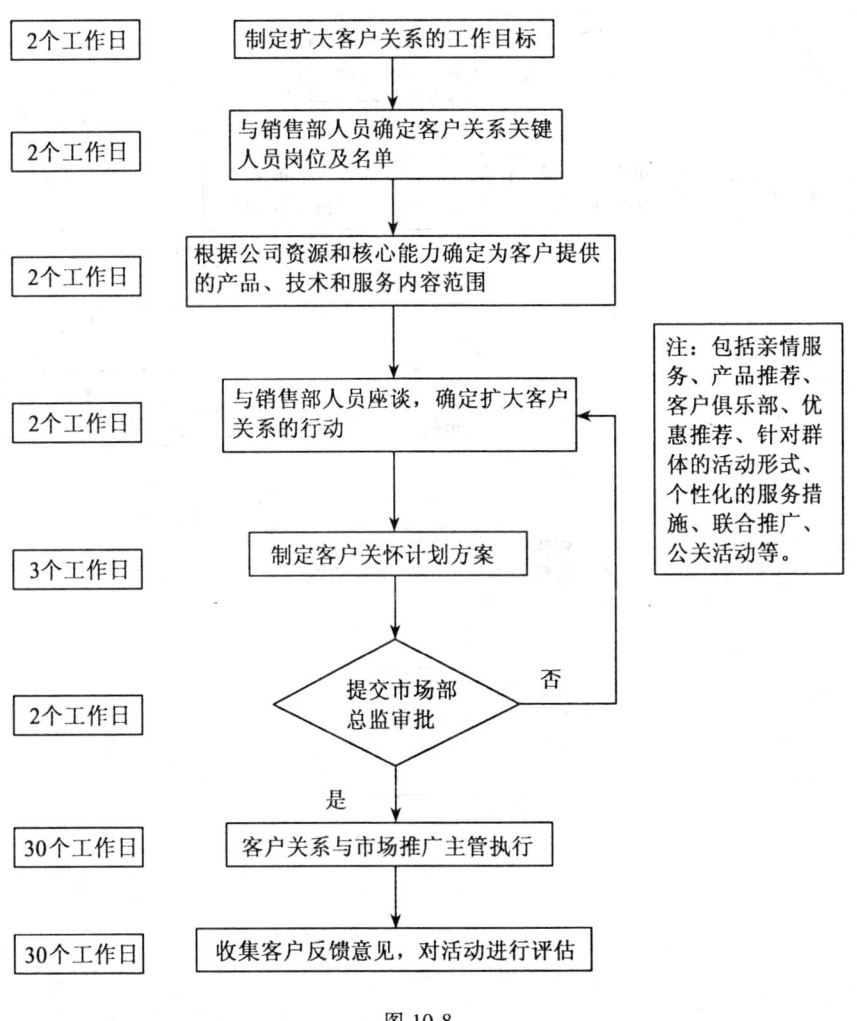

图 10-8

（四）负责执行具体市场营销方案

见图 10-9。

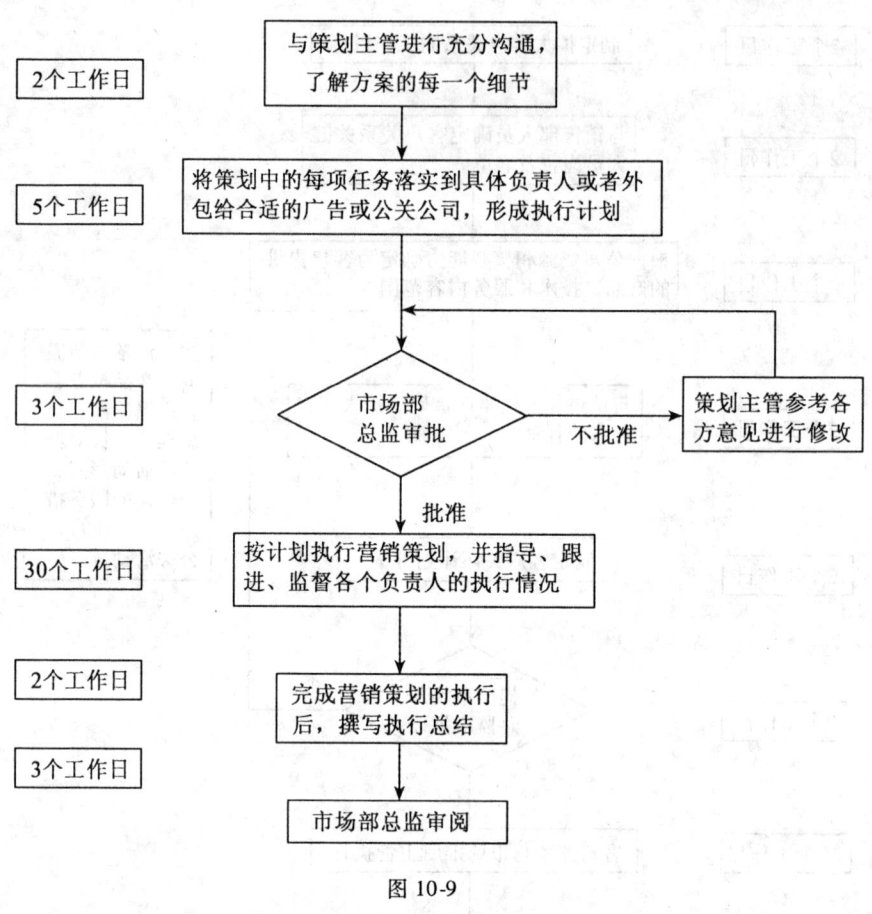

图 10-9

（五）组织提供对企业客户的售后服务，与技术部门加强联络以取得必要的技术支持

见图 10-10。

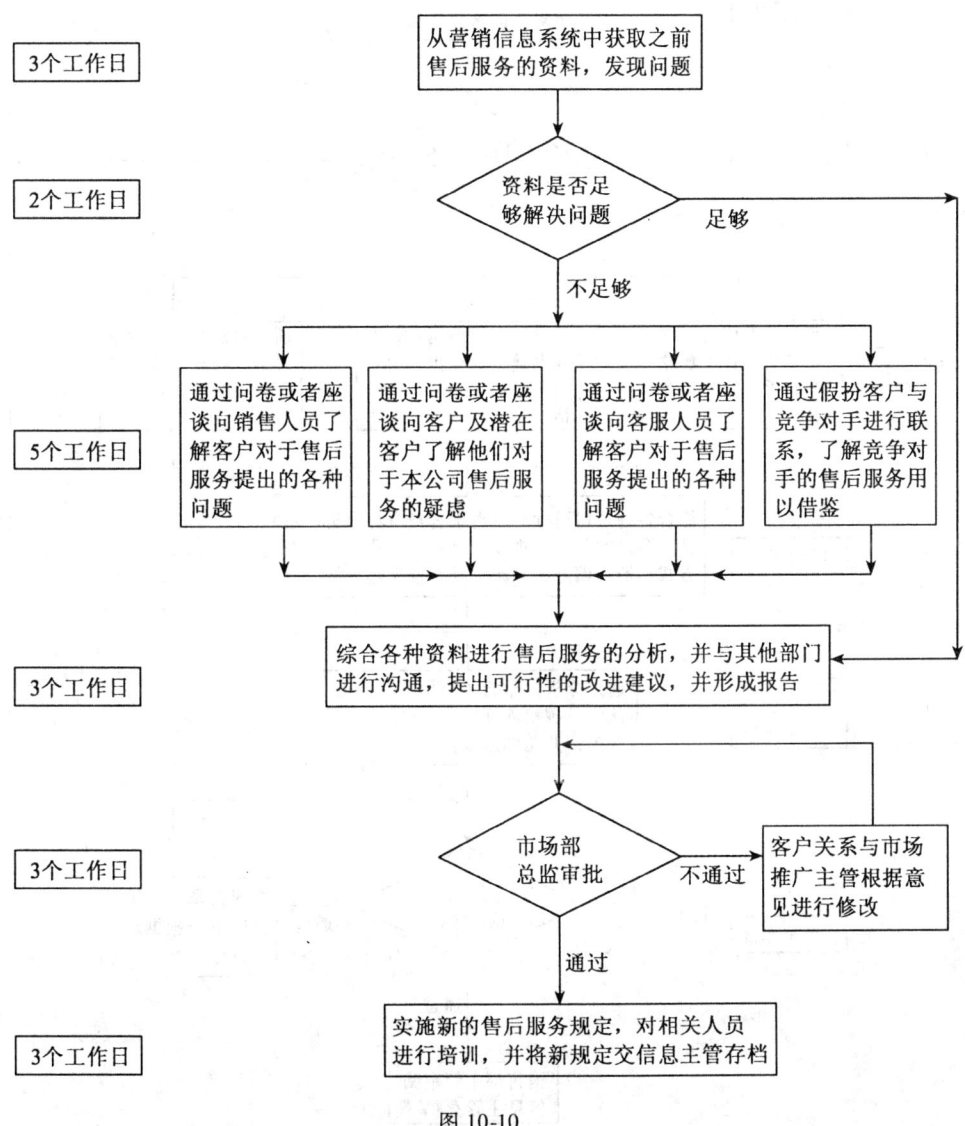

图 10-10

(六)分析掌握竞争对手的客户资源,培养新客户,开发新业务

见图 10-11。

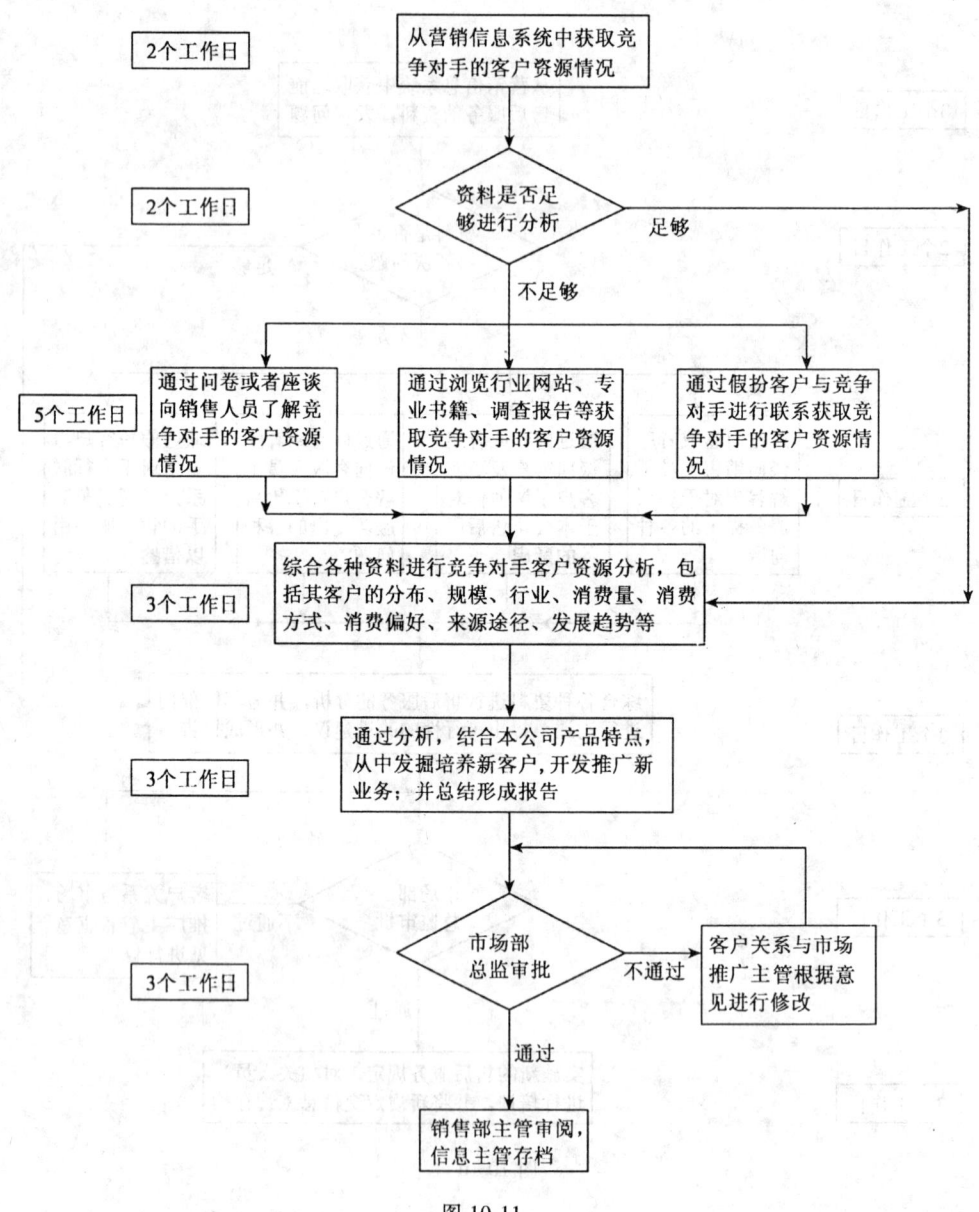

图 10-11

（七）建立客户流失预警系统，分析客户流失的原因和对策

见图 10-12。

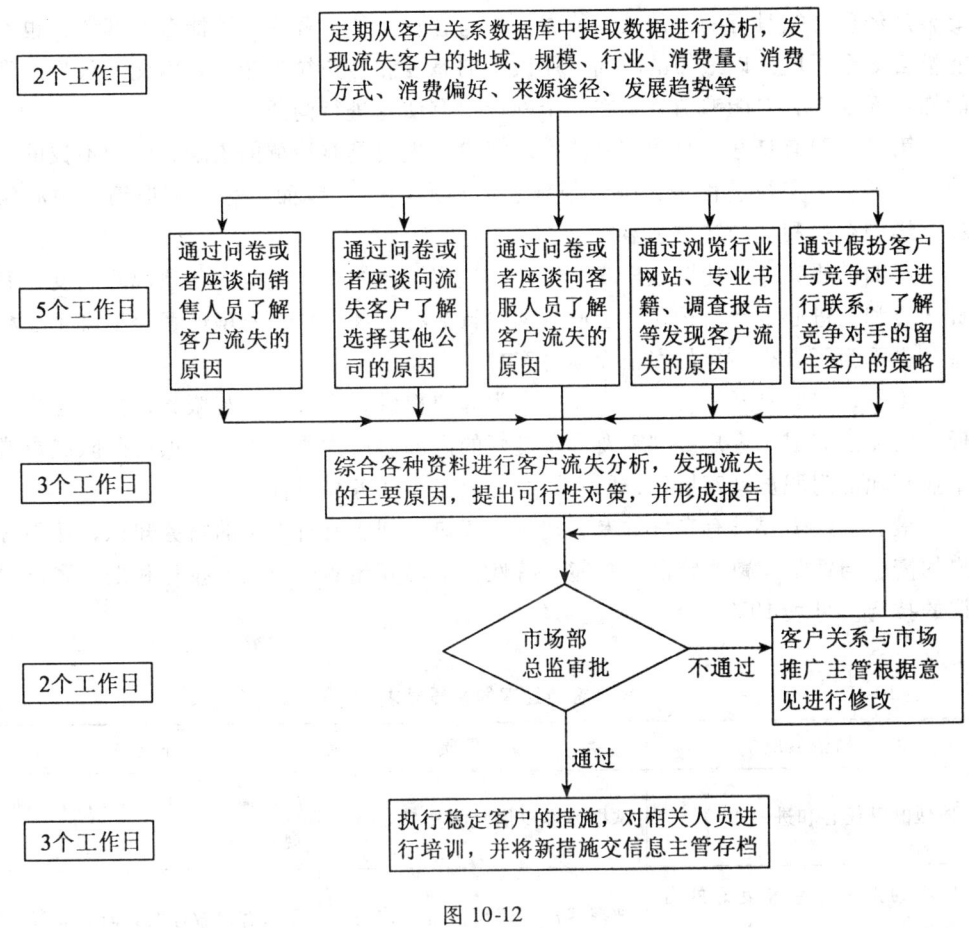

图 10-12

第二节 选拔与培养

一、客户经理的选拔

为了改变现有客户经理地位低下、能力参差不齐的局面，企业需要从内部和外部选拔一些高素质的人员来担当客户经理的职位。

（一）客户经理的素质要求

第一，要具有对市场敏锐的观察能力。客户经理跟方方面面的客户打交道，对

市场行情和客户的情况必须做到心中有数,而且还要针对市场情况,准确判断,为客户出谋划策,取得客户的信任,与客户建立较好关系。

第二,要具有良好的交际能力。客户经理需要与形形色色的人打交道,这就需要客户经理必须具有一定的社交能力。在与客户交往过程中,不能夸夸其谈,也不能惜言如金,应该以最短的时间,用诚实的态度和客户拉近距离。因此,客户经理的知识面要广,要能够与客户在各个领域都有话题进行沟通。

第三,要有良好的自我控制能力。客户经理要具有清醒的头脑和坚韧不拔的精神,在与客户交往过程中,碰到困难和客户的刁难,锲而不舍,不退缩,耐心解释,维护企业利益和客户利益。

第四,要有良好的职业操守。客户经理应该严格遵守企业的各项规章制度,有责任心和上进心,严格按照岗位职责和执行流程开展工作,不串通客户损害企业利益,也不为了获得高额的回报而损害客户的利益。

第五,要有良好的团队合作能力。为客户提供优质的产品与服务,仅凭客户经理一人无法完成。客户经理需要具备良好的内部协调沟通能力,与项目团队成员或企业其他部门职员紧密协作,同心协力完成工作任务和目标。

最后,还需要具有良好的专业技能。客户经理要具有一定的财务知识,熟悉客户的需求与特征,熟悉产品的功能与特性,掌握高超的客户服务技巧和处理客户异议的技巧。见表10-1。

表10-1　　　　　　　　　客户经理的素质要求

品格素质	技能素质	工作素质
强烈的责任心和进取心	掌握使客户信服的技巧	严格遵守企业和部门的各项规章制度
广泛的人际关系和良好的自我形象	把握客户心理与性格的技巧	不对客户做夸大其词的承诺
深入了解产品和服务项目	灵活运用沟通的技巧	建立完整的客户资料库,及时反馈客户意见与市场信息
健全的心智、整齐的仪表和良好的习惯	把握异议处理的技巧	认真分析客户的意见与建议,及时帮助客户解决困难
不与客户发生争执,不损害企业利益	掌握为客户提供优质服务的技巧	认真撰写工作计划和工作日志,努力工作

(二)客户经理的选拔途径

选拔客户经理可以从企业内部与外部两个途径进行。两种选拔途径各有优势和劣势,企业需要根据自身情况,综合运用两种选拔途径,组建高效、稳定的客户经理团队。

内部选拔的特点是:(1)熟悉业务情况。从企业各个部门选拔出来的客户经理,由于已经在企业内工作一段时间,对企业的产品特性、运作流程、盈利模式、客户特征、核心竞争力和主要竞争对手都有一定的了解,对企业所处的市场环境、行业特征以及宏观环境也有一定的认识与感受,容易很快适应新的工作岗位,并快速打开工作局面。(2)了解企业的规章制度和企业文化,容易形成良好的工作行为与习惯,容易和团队成员或其他部门工作人员沟通协调,达成比较一致的工作目标与理念。(3)有一定的工作经验,在实际的工作中已经通过各种渠道与企业的实际客户打过交道,或多或少地积累了一些客户信息、人脉关系、沟通技巧和处理突发事件或危机的经验,有助于客户关系管理工作有效展开。(4)对企业形成一定的依赖,员工转换成本增加,不轻易跳槽,保证客户经理队伍的稳定性和客户服务工作的持续性。但是,内部选拔出来的客户经理也容易形成惰性,容易局限在已有的思维模式中,缺乏创新的激情和动力。

企业可以从以下几个部门中选拔优秀人员担当客户经理。

1. 销售部。销售人员是企业接触实际客户的最前沿阵地,他们天天和客户打交道,积累了丰富的客户知识,了解客户的偏好、特性和需求变化趋势;掌握了娴熟的客户沟通交流技巧,善于打动客户,缓解客户的不安与烦躁,与客户建立稳定而良好的关系。企业可以从现有的销售人员中选拔一些优秀人员培养成客户经理,提高他们的数据分析能力、战略规划能力、关系维系与开发的技巧,帮助他们从关注销售到关注长期持续交易、从单兵作战到团队合作、从结果导向到整体规划转变。

2. 客户服务部。很多企业客户服务的职责主要集中在售后的运输、安装、调试、维修和处理投诉等方面。优秀的客服人员具备良好的沟通能力、快速反应能力和自控能力,但缺乏市场开拓和客户价值识别等方面的工作经验。加强对这些方面能力的培养,企业也可以从客户服务部门中挑选出非常优秀的客户经理。

3. 呼叫中心。呼叫中心工作人员具备了良好的电话沟通技巧、处理客户问题或投诉的能力,有些企业的呼叫中心还要求进行"主动呼出",主动与客户或潜在客户进行联系,发展客户开拓和关系维护的能力。企业可以从中选拔一些表现突出的人员,综合培养其线上沟通与线下沟通的能力。

4. 技术部。企业的技术部门既要开展产品研发的工作,也要帮助客户解决安装、调试或维修过程出现的技术问题。为了让核心技术人员专心进行产品研发,企业一般会在技术部门内专门设立一个"技术支持小组",协助销售人员或客户服务人员帮助客户解决技术难题。这些人员对产品性能非常熟悉,而且能够帮助客户彻底解决实际问题,容易赢得客户的信赖,如果在沟通方面加以培训,同样也可以成为优秀的客户经理。

5. 市场部。市场部人员具备良好的战略规划能力、营销策划能力、媒体公关能力和团队协作能力,思维活跃,创新能力强,能够敏锐地觉察到市场的变化,并准确把握市场变化的趋势,但市场部工作人员一般缺乏客户管理与产品销售的经验,要想成为优秀的客户经理,必须加强与客户交往的技能以及处理客户投诉的能力。

外部选拔的特点是:(1)可塑性较强。由于对业务模式、企业文化和经营理念还缺乏深入细致的认识,没有形成思维惯性和定势,便于企业推广新的管理理念、方法和工具。(2)新的视野与思维。外来人员结合自身的经历,往往可以给企业带来略有不同的观点、视角、工作思路与方法,在团队合作中容易产生创新元素。(3)有新鲜感。新进人员对新的工作环境往往有新鲜感和好奇感,这种感觉容易转变为工作动力,同时也给老员工带来一定的压力。但是,外来人员的业务局面打开有一定难度,与组织的融合也存在一定的障碍,需要一定的时间适应与磨合。另外,外来新进人员也容易产生冒进的心态,急于表现自己和取得工作成效,往往欲速则不达。

外部选拔的途径主要包括:

1. 有经验的服务人员或客户经理。选拔的范围不要局限在同一行业内,有的时候可以跨行业、跨地区进行选择。一方面可以避免同业之间的人才恶性竞争,恶化竞争关系,另一方面也可以获得新的管理思维与视角,借鉴其他领域的成功管理经验。比如银行金融企业可以从酒店和航空行业选拔、吸收一些优秀的服务人员或客户经理;通讯企业可以从零售和金融行业发掘一些职业素质良好的一线工作人员。

2. 大中专毕业生。青年学生精力充沛、思维活跃、可塑性强、有好奇心、接受能力强、受过良好的专业培训,是优秀客户经理的重要来源。企业应该善于发掘和储备有发展潜力的大中专毕业生,为他们设计合理的职业发展规划,注重培养他们的职业素质和专业技能,组建企业客户经理的团队和梯队。

二、客户经理的培养

(一)培训方式

为了提高客户经理的素质,企业需要有目的、阶段性地交叉采用多种培训方式,不断提高和强化客户经理的各项技能。一般而言,客户经理的培训方式包括:

集中培训。这是对客户经理采取的最主要培训方式。具体有传统课堂式的培训、全封闭式的军事化培训、交流式的培训、操作式的培训。重点培养客户经理的自信心、团队合作意识和坚强的毅力。

考察学习培训。通过参加有关部门组织的相关学术研讨会、行业的客户经理经验交流会等多种途径，适当走出去，通过现场考察、观摩学习，吸取先进单位的先进经验与做法。

跟班式的培训。对新加入客户经理队伍的、素质较低的客户经理，可由经验丰富、水平较高的客户经理对其进行跟班式的培训，在日常工作中整个环节进行跟踪操作，与优秀的客户经理一道去真正面对市场和客户，现场学习实战经验。对企业推出的各项业务特别是新业务，客户经理可采取工作现场面对面培训、角色培训、小组在岗培训、经验交流会等形式，直接掌握具体的操作方法，提高对该项业务的了解程度等。见表10-2、表10-3。

表 10-2　　　　　　　商业银行客户经理培训内容与方式

培训内容	培训方式
商业银行整体运作 银行产品/服务 综合理财知识 经济法律、法规 企业经营管理知识 市场营销知识 计算机/系统操作知识 道德/团队精神教育	传统课堂 工作转换 研讨会 专业培训/资格 对外考察/交流 实习/跟班 训练营

表 10-3　　　　　　　通讯运营商客户经理培训内容与方式

培训课程模块	培训重点	培训方式
客户关怀	客户重要事件的关怀和问候 对重点个人客户及集团客户的定期拜访 其他客户的电话访问	专业培训+角色转换培训+经验交流会
客户挽留	针对客户异动情况，明确原因，解决问题 采用不同方法吸引客户重新入网	
业务咨询及受理	接受客户各类咨询 受理服务范围内的业务	
业务投诉受理	接受并处理客户各类投诉	

续表

培训课程模块	培训重点	培训方式
集团用户业务/产品推广	熟练掌握业务知识 上门拜访进行针对性的市场开拓	传统课堂+跟班实习+考察交流
行业解决方案推广	熟练掌握相关业务知识 挖掘行业需求,设计并实施行业解决方案的营销方案	
集团(个人)用户开发	集团(个人)客户开发 策反竞争对手客户 定期回访离网集团(个人)客户	
商务礼仪	客户经理的商务礼仪	
会议/培训 信息管理	经验交流与建议沟通/培训管理 客户资料管理	专业培训+跟班实习+经验交流会
报表处理	撰写工作总结及有关报表	

(二) 行为规范

行为规范是客户经理培训的重要内容,它贯穿到客户经理日常工作的每一个环节。客户经理要做到有礼,有节,行为规范,举止得体,品德高尚,与客户的交往是发自内心、出于自然、充满爱心。良好的行为规范应该注意以下几个原则:

机智。待人接物时,要尽量欣赏、赞美别人的优点和长处,使对方拥有一份愉快的心情;在谈话、接待及服务时,要机灵,懂得察言观色,不得罪人;说话抓重点,行动快而敏捷。

注意选择合适的时机。在工作场合中应依据地点、身份的需要,讲适当的话,做合适的应对。在工作的时候要"少说多听",多思考别人说话的内容,以掌握合适的表现时机。

宽容。要有宽恕、包容别人的修养,记住"将心比心"四个字,多想别人的优点,自然就会有比较好的服务心情。如果遇到挑剔的客户,客户经理要加倍付出耐心,一项项为之解答,并设法改正自己的缺点,增进企业与客户对彼此的信赖。

充满爱心与激情。客户经理要有一颗爱心,为人真诚,工作踏实,充满活力与激情,这样才能在客户交往过程中传递出尊敬他人、讲究礼仪、热爱客户的信息,从而获得更多客户的信任。

懂得总结与借鉴。客户经理要与各种类型的客户进行交往,这些客户可能来自不同的国家、地区、民族,有着不同的性格、职业、知识水平、行为模式。所以,客户经理会面临各种事先无法预测和想象的突发状况,这就要求客户经理广泛学习各方面知识,了解各种各样的礼仪习俗,不断吸取和借鉴有用的经验,以应对各种突发状况的发生。见表 10-4。

表 10-4　　　　　　　　接待客户的用语禁忌

- 这种问题连三岁小孩都知道
- 不可能，绝对不可能有这种事发生
- 我不会
- 这是我们的规定
- 这个问题我不大清楚
- 这种问题去问生产厂家，我们只负责卖

（三）业绩考核

科学合理的业绩考核体系是规范客户经理行为、提高客户满意度、维系客户关系的重要保证。企业在设计业绩考核体系时，要注意以下几个原则：

1. 结果导向与过程导向相结合。结果导向是多数企业在考核客户经理业绩时普遍使用的原则。如销售额、客户获取数量、客户满意度、客户流失率等结果导向型指标，由于计算简单，容易监测，都是考核客户经理业绩的主要指标。但是，这种"唯结果而论英雄"的做法实际上间接地在鼓励客户经理"为达目的不择手段"。从长期来看，对企业的规范经营和长远发展是有潜在隐患的。所以，我们建议企业在采用结果导向型考核指标的同时，兼顾过程导向的指标，注意考察客户日常行为的规范性，保证客户资源稳步扩张。当然，在确定结果导向和过程导向的比例方面，我们建议企业可以根据自身的实际发展情况来灵活处理，如在企业初始发展阶段，由于存在生存的压力，所以应该是以结果导向为主，以过程导向为辅；在企业快速成长阶段，为了保证企业的稳定性和持续性，可以采取结果导向和过程导向并重的方式；而企业一旦步入成熟期，可能过程导向的考核要重于结果导向，因为维护企业的声誉更为重要。

2. 自上而下与自下而上相结合。实行目标管理的企业，考核的重点在于目标实现的情况。为了保证目标制定切合实际，目标考核方式合情合理，我们建议企业可以采用自上而下与自下而上相结合的方式，一方面，根据企业发展规划，确定每个部门或团队的年度、季度或月度的工作目标，并确定一些考核的基本原则和指标；另一方面，与客户经理进行充分的沟通、协商，可以先征求客户经理本人的意见，让他根据其以往的工作业绩和市场感觉确定个人工作目标以及目标考核的形式，然后由部门或团队负责人根据企业分解的年度、季度或月度目标以及基本考核指标，与客户经理个人目标以及考核形式进行匹配，帮助客户经理分析个人目标和考核方式的可靠性、可行性和合理性，在沟通协商的基础上最后确定客户经理的考核内容与方式。

3. 定期考核与不定期考核相结合。定期业绩考核可以分为月度、季度、半年和年度考核，客户经理需要在规定的时间期限内将需要上报的资料提交给考核部门。企业还可以根据自身的情况，为一些特殊事件举行不定期的专项业绩考核，集中检查、治理或整顿工作中出现的一些问题。

4. 公平、公正、公开的原则。业绩考核的标准与流程要公开、透明，业绩考核应以规定的考核项目和标准为准绳，以确认的事实或者可靠的材料为依据，绝不允许徇私舞弊，考核结果要公示，允许被考核人提出异议，并有解决争端的流程与机构。

5. 连续与时效兼顾的原则。为了保证客户经理工作的稳定性与持续性，对他们的考核内容与方式一旦确定下来，在一定的时期内不要随意更改。但每次评估结束之时，要对整个评估系统进行一次全面的回顾与检查，考察各项要素之间的评价结果是否具有内在统一性，清除相互矛盾的因素；同时要注意企业内外部环境变化对评估机制的影响，保证业绩考核的时效性。

6. 赏罚分明与区别明显的原则。要根据业绩考核的结果对客户经理进行奖惩，奖惩的标准事先要公开，要有赏有罚，赏罚分明。赏罚的形式可以是物质性的，也可以是非物质性的。比如奖励方面可以是加薪、年终花红、特别奖金、股票、认股权证，也可以是升级、公开表扬、奖状、表扬信等。惩罚方面可以是减少或停发奖金、减薪，也可以是调职、降级、解雇、加强监督、私下敦促（口头）、公开敦促（口头）、警告信、公开批评等。另外，在赏罚中要拉开一定的档次，不同层级之间的奖赏区别要明显，确保奖赏激励的有效性。

第三节　授权与激励

除了有效的选拔与培训机制之外，为了充分发挥客户经理在实践工作中的积极性、能动性和创造性，还需要对他们进行有效的授权与激励。建立在"人性恶的 X 理论"基础上的标准化、层级化员工管理模式，已经适应不了市场竞争环境和客户经理需求的变化，没有客户经理的满意就不会有客户的满意，所以首先必须让客户经理满意，必须把客户经理当成顾客一样看待，对客户经理进行内部营销。①

---

① 内部营销并不是新出现的概念，20 世纪 70 年代就有人在服务营销研究中使用这个词汇了。格罗鲁斯认为内部营销为人力资源管理提供了三个方面的新观点：（1）对于企业的产品和外部营销计划来讲，员工是企业的第一个市场，即一个内部市场；（2）以积极、协作及目标导向的方式实现员工导向的努力，将这些内部努力和过程与企业外部效率（顾客关系中的互动营销表现）相结合；（3）强调将企业内部的人员、功能和部门视为内部顾客的必要性，企业要像为外部顾客提供服务那样为他们提供内部服务。克里斯汀·格罗鲁斯. 服务管理与营销. 第二版. 韩经纶，等，译. 北京：电子工业出版社，2002：252.

一、授权客户经理

企业给予客户经理在与客户接触的过程中一定的自主决策并采取行动的权力,可以确保对客户需求反应的灵活性和差异化。作为内部营销过程的一部分,如果授权实施得当,会对客户经理工作满意度产生决定性的影响,有利于企业内部各个部门之间协调运作,有利于价值网和客户接触界面的弹性运转和顺畅链接,进而对客户的满意度和企业利润产生积极的影响。

授权最初产生于20世纪60年代不断高涨的民权和女权运动中。最初的想法是很高尚的:给人民权力以掌握自己的命运。到了20世纪90年代,当Peter Drucker《向经理授权》一书成为最畅销的管理书籍时,授权的概念开始引入商界,并发展到近乎狂热的地步,授权成为了一种标榜企业现代化管理的时尚。① 关于授权在现代商业环境中迅猛发展的原因,英国学者简·史密斯将它归纳为两个方面的原因:外部环境和人们自身的变化需要改变企业组织中人们的工作方式。企业组织需要授权予人来协助它击溃日益激烈的竞争威胁;企业组织需要授权予人来尽可能地利用迅猛发展的先进科技;企业组织需要授权予人来找出改进产品和服务的方法;企业组织需要授权予人来帮助企业实施绿色营销等。同时,人们对实现个体价值的权利意识增强了,他们不会自动地服从权威或毫不怀疑地接受约束,相反,他们需要显而易见的回报或满足来激励。②

从理论上来讲,授权增强了客户经理工作的满意度,使其与其他人合作更密切,工作更有目的性,目标达到时更有成就感。客户经理可以在服务的过程中对顾客的需求进行更快速、更直接的回应,而无须等到主管批准或出现,这样有助于改善感知服务质量;客户经理可以在服务补救过程中更快、更直接地回应不满意的顾客,最低限度消除或缓解客户的不满;客户经理的工作满意度更高,自我感觉也更好;客户经理会以更加饱满的热情提供服务;被授权的客户经理更倾向于关注问题和机会,并与他们的主管和经理分享他们的发现,是新思想的宝贵源泉;被授权的客户经理在创造好的口碑和提高顾客保持率方面极具价值。另外,获得授权的人在重大机构改革过程中,如精简中对变革较少抵制,因为他们对公司能克服困难持乐观态度;获得授权的人被部下看成是出类拔萃的领导,这种品质能增强他们的能力,给所在组织带来转型变革。同时,被授权的客户经理同样也会被其所接触的客户认为是出类拔萃的,客户能够接受他们提供的服务,会获得一种受到尊重的满

---

① 格兰恩·M. 斯伯莱茨,等. 授权奇迹——如何发挥员工领导能力的五项原则. 许静芬,译. 上海:上海交通大学出版社,2002:8.

② 简·史密斯著. 将在外——管理中的授权予人. 杨明秋. 上海:上海远东出版社,2000:6-10.

足感。

尽管授权会给企业带来如此多的益处，但是授权的实施确实是一个非常复杂的课题，首要的障碍来自授权者的观念和行为。很多主管担心授权予人会失去控制，招致混乱。他们在授权给下属的同时，又有意或无意地强化控制系统，传达不信任下属的信息，不相信下属会积极主动、承担风险或做出负责任的决策。比如，企业常常制定标准非常严格的操作程序，使得实际上需要客户经理积极主动地解决客户投诉的情形不能如愿以偿。在这种情况下，客户经理易于相信授权计划仅仅是装饰，如果再次遇到紧急情况还是会下意识地犹豫与依赖上司。所以，成功授权的第一步就是营造一种从上到下彼此间相互信任的氛围，领导者必须树立"用人不疑"的观念。

在相互信任的环境中，为确保授权有效进行，授权者必须明确授权的对象、授权的内容和进行有效的支持与考核。授权要求既可以由一线接触人员和其他支持人员提出，也可以是决策层有计划地安排。授权者应该注意一线接触人员和其他支持人员的业务流程，询问他们业务执行的感受，找出他们执行不便或效率低下的原因，在需要授权的时候进行周密考虑。同时，鼓励客户经理自己提出授权的要求和具体内容，并给予积极的回应。一旦授权意向形成，授权者就应该开始明确授权对象，并对其进行能力和潜力方面的考察，根据考察的结果确定适当的授权内容。

关于授权中应该给予被授权者哪些权力，Bowen 和 Lawler 从一个很宽泛的角度将授权的内容概括为：为员工提供关于组织业绩的信息；根据员工在组织中的贡献进行奖励；创建知识库，让员工理解并为组织业绩做贡献；授予员工对影响组织方向和业绩的活动进行决策的权力。格罗鲁斯的观点相对狭窄而实用一些，他认为真正给予员工权力意味着员工要能获得在服务过程中有效地独立决策所需的支持，这种支持包括管理支持（在必要的时候主管和经理给员工提供信息并移交决策权，并且不干扰员工的决策）、知识支持（使员工有分析情况并做出恰当的决策的技术和知识）和技术支持（可以使与顾客接触的员工处理情况时拥有信息和所需要的其他服务，如使用数据库和其他系统）。[①] 不同层级的授权主要表现在授权内容的不同，被授权者在获取管理支持、知识支持或技术支持上的力度也明显不同。授权力度越大，获得的支持越多。

在传递客户价值的过程中，企业可以根据实际需要给予一些客户经理尤其是一线客户经理一定的自主决策和自由使用企业资源的权力。

当然，在确定权力内容的同时，也必须确立对等的责任。授权内容越多，责任也越大。

---

① 克里斯汀·格罗鲁斯. 服务管理与营销. 第二版. 韩经纶，等，译. 北京：电子工业出版社，2002：264.

授权之后，授权者与被授权者之间应该是一种什么样的关系，也是决定授权行为能否成功的重要元素。在老式的组织结构中，领导和下属之间的职权都有明确的规定，不能更改，领导高高在上，下面是下属，呈金字塔型。但在授权流行的组织中，这种常规的组织体系被颠倒过来，领导起的是支持与考核的作用，为下属服务，确保下属不越轨，支持他们，给他们提供促进组织长远成功的机会和资源。同时，对于他们权力使用的情况进行必要的考察，重点考察权力使用的效果和是否有滥用权力的情形等，考察结果必须记录在案，作为授权内容修改和以后授权项目的参考。见图10-13。

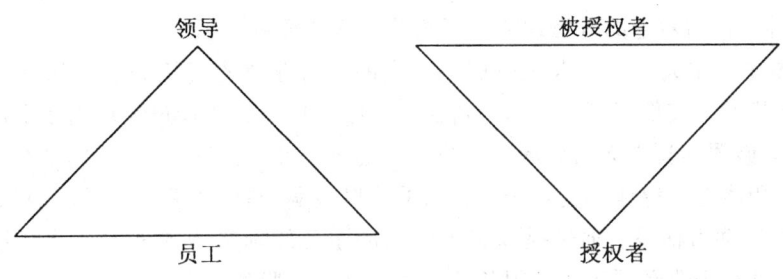

图10-13 新旧组织结构的对比

二、激励客户经理

人是追逐利益的主体，为确保价值传递的顺畅进行，在授权的同时，必须对客户经理实施不同程度的激励。当然，从某种意义上来讲，授权也是一种激励。

在现实生活中，许多企业乐于通过以物质刺激为主的薪酬体系来激励客户经理，这种常见的薪酬方案一般由五个部分组成：底薪、奖金或提成或分红、福利、额外津贴、额外赏金等。底薪是企业给客户经理定的基本工资，然后视其工作成绩来确定工资之外的奖金或提成或分红，同时，企业还为客户经理提供养老保险、医疗保险、住房公积金等福利政策，工作服装、工作工具和设施等额外津贴，另外，逢年过节或周年庆典或其他原因，企业还会发给客户经理红包作为额外的赏金。

所有这些薪酬表现形式的一个基本依据是客户经理在企业中的职位，因为普遍的看法是职位代表着经验、资历和对企业的贡献。职位高，则资历深，工作经验丰富，对企业的贡献大，所以薪酬要高；而职位低，则资历浅，工作经验缺乏，对企业的贡献小，所以薪酬要低。

同时，这种薪酬激励体制的一个基本逻辑是只有不断加薪才能激励客户经理、留住人才；而加薪的依据就是客户经理职位的升迁，获取更多薪水的唯一途径是雇主将雇员提升到更高一层的职务级别，当雇员达到他的职务顶端时，加薪即告一段落。见图10-14。

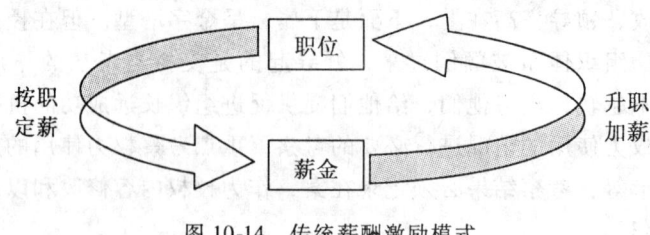

图10-14 传统薪酬激励模式

这种职位与薪金的紧密螺旋循环模式隐含的危机在于:

1. 激励机制失灵。薪水是由职位决定的,与业绩的直接关联不紧密,而职位多是论资排辈,按部就班。在这种体制下,刚刚加入的新客户经理由于资历浅,职位低,相对微薄的薪水无法刺激新客户经理的积极性;而老客户经理则躺在自己苦熬出来的资历簿上安稳地享受着企业补偿的丰厚报酬,同样缺乏继续进步的积极性。

2. 激励动力枯竭。通过提高客户经理的职务级别来增加他的薪水,这个命题的前提条件是企业必须有一个很长的职务级别链。职务级别链越长,客户经理越有盼头,激励动力才能持续长久。不过,这种激励动力总有枯竭的时候,因为企业的职务级别链不可能无限延伸,当客户经理的职务级别达到最顶层时,他的加薪旅程也走到了尽头。这种单一死板的激励逻辑在已经步入网络经济时代的今天更加显得捉襟见肘,因为网络的级数扩张和渗透,使得企业的组织结构越来越呈现出扁平化的趋势,原先金字塔式的职务级别链逐渐被打破,"升职加薪"的模式在这种短的职务级别链中更加显得动力不足。

3. 激励成本攀升。由于激励原理简单,激励手段单一,企业只能通过在底薪的基础上根据客户经理一段时期的表现增加薪水来激发客户经理的工作积极性,挽留客户经理,尤其是核心客户经理和重要客户经理。这就意味着企业在雇员身上的投资会逐渐上升,而对应的生产效率并不是以同样的速度在递增。同时,工资又具有"向上刚性"的特征,涨工资皆大欢喜,山呼万岁;降工资石破惊天,风起云涌;正所谓上山容易下山难。企业资源的浪费因此而在所难免。

很明显,这种职位与薪金的紧密螺旋循环的体制在激励客户经理方面已经没有多大的实施空间了。与此同时,与顾客市场趋同的是,雇员的需求也呈现出多样化的趋势。马斯洛的需求层次论同样适用于雇员市场,客户经理在企业环境中,除了生理需求、安全需求外,还存在归属需求、自尊需求和自我实现的需求。不同的客户经理在不同的阶段、不同的时期,其需求的侧重点也不相同。而且,随着客户经理在企业环境中不断适应、潜能不断发挥,其需求也逐渐从生理需求、安全需求等低层次需求向归属需求、自尊需求和自我实现的需求等高层次需求演进,单纯的金钱刺激因此会越来越失去功效。另外，市场大环境的快速变化，更加扩大了企业雇员需求构成的多样化趋势。这主要表现在两个方面：一是由于全球经济的快速发展和全球经济一体化趋势的加快，刺激了劳动力市场的繁荣和人才更大范围的流动，企业客户经理的构成打破了原来由本地男性职员一统天下的格局，不同性别、不同地区、不同民族甚至是不同国籍的人才构成了企业的雇员生力军：越来越多的女性从厨房中脱离出来，加入到职业大军中；越来越多的人不远千里奔赴异国他乡寻求发展。这种情况在大型跨国企业中非常普遍。受教育程度、思维方式、文化背景和价值观念等的差异，导致他们对薪酬激励体制存在不同的认识和需求。另一方面，也是由于全球经济一体化趋势的加剧，促进了不同文化、不同价值观之间的融合，人们价值观的变迁速度加快，需求的周期性变迁也随之加速，企业雇员的需求呈现更加动态的多样化趋势。

在这种状况下，单纯的物质刺激很明显是无法起到激励客户经理的作用的，企业必须采用多样的激励形式，并为客户经理提供定制化的薪酬方案。

关于员工激励的方式，Katzenbach 和 Santamaria[1] 基于自己的经验，将对客户接触员工的激励归结为 5 种：在企业使命和价值中为员工创造一种集体荣誉感；使员工清楚自己的任务、重要性、业绩衡量方式，并以持续的方式追踪结果；给员工个人自由和赚钱的机会，同时给他们很大的风险，对他们的行为很少做出规定；对个人成就表示尊敬并承认质量业绩；借助工资和红利系统来支持实施。这些激励方式产生动力的原因见表 10-5。

表 10-5　　　　　　　　　激励客户接触员工的 5 种方式

激励方式	产生热情的原因	员工对组织有归属感的原因
使命、价值和荣誉的方式	相互信任、有集体荣誉感和自我约束力	为成就、守法和荣誉而感到骄傲、共享价值
过程和尺度的方式	透明的业绩衡量标准，清晰的结果追踪	知道企业要他们做什么，知道如何衡量业绩以及这样做的原因
创新精神方式	有个人自由，有赚更多钱的机会，行为规范更少，可以选择自己的工作活动，但承担很大的个人风险	能控制自己的命运，在高风险、高回报的环境中工作

---

[1] J. R. Katzenbach & J. A. Santamaria. Firing up the Frontline. Harvard Business Revuew, May-June 1999: 109.

激励方式	产生热情的原因	员工对组织有归属感的原因
个人成就方式	对个人成就非常重视，不过分计较个人得失	因个人工作质量而得到承认和赞赏
奖励和庆祝方式	对成就进行奖励和庆祝	在高度互动的环境中享受乐趣和相互支持

Katzenbach 和 Santamaria 的描述拓宽了人们关于激励方式的视野，但是由于过于笼统和抽象，并不具有很强的操作性。

美国学者特鲁普曼（John E Tropman）以一种"薪酬等式"的模式提出了更为普遍、详细和操作性的激励方式分类。在他的薪酬等式中包含了五大类十种成分的激励方式，并在此基础上提出了"自助式薪酬方案"的概念。

特鲁普曼的薪酬等式[①]表示为：

$$TC = (BP + AP + IP) + (WP + PP) + (OA + OG) + (PI + QL) + X$$

式中：TC——整体薪酬；

BP——基本工资；

AP——附加工资，定期的收入如加班工资，还有分红、工作绩效奖励；

IP——间接工资，福利；

WP——工作用品补贴，是由企业补贴的资源，诸如工作服、办公用品等；

PP——额外津贴，购买企业产品的优惠折扣；

OA——晋升机会；

OG——发展机会，包括在职在外培训和学费赞助；

PI——心理收入，雇员从工作本身和公司中得到的精神上的满足；

QL——生活质量，反映生活中其他方面的重要因素（如上下班便利措施、弹性的工作时间、孩子看护等）；

X——私人因素，个人的独特需求，如我能带狗一起来上班吗？

针对客户经理需求多样化的特点，企业可以破除固定的薪酬体制，采取自助式的薪酬方案，在公司和雇员充分沟通的基础上来确定雇员的激励形式，这种自助式的薪酬方案的主要特点是：定制化和动态性。

1. 定制化

由于不同的雇员对薪酬体制有着不同的认识和需求，一刀切的激励机制不能产

[①] 约翰·E. 特鲁普曼. 薪酬方案——如何制定员工激励机制. 胡零，刘智勇，译. 上海：上海交通大学出版社，2002.

生最佳效果,最好的方式是与顾客市场上的情形一样,实行雇员薪酬方案定制化,根据雇员不同的需求来安排以上十种薪酬成分的比重,一个客户经理对应一个薪酬组合。比如某个客户经理对额外津贴不感兴趣,那么他可以放弃额外津贴这一部分,而挑选能让他感兴趣的部分,诸如生活质量(减少每周工作时间或者早晨可以在家办公);再如,某个客户经理不需要医疗保险(因为他的配偶的保险已经将他包括在内了),他就可以把这份原本用于医疗保险的薪酬转换到其他方式上去,比如增加基本工资;还有,某个客户经理可以选择高工资,放弃一些事后的奖励,而某个客户经理选择低工资,希望年底多一些分红。总之,定制化的薪酬方案不仅满足了客户经理的差异化需求,也降低了企业在客户经理身上的投资成本,提高了投资效率。

在图 10-15 的报酬效用无差异曲线上,尽管 A 点和 B 点的薪酬组合不同,但它们给予雇员的感受是相同的,激励的效果也是一样的。

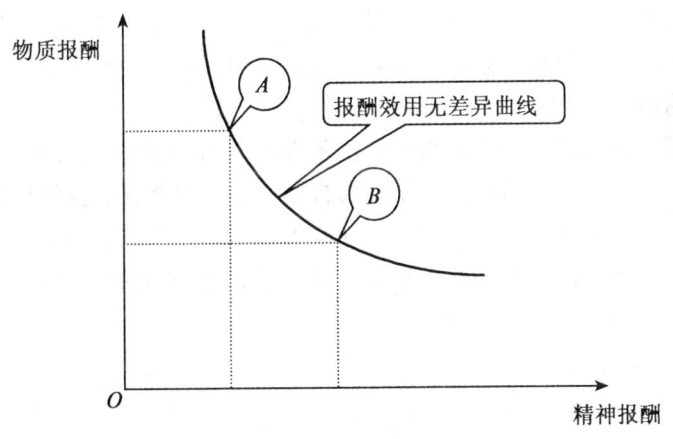

图 10-15　报酬效用无差异曲线

2. 动态性

由于客户经理的需求在不同的阶段、不同的时期有着显著的差异,所以定制化的薪酬方案也不能一成不变,需要根据客户经理需求变化的情况做相应的调整。比如年轻客户经理希望在直接工资和晋升机会、发展机会等方面的比重大一些;而随着年龄的增大,客户经理可能对间接工资、生活质量等方面有了更多的关注。

企业推行自助式、定制化的薪酬方案,需要遵循以下几个原则:

1. 最终的薪酬目标必须与企业和雇员今后的发展方向相一致。企业在照顾客户经理个性化需求、为其定制薪酬方案的同时,也要注意适当约束和引导,创造一种积极向上的企业文化氛围,不可因此而混乱了企业正常的管理秩序。

2. 确立以团队为基础的奖励概念。鼓励客户经理之间的协作与学习。

3. 必须允许雇员参与。雇员薪酬方案暗箱操作的做法越来越得到客户经理的厌恶，自助式薪酬方案突出的就是客户经理积极参与自己薪酬形式和内容的确定，如同在自助餐厅吃自助餐一样，根据自己的口味选择自己喜爱的菜肴。决策人员需要与客户经理进行充分的沟通、交流，与客户经理共同商定其一段时期内的薪酬方案。同时，还需要一定的透明度，允许客户经理公平竞争。

4. 实施分类管理。不同的客户经理对企业的价值和重要性是不同的，其类似人才的市场供求状况也是不同的，企业对他们的薪酬方案的设计和管理花费的时间应有所区别。按照 ABC 管理法则，企业的 A 类人员（占企业总人数的 20%），是企业的中坚力量，他们的贡献远远超出了雇用他们的成本，企业必须留住他们，所以他们的薪酬方案需要精心设计，支付的薪水也应该高出市场平均水平 20% 甚至更多。企业的 B 类人员（占企业总人数的 60%），是企业的雇用大军，他们一般恪尽职守，兢兢业业，对企业忠诚，所以可以按照市场平均水平或略高于市场平均水平来支付他们的薪水。企业的 C 类人员（占企业总人数的 20%），业绩差，效率低，已经成为企业的累赘，企业需要劝说他们离职，所以应该支付给他们低于市场 10%~20% 的薪水。

可以毫不夸张地讲，随着网络经济的不断延伸和渗透，人员素质的不断提高，人类生活质量意愿的不断增强，定制化的自助薪酬方案将是企业激励机制的主要方式。我们希望企业的高层管理者们能够摆脱固有的思维定式，不失时机地改变传统的薪酬体制，引进自助式薪酬的思想和方法，从而更好地激发出客户经理的潜能，留住高价值的"高人"。

第十一章 客户关系管理项目实施

在客户关系管理项目的实施环节,企业需要对进程有一个总体的把握,切忌盲目投资上马,快速推进。通过本章的学习,你需要了解客户关系管理项目小组的构成及分工,如何制定实施规划和步骤,如何选择合适的产品与服务,以及如何在网络平台上应用客户关系管理。

第一节 组建项目小组

在规定的时限和投资强度下,企业为了保证被实施的 CRM 项目能够达到预期的性能指标,必须对有限的资源进行有效管理、分配以及对项目的进程进行计划、调度、监视和控制,而这就要求企业首先建立一支高效的 CRM 实施管理团队。该团队的任务就在于对 CRM 项目进行全面的规划和控制,不断根据实施过程中出现的问题进行适当的调整,制定分阶段、分步骤的系统模块实施细化方案,并以高效的运作来保证实施项目的顺利进行,最终达到预定的量化实施标准。一个 CRM 项目的实施会涉及企业、软件供应商,有时还有咨询机构。因此,CRM 项目团队的成员除了有公司的员工外,还有软件供应商的专员,也有可能邀请资深的 CRM 实施专家。一个典型的 CRM 实施组织如图 11-1 所示。整个项目由项目指导委员会统筹协调,由项目经理负责领导业务组、技术组和培训组进行具体实施,由项目监督组对项目的实施过程和实施结果进行检察和监督。

一、项目指导委员会

项目指导委员会是 CRM 项目的最高决策机构,一般由企业的高层领导(例如总经理、营销经理、IT 经理)、软件商代表以及实施顾问组成。指导委员会决定项目的总体目标、范围、投入资源,对项目计划等进行审核和批准,并进行关系的协调。其主要职责包括:

- 建立并传播项目实施的愿景
- 促进企业的文化作出相应的转变
- 审定项目目标、范围及评价考核表
- 制定方针政策,指导项目推进小组

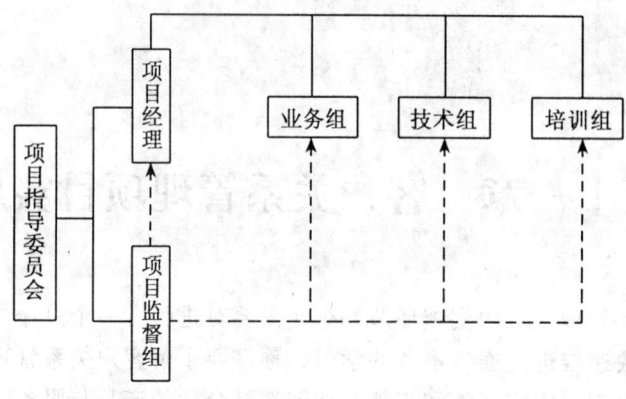

图 11-1　CRM 项目实施团队

- 审批项目的预算，安排项目资源，并保证资源的可利用性
- 推进项目计划的实施，监控项目进程
- 解决项目进展中可能出现的矛盾
- 审批 CRM 流程与组织机构改革的方案
- 审批新系统的工作准则与工作流程
- 任命项目经理

项目指导委员会的建立有助于从组织上确保企业和外部合作伙伴双方最高管理者的实际参与，使各种矛盾和争执得到尽快的解决，避免在项目实施过程中产生常见的拖拉、相互推诿的不良现象。但是，为了保证项目指导委员会能够真正发挥作用，必须注意三点：

第一，在确定指导委员会成员时，要看实际起作用的能力，而不是光看"官位的大小"而把委员会流于形式。否则，这种委员会不仅起不了正面作用，反而会妨碍项目的进程。

第二，指导委员会成员必须有紧迫感，要把项目议题作为优先事项来处理。

第三，要加强对参加指导委员会的企业高层的 CRM 培训，使他们建立起 CRM 的管理理念。在现实中，很多企业的高层只对资金层面比较感兴趣，而对业务或技术层面了解很少，不能从宏观上把握项目的总体方向。在这种情况下，委员会的作用可能会被架空，如同虚设。所以，只有加强对这些企业的领导进行培训，以他们感兴趣的语言揭示 CRM 案例的"效应"，使他们真正领会 CRM 的管理理念后，他们才可能成为 CRM 项目的坚强后盾。

二、项目经理

项目经理是 CRM 项目具体实施的负责人，是日常项目活动的主协调员。项目经理必须在规定的时间内，制定项目计划，合理调配各种项目活动的资源（包括人、财、物），对项目阶段性的产出进行评估，并根据评估结果对项目计划作出相应调整。项目经理统管各个项目职能小组，向项目指导委员会负责，受项目监督组的监督。其主要职责包括：

- 协调企业与软件商和咨询商之间的关系
- 确保项目成员对企业的目标和期望有着一致的理解
- 为项目实施的范围、目标、预算提供建议
- 制定详细的项目实施计划
- 管理项目资源，使资源发挥最大的效用
- 为项目职能组分配任务和资源
- 指导、组织和监控各职能组的工作
- 组织开展调查分析工作，为流程的优化提供建议
- 密切关注项目中出现的重大问题，并确保问题得到及时解决
- 规划系统的原形，制定系统集成测试、转化和切换的策略
- 对项目作出阶段性评估，并及时向指导委员会汇报项目的进展情况
- 建立教育培训计划，组织和开展对相关的各级人员进行 CRM 的培训

由于项目经理充当了业务和技术两大块粘合剂的角色，他在 CRM 项目管理中起着非常重要的作用，是一个项目全面管理的核心和焦点。因此，对 CRM 项目经理的要求，除了必须具备基本的项目执行能力外，对 CRM 的主要业务领域（营销、服务和销售）必须具备充分的知识，并且具备良好的学习和沟通能力。任何一种能力的欠缺都会给项目带来影响，甚至导致项目的失败。

具体而言，对 CRM 项目经理的能力要求包括个性因素、管理技能和技术技能。

1. 个性因素。项目经理个性方面的素质通常体现在他与组织中其他人的交往过程中所表现出来的理解力和行为方式上。素质优秀的项目经理能够有效理解项目中其他人的需求和动机并具有良好的沟通能力。CRM 项目实施过程本身就是一个项目理解、互相学习的过程。这就首先需要项目经理来营造一种虚心向别人学习的氛围。在个性因素中，还有很重要的问题是，项目经理要能够转变观念，积极灵活的解决项目实施过程中所遇到的新问题。

2. 管理技能。管理技能首先要求项目经理把项目作为一个整体来看待，认识到 CRM 项目各部分之间的相互联系和制约以及单个项目与母体组织之间的关系。只有对总体企业战略和 CRM 项目有清楚的洞察力，项目经理才能制定出明确的目标和合理的计划。由于以往 CRM 项目的成功率不容乐观，因此对项目经理的管理技能提出了更大的挑战。

3. 技术技能。CRM 是新兴的管理思想和管理方法，而且成功的案例还不是很多，这对于项目经理而言是一个很大的挑战。因此，项目经理在领导项目团队推进

项目的过程中，CRM 项目经理除了要根据自身的 CRM 技术技能做出判断外，更需要经常共同讨论，互相学习，共同解决从未遇见过的问题。

三、业务组

业务组是 CRM 项目实施团队与最终用户之间的联络人，为业务需求和技术的最终"磨合"提供业务层面上的支持。其小组成员主要来自企业的三大业务领域的负责人和专家，包括营销、市场和客户服务，也可以是来自外部的第三方咨询机构的人员。业务组必须对营销、销售和客户服务领域的运作流程进行深入分析，并且根据企业的实际情况对企业的各种业务瓶颈进行诊断，最后根据诊断结果撰写出业务需求表。业务组对业务部门的项目实施负责，其主要职责包括：

- 安排各部门的业务人员参加项目的实施
- 帮助规划和确认项目的具体实施方案
- 明确各部门对软件功能与性能的要求
- 提出各部门或各领域之间的相关联的业务对软件的要求
- 提供各业务领域的专业知识，改善业务流程
- 负责各部门的软件模块的构造和实施
- 收集用户对其部门的软件模块的设计和构造上的建议
- 设计和构建各个软件模块的系统参数
- 与用户一起为适应软件的应用而对相关流程作出改变
- 激励用户对项目的参与并发挥作用
- 对各部门的最终用户开展相关培训
- 及时向项目经理汇报各部门的项目实施情况

由于 CRM 实践活动同营销经理的角色密切相关，由营销经理担任业务组组长往往可以从企业的高度综合考虑各类客户问题，在业务整合上可以起到比较积极的作用。另外，由于业务分析小组同其他技术组之间的联系非常密切，在小组内配备一名或多名具有较强 IT 技术背景的业务成员也可以促进同技术人员之间的交流，这种技术"翻译员"所发挥的效果是很明显的。很多时候，业务组认知的一个小问题，在技术实现上却并不容易，小组内这种翻译员的存在在一定程度上可以避免出现在技术和业务人员之间"鸡同鸭讲"的现象。

四、技术组

技术组由信息技术人员组成，负责提供企业现行系统技术的资料，进行系统的开发与配置、硬件和网络结构的设计和系统的部署，从技术的角度帮助规划和确认项目的实施方案、处理流程。根据在项目实施中所扮演的角色的不同，技术组又可以细分为系统开发和配置小组、技术架构小组和系统部署小组。

（一）系统开发和部署小组

该小组主要负责将业务组的各项业务需求在技术上加以有效实现，并将原始数据准确地导入 CRM 系统。这要求必须对 CRM 软件的功能和配置非常熟悉，具备很强的数据分析和处理能力，能够熟练使用各种数据清理、转换和整合的工具。

我们知道，一个操作型或者交互型 CRM 应用系统是 CRM 技术资源的基础框架，主要目的是为公司员工提供合适的客户管理和交互工具，是企业积累客户数据的基本手段。因此，系统开发人员应当以 CRM 系统用户为对象，对用户的日常工作界面进行定义和设计，然后根据界面需求回归到系统业务逻辑和数据逻辑层的配置。

在系统设计和调试阶段，技术开发人员应与用户保持密切合作，根据用户的需要反复调整直到用户的要求得到满足。如果出现用户的期望同项目书里的目标不一致的情况，必须及时向项目经理反映，以便得到及时的修正。因此，这对技术人员的沟通能力也提出了较高的要求。能否想用户所想，耐心地解释和倾听用户的意见是非常重要的素质要求。

（二）技术架构小组

该小组主要从企业应用网络的角度，对计划加入的 CRM 系统进行统一规划和部署，负责服务器以及用户终端的选择和安装调试，在操作系统和数据界面上为 CRM 应用提供条件。对于跨地域的 CRM 应用，技术架构组必须负责考虑数据同步、数据备份以及广域网的数据带宽等要求。

一个稳定可靠的系统操作环境是 CRM 应用系统"安家落户"的重要保证。因此，在 CRM 立项时，项目组人员除了对 CRM 应用系统本身必须有足够的关注以外，对企业整个网络和应用环境也必须统一考虑。如果目前环境不足以支持中长期的 CRM 应用需要，建议暂时搁置 CRM 项目，先单独进行像网络建设这样的 CRM 实践活动项目，从而将大项目小型化，降低项目实施的复杂度和风险。

（三）系统部署小组

系统经过小范围内的试运行后，系统部署小组便要着手在公司范围内全面部署系统。具体地说，就是负责计划用户的终端系统安装测试直至交付用户使用。当然，系统部署小组可以同技术架构组合并，一起解决系统的安装和调试应用问题。

五、培训组

作为项目实施的一项重要任务，用户培训组负责 CRM 系统使用的各类培训。培训组负责各类教材的开发，按项目要求开展各种培训工作，将培训贯穿整个项目的实施过程。企业导入客户关系管理，与其说是引入一套系统，不如说是为企业导入一种思想。所以，培训组需要准备两种培训计划。第一个是转变观念的"洗脑"培训，另一个是软件技术的操作层面的培训。在培训过程中，可让员工介入并观察工作流程的设置，并通过他们的配合实现整个系统的效益最大化。在考虑培训时，要注意尽量减少培训活动对正常工作的影响。利用晚上或周末进行培训是一个很好的安排，可以减少工作干扰。建议用户培训工作可以提前开始，以免拖到项目后期"手忙脚乱"。

六、项目监督组

项目监督组是对项目经理领导下的项目执行组进行必要的考查和监督。它的组成可以从员工中选出代表，或者是选择员工内部具有较大影响力的人。它直接向项目委员会报告，委员会可以对项目实施工作提出必要的修改意见。

项目人员如何组织和配合以使项目得以成功实施，取决于项目本身的规模。以上的 CRM 实施团队的组织结构比较适合于中大型企业的 CRM 项目情况。对于一些小型的 CRM 软件项目或者企业规模较小的，一个小组可以兼任多个功能。就像任何项目一样，项目人员认真细致、充分沟通与合作的精神是项目成功实施的首要前提。

第二节 确定实施规划与步骤

在组建项目小组的工作完成之后，项目小组的成员便要着手确定 CRM 项目的实施规划与步骤。

一、实施规划

对 CRM 项目制定实施规划，目的是审查企业的整体需要，确定 CRM 系统的实施范围及企业对 CRM 系统的要求。在实施规划的过程中，项目小组主要的工作包括：

（一）制定 CRM 战略

CRM 战略是企业为了优化管理客户资源，最大化客户价值而制定的长远规划和长远目标。作为企业思考经营和发展的新角度，基于客户的战略在不断变化的市场环境中显得愈发重要。CRM 战略是企业进行客户需求导向的风向标，直接影响着企业认识客户和对待客户的方法，影响着企业的生存和发展。CRM 战略必须与企业的商业战略和 IT 战略相匹配。完整的 CRM 战略一般包括以下几个部分：客户战略，即企业如何建立和管理一个客户组合，一个客户战略必须要能够回答：客户是谁、客户想要什么、客户如何被管理这几个问题。产品和渠道战略，它保证一个组织能有效地配送其产品，确保销售能力和有效渠道管理。基础设施战略，它保证CRM 的实现能得到一定技术支持和保障。相互协调战略，能创造出可以和客户建立关系并满足客户需要的环境，这需要企业具有客户管理和互动客户关怀的能力。

基于市场上许多企业在 CRM 战略制定上的失败经验,建立 CRM 战略时应注意以下几个问题:

第一,应制定确保数据质量的战略,重视数据的处理与维护。

第二,应制定基于企业整体的战略,并指派一名高级管理人员负责部门间 CRM 应用的规划与协调。若企业仅仅注重某一方面或某一部门的 CRM 需求,导致企业 CRM 应用过于分散,则难以获取最大的收益。

第三,应制定有前瞻性的战略。企业应制定长远的、具有前瞻性的 CRM 战略,明确企业 CRM 在三年或更长时间内的发展目标与方向,使企业能有计划地进行 CRM 投资。实际上,许多企业在 CRM 系统的部署过程中,由于缺乏长期发展战略的指导而严重影响了 CRM 系统的应用效率。

(二)评估现有流程

客户导向的业务流程是 CRM 实施的载体,在多变的市场环境下,流程创新正是企业保持客户满意度和竞争力的有效的手段。在这个阶段,项目小组对企业业务流程的现状进行描述和仔细评估,识别其中存在的问题并制定改善方案。

对现有流程的分析可在基于 KPI(关键绩效指标)的基础上进行。例如,某电力公司将客户满意率、客户投诉率、超时率、故障解决率作为其业务处理的 KPI,通过报表系统和分析层运用系统建立了有效的汇报机制,并形成了一套延续性的改善流程。通过流程分析,CRM 项目小组可以了解企业现有的经营状况及工作方式,提炼出市场、销售、服务中各环节的关键控制点,暴露出隐藏的问题。

客户关系管理的实施意味着企业的整个业务流程都必须以客户为中心而建立和运作。为此,企业需要对原来的业务流程进行简化,合并一些相互重叠的业务环节,去除一些多余的业务环节,采取更加灵活和具有弹性的组织形态,使业务人员具有更多的自主权利,并建立起不同环节和部门的协调与沟通机制。项目小组通过提出对业务流程的改善方案,为客户关系管理的实施提供必要的组织基础。

(三)评价信息化现状

在这个阶段,项目小组需调查掌握企业的 IT 现状,了解 IT 对业务和流程的支撑程度;并分析现有问题与企业 IT 现状之间的关系。企业信息化主要有以下几种具体表现形态:

1. 数据信息化:包含两个方面:一是企业的内部数据,包括人事、费用、采购、库存、销售信息都以数字的形式存入计算机,随时查询;二是企业的外部数据,包括市场、供货、用户、服务,以及外部媒体获取的信息,也以数字的形式存入计算机,通过网络传输数字化的信息、文件、邮件等,实现共享。

2. 生产过程信息化:即采取自动化的智能控制技术,实现生产过程自动化,把企业已经规范的生产流程数字化,用智能化手段解决加工过程中的复杂问题,使得流程所涉及的各个环节的工作更加规范、高效。

3. 产品设计信息化：指企业引进先进的设计应用软件工具，实现产品设计、工艺设计方面的信息化，提高产品设计质量及工艺水平。

4. 市场经营信息化：企业健全市场供求信息库，通过电子商务，实现网上订货、网上销售、网上回访客户、服务质量反馈、网上调研等，缩短企业与客户的距离，节约经营成本，提升客户满意度，扩大市场份额，提高经济效益。

5. 企业管理决策信息化：通过对企业原始数据信息化与科学的加工处理，引进或编制管理信息系统，用于企业实现动态的管理和决策，可以节省办公费用与人力成本，提高企业的管理效率。

6. 企业产品信息化：指企业依据产品所处的行业领域，应用数字技术和网络技术，拓展传统产品的功能，提高产品的附加值，提高服务质量，增强产品的市场竞争力。

评价企业的信息化可使项目小组对 CRM 系统所处的 IT 环境进行全面了解，并寻找出对 CRM 系统实施产生影响的部分，如 CRM 与其他系统的整合问题等，纳入小组在后几个阶段的考虑范围。

（四）分析业务需求

业务需求分析指项目小组与销售、营销和客户服务经理就 CRM 系统的要求和策略进行讨论，最终达成对理想中 CRM 系统的一致看法，确定企业对系统的需求。项目小组先确定每一部门内部所期望的 CRM 主要目标，然后总结性地阐明 CRM 应如何影响每一工作小组和整个公司，从而确定客户关系管理的总体需求。在需求分析阶段，项目小组通常要解决以下基本问题：明确管理目标：调查与分析管理上希望达到的目标或需要解决的问题，区分主次；优化管理流程：由于引入 CRM 系统，对原有的手工业务操作或审批流程必然会有调整，需要以客户为中心重新梳理流程，使流程顺畅、合理；明确应用权限与功能：根据岗位与业务角色，明确各角色在系统中的应用权限与详细应用功能；确定功能规格与应用界面：根据应用要求，确定应用界面与详细的信息格式与展现方式；确定与其他信息系统的接口；明确系统部署与应用模式；分析数据，确定数据导入与数据质量控制的方案；协商与明确系统应用培训的模式。

CRM 业务需求分析通常以调查和访谈的方式进行。调查和访谈的对象包括企业的内部人员和主要客户。项目小组应尽量多地从系统的最终用户、销售人员、客户服务人员、营销人员、订单执行人员、客户管理人员等每天与客户打交道、从事日常工作的系统用户处获取信息，了解他们在客户关系处理方面的经验、存在的问题以及期望的改进方法。下面是一个进行 CRM 业务需求调查的提纲：

- 你所在部门的主要职责是什么？
- 你在工作中使用什么类型的数据？
- 你怎样实现同客户之间的互动？

- 你通常利用哪些数据来增进对客户的了解？
- 你认为如何才能增加同客户和管理层的沟通？
- 你认为如何能减少占去建立客户关系时间的行政和计划要求？
- 你以何种形式参与外部活动，如远程营销和直邮？
- 你如何参与追踪、跟进、数据传送和其他细节问题？
- 你将如何改进自己在上述过程中的做法？

通过对业务需求的调查，小组可发现哪些业务领域最需要自动化，哪些领域需要业务的改善，在选择 CRM 解决方案时应该考虑哪些技术特点。由于软件的特殊性，在需求分析阶段，实施人员的行业应用经验对确定应用需求较为关键，个人的经验与水平在服务过程中，通常会直接影响分析结果。为加速需求分析过程，准确把握需求，可采用行业化的 CRM 平台或相关应用进行示例与引导，将需求协商的结果直接反映到应用界面上，这样可大大提高应用需求分析的质量与效率。

（五）总结现状问题

对现状问题的总结指项目小组基于以上几个阶段的分析，归结出企业在客户关系管理方面的关键问题或关键性需求所在，并对问题改进的效果及改进的可行性进行分析。然后，选择那些改进效果明显同时又改进可行的问题，作为 CRM 实施的突破重点。比如某提供仓储服务的第三方物流企业通过分析得出其对中小企业客户的管理急需改善，且预测在改善之后收益及客户满意度都将有相当程度的提高，那么在 CRM 系统的功能要求等方面就要将它作为考虑重点。

（六）明确实施目标

在这一阶段，项目小组设立 CRM 实施的总体目标以及阶段性目标和功能，为各目标提供有效的量化指标，并确定各个业务系统间的数据流图。在这一阶段，小组必须根据从公司搜集的具体资料，确定明确具体的实施目标。例如，某企业将其 CRM 总体目标设定为：建立以市场为中心的营销机制，实现前后台的业务对接及数据共享，为大客户提供个性化服务；两年内，大客户收入增长 60% 以上，大客户收入占全部收入的比重达到 50% 以上。这就是一个具体、明确、可量化的实施目标。事实上，仍有不少公司的 CRM 项目在不清晰的最终目标的情况下开展，因其实施团队在项目开始前并没有就目标达成共识。这就导致了 CRM 系统实施的最终失败。

在阶段性目标的制定过程中，项目小组应保证每个阶段的工作符合当时企业的实施能力与实际需求，做到阶段实施、阶段突破，从而保证 CRM 实施工作的顺利开展。在量化 CRM 阶段目标方面，惠普咨询事业部提供一种叫 Index 的量化方式——根据客户关心度定义各元素所占的比重。比如：对于顾客满意度，设定产品的质量占 30%，当产品合格率达到 99.9% 时该指标可得 30 分；出问题时的响应时间占 10%，如响应时间不超过 5 分钟，该指标可得 10 分……依此类推，就可以量化制定阶段目标。项目小组可根据企业的特点及需求来设计量化方式。

在设立实施目标时,项目小组还需要考虑以下两个问题:(1)成本。成本是任何项目实施所必须考虑的重要因素。制定 CRM 实施目标亦不能脱离成本上的考量。业内估计 CRM 项目成本的标准是:软件占成本的 1/3,咨询、实施和培训占 2/3。[①] (2) 系统的可扩展性。设立实施目标的过程中,小组应将系统必须包含的高层次需求找出来,在业务需求和外加的功能之间寻求一个平衡点。在分析高层次需求时,除了要关注历史数据的处理问题以外,也要关注 CRM 系统与其他系统的集成问题。

(七) 明确 IT 系统支撑框架

明确了 CRM 系统的实施目标之后,项目小组应描述出支持目标实现的整体 IT 框架。此阶段需要考虑的问题包括在实施 CRM 的同时,是否建设相关的 ERP、EIP 等其他系统;或在企业现有 ERP 等系统的情况下如何将其他系统与 CRM 系统进行有效集成。

为保证 CRM 项目的成功,IT 框架的设计必须灵活。因为没有哪两家公司是完全相同的,所以并不存在适合所有公司的 IT 框架,每一家公司的独特之处都必须在这个框架之中反映出来。因此,此 IT 框架中的技术都应该是可修改的、开放的,并能与公司或组织现有的 IT 基础设施相整合。

对 CRM 系统本身的 IT 架构设计可从其功能的角度进行分析。一般说来,客户关系管理的功能可归纳为三个方面:对销售、营销和客户服务三部分业务流程的信息化;与客户进行沟通所需手段(如电话、传真、Email、网络等)的集成和自动化处理;以支持企业决策为目的对上面两部分功能产生的信息所进行的加工处理。[②] 对企业而言,这三方面功能的实现需要结合企业的业务流程细化为不同的功能模块,然后设计相应的 IT 架构,包括确定选用的软硬件产品及这些产品的功能等。客户关系管理系统的规划目标主要体现在技术和功能两个方面。企业对 CRM 系统的技术要求一般集中在以下几个方面:

- 能够统计大量的客户信息并支持对客户的多维特征分析
- 能够处理复杂的数据并支持对客户进行行为分析
- 具有自定义的建模方式和参数调整的功能
- 能够进行融合人工智能的数据挖掘

(八) 制定实施时间表

CRM 实施规划的最后一项是给项目制定实施的时间表。有效的时间表并不只是给工作分配好时间,而应该符合以下几个要求:

---

① 吕廷杰,等. 客户关系管理与主题分析. 北京:人民邮电出版社,2002:63.
② 韩耀. 客户关系管理. 北京:中国物资出版社,2004.

落实明确而具体的工作。针对每一项工作应明确责任人，做到权责明晰；同时需要明确每项任务的合格标准和验收条件，并设立进行进度检查的时点。

确保时间安排合理公平。时间表的编制看起来似乎是件容易的事，但其实要对项目的各个环节、工作内容与工作量都有深入了解。在编制时间表的时候要多问这几个问题：有多少工作量？有多少时间？同时还需要处理什么事情？这样安排是否合理及现实？时间进度安排公平吗？负责各项任务的人有没有被工作和苛刻的时间进度压得喘不过气来？值得提醒的是要在预计的时间上再加 25% ~ 50%，可以让时间表更现实。大多数人在大多数项目上都会低估所需时间。一个好的时间表应该是合理而公平的，它能够获得执行者的支持。

为了防止时间表在实施过程中的失控，企业在制定的过程中应明确需求范围，避免无休止的客户化。随着 CRM 项目的深入实施，大家对 CRM 的热情越来越高涨，提出的要求也越来越多。造成的后果是无论删减、增加或者改变项目需求，都致使时间表发生相应的调整或滞后，并且模糊了最初的 CRM 项目需求。这就要求企业在 CRM 系统实施的过程中必须做到需求范围明确，严格坚守核心功能，并在项目过程中保持跟踪，以便将实施时间控制在时间表范围之内。

二、实施步骤

CRM 的实施步骤可分为以下几个阶段，如图 11-2 所示。立项启动步骤包括获得整个企业的认可和成立 CRM 项目小组。具体内容在前一节有详细介绍，故不赘述。总体规划即 CRM 的实施规划。

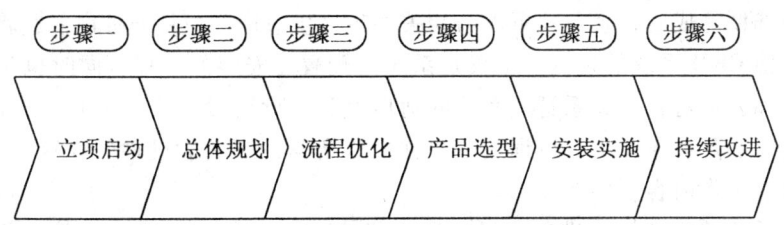

图 11-2　CRM 实施步骤

（一）流程优化

客户关系管理是建立在以客户为中心的理念之上，围绕客户需求开展业务流程的一种管理方式。在 CRM 的实施过程之中，进行企业业务流程的优化是必要步骤，其目标是标准化、精细化和可衡量化。以销售流程为例，流程优化需要分析从销售机会到正式获得订单要经过怎样一个流程以及需要哪些部门的参与。在销售机会分析中，既要分析企业的销售机会的来源，是企业的 Web 网站、电话、销售代表还是分销渠道，也要分析各种来源在销售中所占的比例，以强化其中重要渠道的管理。

不妨通过一个大多数企业都有的流程案例来看现有的流程和优化细化的流程。比如说房地产企业。管理规范的房地产企业会要求客户服务人员快速接听投诉电话、及时回复客户、热情对待客户，相信很多企业都有这样的流程规范。应该说这三项要求已经体现了以客户为中心的思想了，但是从流程精细化的角度来看还远远不够，还只是一种粗放的笼统的要求。如果要建立可衡量的服务标准，细化的流程指标可以为：铃响三声后接听电话、24 小时内回复客户、客户走近 5 秒内做出反应。这样的流程细化可以有效规范标准化流程，并能够有效促进客户服务流程的优化，通过系统的融合还可以自动对客户服务人员进行绩效考核。

（二）产品选型

一般而言，企业对 CRM 系统的功能要求主要集中在以下几个方面：
- 信息分析能力
- 对客户互动渠道进行集成的能力
- 支持网络应用的能力
- 对客户信息进行集成的能力
- 对工作流进行集成的能力
- 与 ERP 功能的集成能力

当然每个企业自身的情况各异，具体需求也有所不同。依据企业的需求分析选择适合的 CRM 产品是 CRM 项目实施的关键步骤。具体方法将在下节分析。

（三）安装实施

产品选型完成后，企业就可以与相关的软件供应商和应用服务商一起将其付诸实施。实施 CRM 系统的过程，不仅是系统的配置、安装的过程，同时也是企业观念、机构和人员对客户关系管理系统的适应过程。此阶段可实现 CRM 系统的配置和客户化以满足业务要求，培训员工，并安装所需的新的软硬件。在这个过程中，项目小组的工作内容主要有：

建立系统的原型，并进行测试。通过供应商方面的实施专业人员与企业 MIS 人员充分的沟通，保证数据转换工作的顺利进行。设计并严格遵循数据转换工作的时间表难度很大。

进行培训。小组在各部门中选择几个员工参加由软件商提供的培训，变成新系统方案的专家；然后再由他们负责对所有系统的系统用户和管理人员进行培训。

局部实施。局部实施的系统应该是一个良好的系统原型。由一个用户小组利用该系统进行工作和测试，写出质量保证测试报告，并送交项目小组经理。

最终实施和项目的铺开。项目小组给每个成员一份实施时间表，在表中说明项目实施的每个阶段所应完成的工作和在此阶段之前该完成的工作。

对所有用户的正式培训。首先,设定对培训的期望,然后通过正式的培训来实现这些期望。这个培训是在计划阶段所确定的需求的基础上进行的。切实的培训计划和它的严格实施是成功培训的重要保障。

由于客户关系管理涵盖企业的营销、销售、客户服务和决策支持等多个领域,因此客户关系管理的实施不仅需要企业多个部门的协同作战,而且更需要一位能够调动企业各个部门资源的企业高层领导的参与和支持。

(四)持续改进

运用 CRM 系统实现管理目标是一个持续的过程。企业不仅要根据业务的轻重缓急来分析需求,配置、定制和应用 CRM 系统,还需要根据营销与服务管理的变化来调整 CRM 系统。为有效实现系统的持续改进,企业应成立以相关部门直接领导组成的"持续改进委员会",对持续改进的方案进行决策,并配置人力资源来支持持续改进工作的信息收集、执行和信息反馈。

对系统的持续支持要求公司配备至少一名全职的内部系统管理员,以保证技术上的自给自足。出于专业技能和对企业 CRM 项目熟悉程度的考量,系统管理员应从计划阶段就开始接触 CRM 系统。CRM 系统的技术支持是艰巨的工作,因此企业应提供综合性的支持计划,对内部的专家提供技术等方面的帮助。

第三节 选择合适的产品

选择合适的 CRM 对于项目的成功无疑具有重要意义。在此,我们将从几个方面来研究 CRM 的选型。

一、CRM 产品类型

从功能上看,CRM 产品可分为运营型 CRM、分析型 CRM 及协作型 CRM。

运营型 CRM(Operational CRM):可从客户的各种"接触点"将客户的背景信息和行为数据收集整合在一起,经过整合和变换,装载进数据仓库,运用 OLAP 和数据挖掘等技术,从数据中分析和提取相关规律、模式或趋势,再利用动态报表系统,把有关客户的信息和知识在整个企业内进行有效流转和共享。运营型 CRM 使销售、服务、支持和市场相关的业务流程自动化,响应时间加快,从而提高客户满意度。

分析型 CRM(Analytical CRM):充分利用数据仓库技术和数据挖掘工具提供了客户关系管理通常包含的复杂的分析功能,如客户概况分析、客户忠诚度分析、客户利润分析、客户性能分析、客户未来分析、客户产品分析、客户促销分析、客户满意度分析、交叉销售分析、产品及服务使用分析、客户信用分析、客户流失分析、市场分类分析、市场竞争分析等。通过多层次和多视角的商业智能及客户行为分析，透视客户需求、消费习惯、行为模式，分析各种客户占有率等，为公司挖掘最具潜力价值的客户，实现交叉销售提供决策分析依据。此类软件技术含量高，实施和掌握的难度也较大。

协作型 CRM（Collaborative CRM）：用于提高在所有渠道上同客户交互的有效性和针对性，通过诸如电话、Mail、Fax、Web 以及各种无线接入方式等，使企业与客户充分沟通和自由互动，通过合适的渠道，在适当的时候，将合适的产品，提供给适当的客户，让客户充分了解企业的产品与服务，在双赢的基础上建立良好的客户关系。

通常软件公司提供的解决方案兼有以上功能，只是侧重点各有不同。因此，选择时应考虑到企业当前的技术基础和实际需求，对 CRM 的功能进行取舍。如果公司当前基础工作做的比较到位，硬件设施齐备，网络分布合理，"接触点"即各营业网点以及客服中心数据收集及时正确，公司决策层希望 CRM 能辅助决策支持，可选用偏重分析型的软件；否则，可首先考虑兼有运营型和协同型的软件。

二、选择原则

企业应该根据管理需要来选择功能，而不是软件功能制约管理。具体选择要从以下方面来把握：

1. 功能方面。选择 CRM 软件，必须立足于企业现有的技术基础设施以及全面配套的功能要求，从而实现优化销售、市场以及客户服务流程的目标。全面的 CRM 软件应当包括多种功能：客户沟通、销售管理、电子化营销、客户服务、市场营销、电子商务。

2. 技术方面。技术因素对于 CRM 项目成功与否也是至关重要的。没有任何两个完全相同的企业，因此也就没有任何一套 CRM 解决方案是适合所有企业的。每个企业都应当在技术方面被区别对待。所以，企业所采取的新技术如何实现个性化，如何与企业现有的基础设施相集成是非常重要的，表现在：快速应用开发工具、跨平台的数据同步、用户和数据的多级安全设定、可升级的定制数据库、与其他应用程序实现实时集成、网络技术。

3. 选择供应商。选择 CRM 软件供应商与选择 CRM 同样重要，具有丰富经验的供应商将具备如下素质：确定具体的商业自动化需求、具有培训项目团队的能力、进行系统设计和设置、提供实施和技术支持、培训用户、经理人员以及技术团队、向客户展示 CRM 系统、提供不断的支持服务。

除此之外，还要考虑以下因素：（1）易用性。所选 CRM 软件界面友好，操作简单，用户不需要太多培训就能使用。易用性决定了最终用户的态度，从而也决定了 CRM 的成功与否。（2）易集成性。选择的 CRM 解决方案应当与公司使用的其他关键系统协同使用。除了计划在将来实施的系统外，还应当考虑现有的前后端技术。另外从长远来看,在竭力扩大解决方案的应用范围时,会让各个部门或者业务项目参与进来,它们也应当考虑在内。当然,软件价格、开发工具、软件升级、可扩展性都是要考虑的因素。

三、选择流程

企业要根据自身的经历和经验,正确选择 CRM 产品。具体的选择流程如下:

(一) 评估当前环境状况

一般来说,自己开发软件不如购买现成的商业软件经济,但是也要慎重对待管理软件,交货时间、许可费用、维护费用对做出正确的决策有着重大的影响。如:公司 A 进行管理软件实施的可行性研究时,发现他们要求的功能太多,以至于没有一家公司的产品符合要求。在这种情况下,他们放弃了购买现成软件产品,而是向主要的软件提供商招标,让这些软件供应商来分析公司需求,然后提出解决方案。在这时就应该聘请第三方的咨询公司站在中立的立场上客观地评价这些解决方案。除了软件公司外,第三方的咨询公司拥有足够的技术人员和行业专家,这样客户就用不着为了系统实施而准备庞大的项目队伍,因为项目结束后的系统维护和推广将不需要这么多人。

(二) 选择 CRM 解决方案

企业应该选择专业的咨询公司、顾问、研究人员等,他们具有丰富的行业经验,可以提供对市场上主要的 CRM 解决方案的系统评价。在对软件解决方案进行评价时,必须多方参与。一个复杂的 CRM 解决方案有三个重要的要素:软件、技术和供应商。只有这三个要素紧密结合在一起,才有 CRM 的成功。单个要素的优势并不能弥补其他要素的弱势。

(三) 选择软件商

与软件供应商联系,询问自己关心的问题,要求软件供应商提供可行性报告,访问软件供应商的网站,这都是很有效的途径。还有重要的一点就是,别忘了要求他们进行一次演示活动。很多的软件供应商在产品展示时,只展示他们软件所具有的功能,或者大讲管理理念。要特别小心那些不愿意进行产品演示的软件商,因为他们所许诺的功能可能代价昂贵,或用起来不方便,或在现有的条件下根本不可能实现;而活生生的产品演示活动则容易地把南郭先生揪出来。

(四) 费用预算与核算

就整个 CRM 项目的费用而言,软件一般占 1/3,咨询、实施、培训的费用占 2/3。另外,还要考虑到系统升级和改变系统所需的费用。有一些软件,在改变系统时,需要软件商的技术人员和咨询顾问的充分参与才能完成,给企业带来了额外的费用。实际上,如果咨询、实施和培训进行得很好的话,系统的变化可由用户来完成,而不需要额外的咨询顾问的费用支出。在考虑系统的方案费用时,要力争

回答如下一些问题:
- 系统需要客户化工作吗？该软件是否为黑箱作业？
- 客户化的工作量大吗？费用如何？
- 这个项目的咨询费用是多少？
- 系统上线后，此系统的配置和维护是否困难？是否不断需要外部力量的协助？
- 为了使得本企业的员工能使用该系统，所需要的培训费用是多少？
- 系统上线后，需要的维护费用多吗？本企业的员工能否完成这项工作？
- 为了配合该系统的实施，还需要购买哪些软件和硬件？
- 系统实施的时间表是什么样的？

回答了上面的问题后，基本上可以了解该解决方所需要的费用。

(五) 签订合同

软件公司将对软件问题负责，而顾问公司将在项目结束后签署支持和维护的协议。应该仔细阅读合同，很多合同有清楚的或样板式的条款说明所有权和支持条件。

第四节 网络化的客户关系管理

客户关系管理系统要能实现对多个接触点的大量数据进行协同化、高效的处理，因此，网络化成为客户关系管理的一个重要特征。

一、CRM 网络化的必要性

CRM 系统必须能够应用 Internet 技术，其必要性表现在以下三个方面。

(一) 保证高效的客户互动和信息同步化

Internet 技术的广泛应用导致客户接触渠道不断增加，电子商务的迅速发展推动了交易与服务形式的日益更新。在这样的背景环境下，要求 CRM 系统能够帮助企业实现高效、实时的客户交互，从而保证各客户部门之间信息的同步传递。先进的 CRM 系统必须具有处理所有客户联络渠道和实现不同部门之间信息高效沟通的能力，这就有赖于应用网络技术实现高效的信息传输和先进的交互方式。CRM 系统既要能支持传统的客户沟通渠道，又要能支持基于网络的应用。这样，当企业经营转向电子商务，或客户转向网络渠道时，CRM 不会因为出现信息缺陷而导致其再次落伍。

(二) 给予客户对于双方关系的更多控制权

Internet 将交流和达成交易的权力更多地移向客户一端，企业将不得不给予客户对于双方关系的更多控制权，例如根据客户需要的服务类型、客户需要的信息等来构建交互的方式。CRM 不仅要具备基于 Internet 的销售和售后服务渠道，能够进行实时的、个性化的营销，还要使用基于 Internet 的架构给予客户对于双方关系的更多控制权。

（三）支持电子商务开发

电子商务是以电子的方式进行销售活动的商业模式，如网上购物和网上支付，它是网络催生的新的商业模式。随着电子商务的迅速发展，企业要求管理信息系统能够支持新的销售方式，CRM 系统通过 Web 应用可以展开个性化一对一营销，支持电子商店，实现自助式客户服务，处理客户在线提交的服务请求，从而提供对电子商务的全面支持。

二、CRM 的网络基础架构

应用系统的网络体系结构有两种：一种是 C/S 结构，即客户机/服务器（Client/Server）结构；一种是 B/S 结构，即浏览器/服务器（Browser/Server）结构。这两种结构各有其优缺点，在 CRM 的实施过程中应根据实际需要来进行选择。

（一）C/S 结构

C/S 结构出现在 20 世纪 90 年代早期，一度成为应用软件系统结构的主流。它通过将任务合理分配到客户端和服务器端，降低了系统的通讯开销，可以充分利用两端硬件环境的优势。其基本结构见图 11-3。

C/S 经过多年的研究使用，技术比较成熟，但也由于其固有地位，不易舍弃，成为企业应用新技术的一种障碍。总的来说，C/S 结构有以下优点：

- 安全稳定
- 开发工具丰富、强大。
- 速度快
- 对服务器的要求比较低
- 对于复杂界面或者数据处理情况下使用方便快捷。

其缺点有：

- 必须安装客户端，升级维护复杂
- 平台依赖性强
- 系统互连互通能力弱

C/S 结构主要应用于局域网，当客户端数量不大时，它能实现很高的效率，但每次系统的升级都需要同时对服务器和客户端进行升级，当客户端数量增加时，系统维护的成本将成倍增长。随着企业的网络应用范围越来越大，它通过网络来为客户提供服务也越来越多，为成千上万的客户进行客户端升级和维护几乎是一个不可能完成的任务。

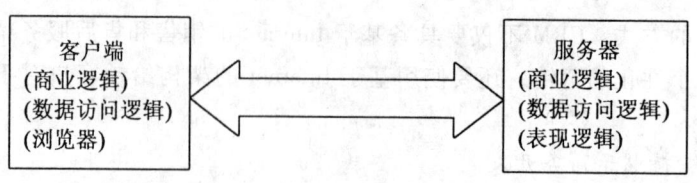

图 11-3　C/S 结构的基本构成

（二）B/S 结构

尽管 B/S 结构的实现没有说的那么简单，在理论上，它只不过是对 C/S 的一个小小修改而已，可用图 11-4 来表示。

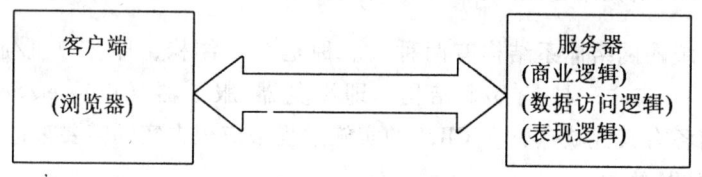

图 11-4　B/S 结构的基本构成

其基本原理是保持瘦客户端，在客户端上不分配处理任务或很少的任务（通过 Java Applet 之类的小插件来实现），这样所有的升级和维护工作只需在服务器上进行，客户端通过标准浏览器就可使用服务器提供的服务。

B/S 结构有两个重要的优点，一个就是易于升级维护，另一个是不依赖于特定的平台，浏览器并不需要知道服务器用的是 Unix 系统、Linux 系统还是 Windows NT，这使得 B/S 结构拥有很好的扩展性。但是，B/S 结构也为此牺牲了一些效率。首先，由于所有处理工作集中在服务器上，服务器的负荷变得很大，并且得出结果后往浏览器传输的数据量也大，这对通讯带宽有比较高的要求；其次，浏览器的主要运行方式是页面交互式的，当用户在浏览器上进行涉及多种数据的操作时，他需要在很多个页面之间切换，这造成了一定的不便；最后，由于技术的不成熟，浏览器表示信息的能力有一定局限性，无法满足某些特殊要求。

实际上网络架构往往不会是简单的二层结构，不管是 C/S 结构还是 B/S 结构，为了减轻服务器的负担，可在客户端与服务器之间设置一层应用服务器或 Web 服务器，将业务逻辑和数据库分离开来，如图 11-5 所示。

这种三层结构还可进一步扩展成多层结构，根据 B/S 和 C/S 两种结构的特点，采用两种模式相结合的混合架构，从而取得效率和扩展性的平衡。企业内部的用户采用 C/S 模式，可降低系统开发难度，获得高效率，提高信息安全性；企业外部的用户应尽量采用 B/S 模式，保持良好的扩展性，充分利用 Internet/Intranet 的便捷实现随时随地对客户的服务。见图 11-6。

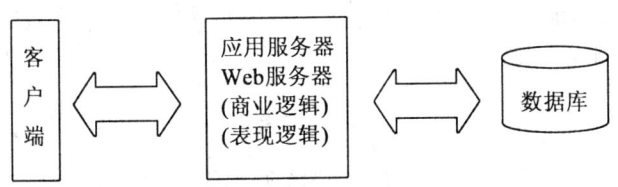

图 11-5　网络基础的三层结构

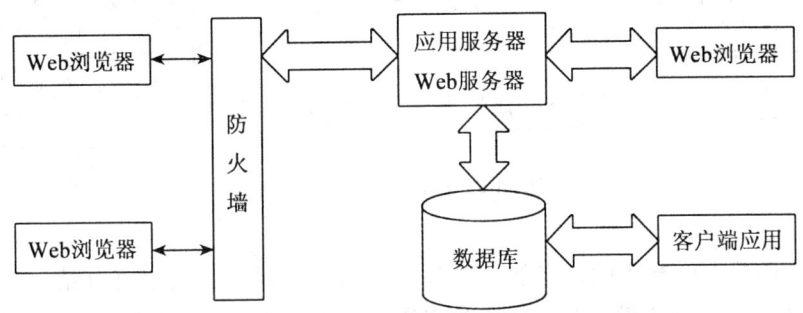

图 11-6　网络基础的多层结构

三、网络化的关键业务流程

在企业运营中，与客户直接联系最紧密的是三个关键业务流程：销售、市场营销和客户服务。这里的"网络化"并不是指电子商务，而是指这些业务流程的一部分通过网络来完成。CRM 通过良好的设计和集成支持这样一种网络化的业务流程，可以极大地提高工作效率。如图 11-7 所示。

（一）销售管理

一个典型的销售人员的日常事务主要有：

每日拜访计划：拜访客户及区域、时间、项目及目的等；

每日销售报告：客户洽谈结果、回款、竞争对手、客户意见、动态等；

市场状况反馈：消费者的意见、竞争对手的新动作、经销商的抱怨、客户的人事变更等；

销售会议：早会、晚会与周会；

……

这些销售人员的日常事务可分为两类：一类是与自己公司的信息交流，一类是与客户的交流。人都有情感需要，要维护好客户关系，传统上那种跟客户面对面的

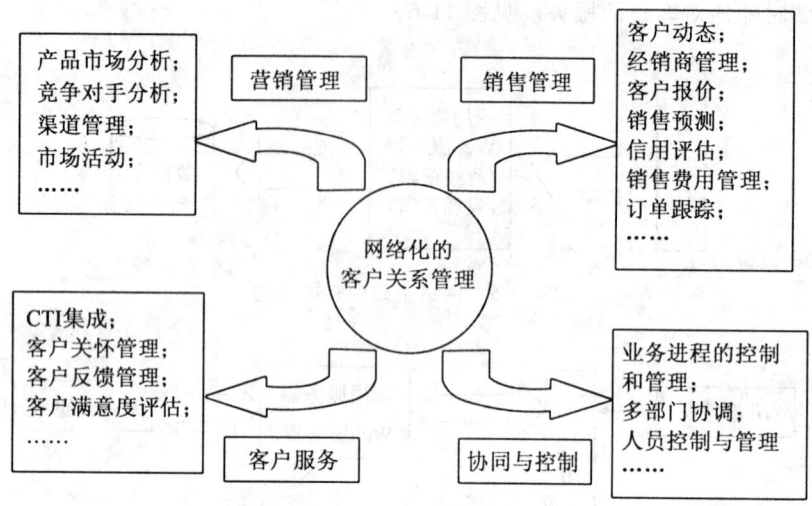

图 11-7 CRM 网络化示意图

交流方式还是不可替代的,当然一些基于网络的新联系方式也可以结合采用,如 Email、网络即时通讯等,但跟客户的交流还需要靠销售人员去做,比如拜访客户,这依然要花去销售人员的大部分时间。销售人员跟公司的交流就大部分可以通过网络来完成了,他们能够随时随地访问 CRM 系统,通过移动设备和无线网络(如笔记本电脑或 PDA),获取自己需要的客户信息,或者将自己的活动报告录入系统。系统集成得好的话,一些工作甚至可以由系统来自动完成,比如拜访计划,销售人员通过浏览器设置自己的业务模式和各种属性,系统可以结合这些设置和客户资料库,根据客户的重要性、紧急性和销售进度排出拜访计划,并在每天早上自动发给对应的销售人员,销售人员可根据这个计划再自行调整。每日的计划和报告通过网络来处理,可以省去销售员在客户和公司办公室之间来回跑的时间。甚至销售会议都可以通过网络会议来完成,类似 QQ 群之类的即时群体通讯,不仅能很好的完成一个文字网络会议,而且也能完整地保存会议的原始记录。通过这样的调整,销售人员节省了大量的时间,可以专注于维护客户关系,提高自己的工作效率。

此外,由于销售人员经常要在外面跑,他们一般都不愿在系统培训上花太多时间,因此面向销售人员的服务模块最好用 B/S 结构,这样几乎不用对他们进行培训,会用 IE 也就会用 CRM 系统了。

(二)营销管理

一般的营销管理过程分成 5 个步骤:

1. 分析市场机会
2. 选择目标市场

3. 设计营销战略
4. 确定营销组合
5. 控制营销活动

这5个步骤里大部分的事务是分析性的事务,因此 CRM 系统中的营销管理要求有强大的分析功能,营销部的分析工作主要是在办公室中完成的,分析工作可以放在系统后台中完成,营销分析人员的界面操作则可通过 C/S 结构中的客户端来实现,这样可以取得比较高的效率,并且营销分析毕竟是一种集中型的工作,不需要很多的客户端,这对系统的维护和支持也不会造成压力。但是,营销流程也有许多环节可通过网络化来提高效率,比如信息搜集流程。在传统营销方法中,营销信息的主要来源有销售渠道系统、消费者和用户、企业的上级主管部门、媒体、市场研究和咨询机构、竞争对手、政府或民间团体等,营销信息的搜集方法有调查法、摘录法、采购法、交流法和索取法等。人工的信息搜集往往既耗时又成本高,通过网络来实现一部分信息搜集将能大大提高效率,同时成本又非常低廉。以调查问卷为例,若派发纸制的调查问卷,其耗费的材料、人力、时间都不少,并且被访者也不一定愿意接受,而通过网络问卷调查,不仅省时省力,受众的针对性强,被访者也获得了便利。原来花在材料、人力上的资金可以用于对接受调查者进行激励,比如完整提交问卷可获得精美礼品或参与抽奖。营销人员也可以通过 Internet 主动搜寻信息,然后把搜到的信息录入 CRM 系统中。此外,由于 CRM 系统的协同作用,客户多渠道接触点的信息都可被自动录入系统中,来自销售渠道合作伙伴的信息也可通过对应的接口进入系统。这样营销人员就能从繁琐的资料整理工作中解脱出来,专注于营销计划和控制。

(三) 客户服务管理

网络能为客户服务流程带来很大的效率改进,建立一个企业的 CSS(Cascading Style Sheets 的缩写,即层叠样式表)站点,可以在上面实现许多自助服务,不仅能提高服务质量,也可大大降低成本。CSS 站点在服务水平和复杂程度上分 5 个层次。见表 11-1。

表 11-1 CSS 站点的 5 个层次

层次	站点类型	主要内容	使用技术
1	内容站点	提供企业及产品的基本信息,如联系人姓名、地址、电话号码、电子邮件、对业务和产品的简要描述。	内容编写软件
2	FAQ 站点	在内容站点的基础上增加了有关公司及其产品、服务的常见问题的回答。	内容编写软件 文本修改引擎

续表

层次	站点类型	主要内容	使用技术
3	知识库站点	在 FAQ 站点的基础上增加了商业智能。知识库站点允许客户进行查询，能连接到数据库直接找寻答案。	内容编写软件 文本修改引擎，搜索引擎 脚本编写加关系数据库
4	报修站点	允许客户通过应用程序创建报修单。	内容编写软件，电子邮件 搜索引擎，企业资源管理系统 脚本编写加关系数据库 客户服务与支持应用程序
5	互动站点	允许客户通过与企业服务系统的互动获得全面的服务与支持。	内容编写软件，电子邮件 搜索引擎，企业资源管理系统 脚本编写加关系数据库 客户服务应用程序，个性化 知识管理软件，安全，推销

客户服务还要能支持多种沟通渠道，例如 Web 表格、电子邮件、电话、交互式语音应答、传真、电子邮件等，企业必须对这些服务进行集中管理，防止沟通渠道的冲突，企业可以把来自各种沟通渠道的信息集中到一个列中（全局列），全局列是一种处理流程也是一种技术，所有的客户接触信息被集中到相应的列中，接受流程处理。

四、电子商务

电子商务是 Internet 催生的一种全新商业模式，广义的电子商务包含了前面所提到的利用网络来完成的业务流程，而狭义的电子商务单指网上销售和网上结算。就狭义的电子商务来说，其交易过程分为三个阶段：

1. 信息交流阶段。对于商家来说，此阶段为发布信息阶段。主要是选择自己的优秀商品，精心组织自己的商品信息，建立自己的网页，然后加入名气较大、影响力较强、点击率较高的著名网站中，让尽可能多的人们了解你、认识你。对于买方来说，此阶段是去网上寻找商品以及商品信息的阶段。主要是根据自己的需要，上网查找自己所需的信息和商品，并选择信誉好、服务好、价格低廉的商家。

2. 签订商品合同阶段。在 B-B（商家对商家）模式中，这一阶段是签订合同、完成必需的商贸票据的交换过程。要注意的是数据的准确性、可靠性、不可更改性等复杂的问题。在 B-C（商家对个人客户）模式中，这一阶段是完成购物过程的订单签订过程,顾客要将你选好的商品、自己的联系信息、送货的方式、付款的方法等在网上签好后提交给商家,商家在收到订单后应发来邮件或打电话核实上述内容。

  3. 按照合同进行商品交接、资金结算阶段:这一阶段是整个商品交易关键的阶段,不仅要涉及资金在网上正确、安全到位,同时也要涉及商品配送的准确、按时到位。在这个阶段有银行、配送系统的介入,在技术上、法律上、标准上等方面有更高的要求。

  电子商务系统跟 CRM 系统原本是独立的两个系统,但在新一代的 CRM 中,这两个系统整合在了一起,通过充分共享客户信息,整合沟通渠道,将狭义的电子商务发展为全面的电子商务。

  电子商务可以为企业节省大量的资源,同时它给客户更多的个性化选择,可以提高客户的满意度。以 Dell 为例,它允许客户通过 Web 订购个性化配置的 PC,而不要求客户拥有任何关于 PC 硬件组装的知识。然而,支撑电子商务的还是其背后的客户关系管理理念、一切以客户为中心的核心思想、完善的服务体系、高效的物流系统,少了这些"内功",电子商务这把利剑恐怕只会伤了自己。

参考书目

[1] 杰姆·G. 巴诺斯. 客户关系管理成功奥秘——感知客户. 刘祥亚, 等, 译. 北京: 机械工业出版社, 2002.

[2] 阿伦·杜卡. 美国市场营销学会顾客满意度手册. 北京: 宇宙出版社, 香港: 科文（香港）出版有限公司, 1998.

[3] 菲利普·科特勒. 营销管理. 第8版. 梅汝和, 等, 译. 上海: 上海人民出版社, 1997.

[4] 帕翠珊·B. 希伯尔德. 客户关系管理理念与实例. 叶凯, 等, 译. 北京: 机械工业出版社, 2002.

[5] 瓦拉瑞尔·A. 泽丝曼尔 玛丽·J. 比特纳. 服务营销. 张金成, 白长虹, 译. 北京: 机械工业出版社, 2002.

[6] 戴永良. 客户资源管理. 北京: 中国戏剧出版社, 2001.

[7] 符国群. 消费者行为学. 武汉: 武汉大学出版社, 2000.

[8] 韩耀. 客户关系管理. 北京: 中国物资出版社, 2004.

[9] 李蔚. 管理革命——CS管理. 北京: 中国经济出版社, 1998.

[10] 吕廷杰, 等. 客户关系管理与主题分析. 北京: 人民邮电出版社, 2002.

[11] 孟凡强, 王玉荣. CRM行动手册. 北京: 机械工业出版社, 2002.

[12] 田同生. 客户关系管理的中国之路. 北京: 机械工业出版社, 2001.

[13] 杨斐. 客户服务与客户投诉管理. 广州: 广东经济出版社, 2004.

[14] 约瑟夫·派因, 詹姆斯·吉尔摩. 体验经济. 夏业良, 等, 译. 北京: 机械工业出版社, 2002.

[15] 郑方华. 客户服务技能案例训练手册. 北京: 机械工业出版社, 2006.

[16] Adrian Payne, Martin Christopher, Moira Clark, Helen Peck. Relationship Marketing for Competitive Advantage. Butterworth-Heinemann, 1995.

[17] Francis Buttle. Customer relationship management. Elsevier Butterworth-Heinemann, 2004.

[18] Roland T. Rust, Valarie A. Zeithaml, Katherine N. Lemon. 驾驭顾客资产. 张平淡, 译. 北京: 企业管理出版社, 2001.

图书在版编目(CIP)数据

客户关系管理/邬金涛编著. —武汉：武汉大学出版社,2008.3
(2015.8 重印)
管理学通用教材
　ISBN 978-7-307-06127-9

Ⅰ.客… Ⅱ.邬… Ⅲ.企业管理:供销管理—教材　Ⅳ.F274

中国版本图书馆 CIP 数据核字(2008)第 011101 号

责任编辑：范绪泉　　责任校对：王　建　　版式设计：詹锦玲

出版发行：武汉大学出版社　　(430072　武昌　珞珈山)
　　　　　(电子邮件：cbs22@whu.edu.cn　网址：www.wdp.com.cn)
印刷：武汉中科兴业印务有限公司
开本：720×1000　1/16　　印张：15.75　字数：315 千字　插页：1
版次：2008 年 3 月第 1 版　　2015 年 8 月第 7 次印刷
ISBN 978-7-307-06127-9　　定价：24.00 元

版权所有，不得翻印；凡购我社的图书，如有质量问题，请与当地图书销售部门联系调换。